V&R

Christin Haude / Sabrina Volk / Melanie Fabel-Lamla

Schulsozialarbeit inklusive

Ein Werkbuch

Vandenhoeck & Ruprecht

Gefördert durch:

Mit 10 Abbildungen und 2 Tabellen

Bibliografische Information der Deutschen Nationalbibliothek

Die Deutsche Nationalbibliothek verzeichnet diese Publikation in der Deutschen Nationalbibliografie; detaillierte bibliografische Daten sind im Internet über http://dnb.d-nb.de abrufbar.

ISBN 978-3-525-70193-5

Weitere Ausgaben und Online-Angebote sind erhältlich unter: www.v-r.de

Umschlagabbildung: © tai11 – shutterstock.com

© 2018, Vandenhoeck & Ruprecht GmbH & Co. KG, Theaterstraße 13, D-37073 Göttingen /
Vandenhoeck & Ruprecht LLC, Bristol, CT, U.S.A.
www.v-r.de
Alle Rechte vorbehalten. Das Werk und seine Teile sind urheberrechtlich
geschützt. Jede Verwertung in anderen als den gesetzlich zugelassenen Fällen
bedarf der vorherigen schriftlichen Einwilligung des Verlages.
Printed in Germany.

Satz: SchwabScantechnik, Göttingen
Druck und Bindung: ⊕ Hubert & Co. GmbH & Co. KG BuchPartner,
Robert-Bosch-Breite 6, D-37079 Göttingen

Gedruckt auf alterungsbeständigem Papier.

Inhalt

Einleitung

1 Inklusion – vielfältige Annäherung
1.1 Ein umstrittener Begriff in Deutschland 17
1.2 Eine begriffsgeschichtliche Annäherung 18
1.3 Eine nationale Bildungsreform 25
1.4 Eine organisationale Krise? 31

2 Inklusion als Herausforderung für Schulsozialarbeit
2.1 Was ist Schulsozialarbeit? 37
2.2 Wie positioniert sich Soziale Arbeit zur Inklusion? 39
2.3 Welche Herausforderungen kommen auf Schulsozialarbeit in der inklusiven Schule zu? 41
2.4 Warum ist die Schulsozialarbeit ein wichtiger Akteur in der inklusiven Schule? 48

3 Inklusive Schulsozialarbeit reflektieren und gestalten
Fokuspunkt 1:
Schulische Rahmenbedingungen für inklusives Arbeiten 52
    Was verstehen wir unter »Inklusion« und welche Ressourcen und Herausforderungen erkennen wir? 56
    Inklusive Schule – Ein Schulkonzept ist wichtig 59

Fokuspunkt 2:
Selbstverständnis reflektieren 62
    Selbstverständnis der Schulsozialarbeit –
    Selbstverständnis als Schulsozialarbeiter*in 62

Inklusion: eine neue Herausforderung für
das Selbstverständnis der Schulsozialarbeit? 66
Das eigene professionelle Selbstverständnis hinterfragen 68
Schulsozialarbeit, da geht es doch um die Problemfälle?
Zuständigkeiten klären und sichtbar gestalten 73

Fokuspunkt 3:
(Multiprofessionelle) Kooperation 77
    Beteiligte multiprofessioneller Zusammenarbeit 80
    Eltern als Kooperationspartner*innen 83
    Mehrperspektivität – »Der geschulte Blick« 86
    Eine gemeinsame Zielsetzung finden 89
    Zuständigkeiten klären 93
    Formen der Kooperation 96
    Schulsozialarbeit als zentrale Schnittstelle
    multiprofessioneller Kooperation 97

Fokuspunkt 4:
Gestaltung inklusiver Settings: Werkzeuge und Räume 99
    Instrumente und Verfahren im pädagogischen Handeln 101
    Werkzeuge der Zusammenarbeit mit Kolleg*innen, Eltern
    sowie Kindern und Jugendlichen 104
    Technische Hilfsmittel und neue Medien 108

Fokuspunkt 5:
Differenzieren ohne auszusondern – Zugänge für alle schaffen 111
    Gleichberechtigter Zugang oder selektive Aufteilung? 112
    Gleichberechtigter Zugang nur für Kinder und Jugendliche
    mit Behinderung? 114
    Zugang schaffen – nur für Kinder und Jugendliche? 117
    Zugänge schaffen durch weniger Aussonderung? 120

Fokuspunkt 6:
Teilhabe und Partizipation ausbauen 126
    Teilhabe und Partizipation im Kontext von Inklusion 128
    Partizipation und Teilhabe von Eltern – »Manche wollen ja nicht« ... 131
    Partizipation und Teilhabe von Schüler*innen 135
    Die besondere Rolle des/der Schulsozialarbeiter*in 140

Fokuspunkt 7:
Klima der Anerkennung schaffen 142
    Inklusionsbezogene Einstellungen 145
    Anerkennung als Zielperspektive für Schulentwicklung
    und Schulsozialarbeit 146
    Anerkennung von Schüler*innen 150
    Anerkennung auf Ebene der Mitarbeiter*innen 153

Fokuspunkt 8:
Organisationsentwicklung 156
    Leitbild und Konzeptentwicklung 156
    Umgang mit Unsicherheiten 160
    Gestaltung von Schulentwicklung 164

4 Projektvorstellung 175

Abbildungen und Tabellen 182

Literatur 183

Begriffssammlung 191

Einleitung

Das Thema »Inklusion« wird in den letzten Jahren als neue Herausforderung für alle pädagogischen Berufsgruppen diskutiert. Mit der deutschen Ratifizierung der UN-BEHINDERTENRECHTSKONVENTION (UN-BRK) 2009 gilt Inklusion als neues Leitziel für die Gestaltung von Bildungseinrichtungen in Deutschland. Im Zentrum der öffentlichen Diskussion steht derzeit vor allem das Schulsystem, denn alle Bundesländer haben sich verpflichtet, die »inklusive Schule« einzuführen. Die damit angestoßene Entwicklung stellt auch eine Herausforderung für die Schulsozialarbeit dar. Dies betrifft etwa die Frage nach dem Selbstverständnis und den Aufgaben der Schulsozialarbeit im Kontext von Inklusion. Zudem sieht sich Schulsozialarbeit bei der Gestaltung inklusiver Schulen vor neue professionelle Herausforderungen gestellt. In der Fachdiskussion, in der Ausbildung und in programmatischen und konzeptionellen Überlegungen sind diese Herausforderungen und die Frage der Aufgaben und des Beitrags der Schulsozialarbeit für die Gestaltung eines inklusiven Schulsystems bisher noch wenig im Fokus. Gleichzeitig stehen die Akteur*innen vor Ort aber vor der Aufgabe, neuen Anforderungen bei der Gestaltung inklusiver Bildungsarbeit angemessen zu begegnen. Hierzu gehören z. B. die Leitbildentwicklung, die individuelle Förderung aller Schüler*innen, die Teamarbeit und die Kooperation mit anderen Berufsgruppen und Einrichtungen, also auch eine Öffnung von Schule (vgl. Werning 2011). Um diese Anforderungen bearbeiten zu können, müssen gemeinsame Ziele und Wertvorstellungen bezüglich der inklusiven Förderung von Schüler*innen entwickelt

> Das »Übereinkommen über die Rechte von Menschen mit Behinderungen« *(Convention on the Rights of Persons with Disabilities)* ist ein Menschenrechtsübereinkommen der Vereinten Nationen, das am 13. Dezember 2006 von der Generalversammlung der Vereinten Nationen beschlossen wurde und am 3. Mai 2008 in Kraft trat. In Deutschland wurde diese UN-BEHINDERTENRECHTSKONVENTION (UN-BRK) im Jahr 2009 ratifiziert. Die Konvention beinhaltet neben der Bekräftigung allgemeiner Menschenrechte auch für Menschen mit Behinderungen eine Vielzahl spezieller, auf die Lebenssituation von Menschen mit Behinderungen abgestimmte Regelungen.

werden. Lehrkräfte müssen miteinander und auch mit anderen Professionellen kooperieren, um die individuellen Entwicklungsprozesse aller Kinder und Jugendlichen optimal fördern zu können. Für die Gestaltung inklusiver Bildungsarbeit müssen sich Schulen nach außen öffnen, eine intensive Elternarbeit leisten und sich mit Einrichtungen im Stadtteil bzw. in der Gemeinde vernetzen, um Hilfe und Beratung auch von außen einholen zu können. Welche Rolle hierbei Schulsozialarbeit spielt bzw. spielen kann und sollte, gilt es sowohl im Interesse dieser, aber auch im Interesse einer guten und effektiven Kooperation aller Beteiligter auszuloten. Entsprechend kann dies nicht nur als Aufgabe der Schulsozialarbeiter*innen gesehen werden, sondern muss auch unter Einbezug der anderen schulischen Akteur*innen geschehen. Das vorliegende Werkbuch bietet Anstöße für die Reflexion der eigenen beruflichen Tätigkeit als Schulsozialarbeiter*in und für die Gestaltung schulischer Praxis vor Ort.

Warum der Titel »Schulsozialarbeit inklusive«?
Bei den Überlegungen zum Titel dieses Buches standen unterschiedliche Vorschläge im Raum. Naheliegend erschien zunächst der Titel »Schulsozialarbeit und Inklusion«. Doch dieser erweckt den Eindruck, als ob es hier um zwei gleichrangige, aber bisher wenig miteinander vermittelte Bereiche geht, die nun aufeinander bezogen werden sollen. Aber ist Inklusion tatsächlich ein »neues« Feld für die Schulsozialarbeit? Versteht sich Schulsozialarbeit nicht ohnehin als eine Profession, die sich mit ihrer Angebotsstruktur an alle Kinder und Jugendlichen richtet und damit immer schon inklusiv ausgerichtet war? Auch der von uns diskutierte Vorschlag »Inklusive Schulsozialarbeit« unterstreicht die Lesart, dass nun etwas »Neues« auf die Schulsozialarbeit zukommt und sie sich entsprechend neu ausrichten muss. Zudem suggeriert der Titel, dass klar ist, was inklusive Schulsozialarbeit auszeichnet, und man eindeutig zwischen einer inklusiven und einer nicht-inklusiven Schulsozialarbeit unterscheiden kann.

Die Entscheidung fiel schließlich zugunsten des Titels »Schulsozialarbeit inklusive«, denn das nachgestellte »inklusive« ist mehrdeutig und erlaubt eine Reihe von Assoziationen. Inklusion im schulischen Kontext wird bisher meist allein aus der Perspektive der Schulpädagogik erörtert. »Schulsozialarbeit inklusive« verweist darauf, dass bei diesen Überlegungen die Schulsozialarbeit mitgedacht werden muss. Entsprechend wird im vorliegenden Band die Soziale Arbeit im Kontext von Schule in den Mittelpunkt gerückt. Es wird aufgezeigt, welchen Beitrag die Schulsozialarbeit bei der Gestaltung inklusiver Schulen leistet und leisten kann, ohne hier eine Verengung auf eine »inklusive Schulsozialarbeit« vorzunehmen. Auch auf der Ebene der Akteur*innen macht der Titel darauf aufmerksam, dass Schulsozialarbeiter*innen mit ihrer Expertise stets einbezogen werden sollten, um gemeinsam mit Lehrkräften, anderen Berufsgruppen, Eltern und Schüler*innen eine inklusive Pädagogik an Schulen umzusetzen. Umgekehrt verweist der Titel darauf, dass die Schulsozialarbeit sich nicht allein als verantwortlich für die Umsetzung des Leitgedankens der Inklusion an Schule sehen sollte, sondern dies ein Gemeinschaftsprojekt sein muss, das neben der Schulsozialarbeit auch andere Akteur*innen umfasst. Schließlich soll der Titel auch daran erinnern, dass Schulsozialarbeit nicht als geduldeter und zeitweiliger »Gast in einem fremden Haus« (Baier 2007) zu sehen ist, sondern als selbstverständlicher Bestandteil von Schule.

Wie findet man ein Coverbild?
Viele Abbildungen und Symbole, die mit Inklusion assoziiert werden, erscheinen inzwischen abgegriffen oder ohnehin verkürzend. Insofern war auch die Suche nach einem Coverbild nicht ganz einfach. Beim vorliegenden Coverbild wurden bei uns im Autorinnenkreis sehr unterschiedliche Assoziationen wachgerufen, die wir zunächst kontrovers diskutierten.

> **Ein erster Reflexionsanstoß für Sie:**
>
> Schlagen Sie das Buch zu und schauen Sie sich das Cover an. Welche Assoziationen haben Sie zu diesem Bild? Was hat die Abbildung mit Schulsozialarbeit zu tun? Was hat die Abbildung mit Inklusion zu tun? Welcher Gedanke von Inklusion wird Ihrer Meinung nach transportiert?

Im Folgenden können Sie Auszüge aus der Diskussion zwischen den drei Autorinnen nachlesen:

> *Autorin 1:* »Das Coverbild finde ich in zweifacher Hinsicht problematisch. Schulsozialarbeit wird auf das ›Schulhaus‹ reduziert, dabei steht Schulsozialarbeit ja gerade für Öffnung und Vernetzung. Wo hat die Schulsozialarbeit hier ihren Ort? Zweitens stehen um das Schulhaus herum viele Personen, die eher ›exkludiert‹ erscheinen. Gut gefällt mir hingegen, dass in der Darstellung die schulischen Akteur*innen im Mittelpunkt stehen. Sie machen die Schule (aus) und sie sind es letztlich, die ein oder sogar ihr Leitbild einer inklusiven Schule umsetzen. Und mit der Vielfarbigkeit assoziiere ich die Leitidee einer Pädagogik der Vielfalt und die Vision einer Schule, in der alle willkommen sind.«

Autorin 2: »Warum muss das ein Schulhaus sein? Meines Erachtens kann man das Haus auch als eine Einrichtung der Kinder- und Jugendhilfe denken. Schulsozialarbeit sollte ja gerade nicht auf das Schulhaus reduziert werden. Die Personen rund um das Gebäude stehen aus meiner Sicht gerade für die Öffnungs- und Vernetzungsfähigkeit der Akteur*innen. Und gerade die Schulsozialarbeit übernimmt diese Scharnierfunktion nach außen und holt über verschiedene Kooperationen und Kontakte andere Personen und Einrichtungen ins Haus.«

Autorin 3: »Mich erinnert das Coverbild an die Kreise mit den verschiedenfarbigen Punkten, mit denen oft die Unterschiede zwischen Exklusion, Separation, Integration und Inklusion erklärt werden. Dieses Bild ist hier viel dynamischer als der Kreis, der für Inklusion steht und viele bunte Punkte umschließt, die für die Vielfalt der Menschen stehen sollen. Aus meiner Sicht trifft diese Darstellung also eher den Leitgedanken der Inklusion.«

Die drei Positionen machen deutlich, dass Inklusion und Schulsozialarbeit als Thema durchaus facettenreich ist und bereits an einer Abbildung viele Themenstellungen und Diskussionspunkte, die sich auch in den Themen dieses Buches wiederfinden, deutlich werden: Wo ist der Ort der Schulsozialarbeit? Welche Funktionen und Aufgaben hat Schulsozialarbeit? Welches Inklusionsverständnis haben die schulischen Akteur*innen? Wie lässt sich eine inklusive Schule gestalten? Welche Rolle spielen die Schulsozialarbeit und die anderen Akteur*innen dabei?

Wie ist die Idee zum Buch entstanden?
Die Idee für dieses Werk- und Arbeitsbuch ging aus dem Forschungsprojekt »Inklusive Schulsozialarbeit: Organisationale und professionelle Herausforderungen der Sozialen Arbeit in der inklusiven Schule« hervor, das vom Land Niedersachsen von 2014 bis 2016 gefördert wurde und an dem die drei Autorinnen neben Prof. Dr. Wolfgang Schröer (Institut für Sozial- und Organisationspädagogik, Universität Hildesheim) beteiligt waren. Im Rahmen des Projektes ging es zentral um die Frage, vor welche Herausforderungen sich Schulsozialarbeiter*innen angesichts der bildungspolitischen Forderung nach Gestaltung inklusiver Schulen gestellt sehen. Im Rahmen des Forschungsprojekts haben wir Interviews mit Schulsozialarbeiter*innen sowie Gruppendiskussionen erhoben, an denen auch Lehrkräfte beteiligt waren. In den Interviews und Gruppendiskussionen wurden eine Reihe von Themenfeldern und Aspekten von den beteiligten Akteur*innen benannt. Diese boten ein facettenreiches Bild der verschiedenen Herausforderungen und Entwicklungen an Schulen, die sich

auf den Weg gemacht haben, ihre Arbeit inklusiver zu gestalten. Diese Erfahrungen und Einsichten der befragten Pädagog*innen wollten wir gern zugänglich machen – aber nicht in Form eines Forschungsberichts, sondern als eine strukturierte Sammlung von Anregungen und Reflexionsanstößen sowohl für die schulische und pädagogische Praxis als auch für die Aus- und Weiterbildung und das Selbststudium.

Wie ist das Werkbuch aufgebaut und wie kann man damit arbeiten?
Dieses Werkbuch richtet sich an verschiedene Adressat*innen und zwar an:
- Schulsozialarbeiter*innen,
- Lehrkräfte,
- Ausbildner*innen und Studierende im Bereich Lehramt und Soziale Arbeit in den verschiedensten Bildungseinrichtungen.

Das Werkbuch zielt auf die Reflexion und Auseinandersetzung mit dem Themenfeld im Rahmen
- des Selbststudiums,
- der Teamarbeit in Schule und anderen Einrichtungen,
- der Aus- und Weiterbildung in pädagogischen Berufen mit schulischem Bezug.

Das Werkbuch umfasst eine Reihe von Aufgaben. Sie finden:
- Denkanstöße und Aufgaben für das Selbststudium,
- Materialien und Aufgaben, die Sie für die Gestaltung von Teamarbeit einsetzen können,
- Materialien und Aufgabenformate, die für Aus- und Weiterbildungszwecke eingesetzt werden können.

Folgende Symbole erleichtern die Orientierung:
- 💬 Selbstreflexion
- 👥 Gruppen-/Teamarbeit
- ✏️ Aus-/Weiterbildung
- ℹ️ Definition/Information
- 💡 Tipp
- 📖 Literaturtipp
- 🌐 Internetlink

Bei den Denkanstößen, Materialien und Aufgabenformaten handelt es sich um Vorschläge, die – so hoffen wir – flexible Verwendungsweisen bieten, der

Vielfalt im Praxisfeld entgegenkommen und Möglichkeiten aufzeigen, entsprechend der speziellen Bedarfe und Gegebenheiten vor Ort, individuell mit den gesammelten Themen, Methodentipps, Literaturhinweisen umzugehen, diese zu gestalten und zu variieren.

Wir steigen mit einem *Theorieteil* ein, der die Leser*innen dazu einlädt, sich zunächst grundlegender mit dem Thema Inklusion zu befassen (→ Kap. 1) und die Fachdiskussion zur Frage der Herausforderungen von Inklusion für die Schulsozialarbeit kennenzulernen (→ Kap. 2). Den Kern des Buches bildet der *Werkteil* (→ Kap. 3), der in acht Fokuspunkte unterteilt ist. Diese bauen zwar thematisch aufeinander auf, können aber auch in beliebiger Reihenfolge bearbeitet werden. Die einzelnen Fokuspunkte sind einheitlich strukturiert und enthalten jeweils einführende Beiträge und eine Vielzahl von Aufgabenformaten. Es ist jeweils gekennzeichnet, ob diese Aufgaben für das Selbststudium, die gemeinsame Arbeit im Team oder die Aus- und Weiterbildung konzipiert sind. Zudem finden Sie in den Teilkapiteln Hinweise auf weiterführende Literatur sowie Anregungen für die Gestaltung inklusiver Schulsozialarbeit.

Für die bessere Lesbarkeit wurden die Fokuspunkte folgendermaßen verkürzt benannt:
- → FP1 Inklusives Arbeiten
- → FP2 Selbstverständnis
- → FP3 Kooperation
- → FP4 Werkzeuge
- → FP5 Zugänge
- → FP6 Teilhabe/Partizipation
- → FP7 Anerkennung
- → FP8 Organisationsentwicklung

Im Anschluss an den Werkteil finden Sie eine zusammenfassende Darstellung zum Forschungsprojekt (→ Kap. 4).

Für die leichtere Lesbarkeit wurden die Aussagen aus den Interviews und Gruppendiskussionen sprachlich geglättet, d.h. das Gesagte wurde wörtlich transkribiert, aber Wiederholungen, Füllwörter und Wortverschleifungen wurden ausgelassen bzw. korrigiert.

Wir wünschen Ihnen bei der Lektüre viele Reflexionsanstöße und Anregungen für die berufliche Praxis und freuen uns über Rückmeldungen.

Dank

Am Forschungsprojekt und bei der Erstellung dieses Werkbuchs waren eine Reihe von Personen beteiligt. An dieser Stelle möchten wir uns bei den studentischen Hilfskräften Tamara Storz und Jessica Feyer sowie bei Max Möller bedanken, der sein Forschungspraktikum bei uns absolvierte. Sie alle haben uns bei der Datenerhebung und vielen anderen Tätigkeiten im Rahmen des Forschungsprojekts zuverlässig unterstützt. Dorothea Schick danken wir für die redaktionelle Unterstützung in der Endphase des Werkbuchs. Danken möchten wir auch Anja Reinecke-Terner, die an der Antragstellung des Forschungsprojekts maßgeblich beteiligt war. Unser besonderer Dank gilt dem Kollegen Prof. Dr. Wolfgang Schröer, der in vielfacher Hinsicht das Projekt und das Werkbuch mit seinen Ideen, Anregungen und Impulsen sowie seiner Zuversicht vorangebracht hat!

1 Inklusion – vielfältige Annäherung

Inklusion – sei es als Begriff, Prozess oder als Anforderung etc. – beschäftigt aktuell nicht nur das deutsche Bildungssystem. Mit Inklusion werden auch in anderen gesellschaftlichen Bereichen, wie z. B. auf dem Arbeitsmarkt, in der Kinder- und Jugendhilfe etc., neue Anforderungen an die Beteiligten gestellt. Diese Veränderungsprozesse werden derzeit sowohl durch eine breite öffentliche Diskussion als auch durch den wissenschaftlichen Diskurs intensiv begleitet. Dabei wird Inklusion durchaus unterschiedlich beschrieben und verstanden. Beispielsweise wird Inklusion als Paradigmenwechsel oder als neuer Reformversuch für eine gleichberechtigte(re) Gesellschaft diskutiert und vielfach mit anderen Begriffen wie Integration, Menschenrechte, Behindertenbewegung oder *Disability Studies* in (einen historischen) Zusammenhang gesetzt. Wagt man neben dem Fokus auf den gegenwärtigen Stand von Inklusion (→ Kap. 1.1) auch den Blick in die internationale (Begriffs-)Geschichte von Inklusion (→ Kap. 1.2), erweitert sich das Spektrum der möglichen Antworten hinsichtlich der Frage, was Inklusion alles sein kann, noch zusätzlich. Inklusion hat viele Ursprünge und wird auch heute noch auf unterschiedliche Weise verstanden und definiert. Neben unterschiedlichen Verständnissen von Inklusion werden ebenso Unstimmigkeiten im deutschen Bildungssystem und die daraus resultierenden Dilemmata für Beteiligte in Schule betrachtet (→ Kap. 1.3.). Mit der folgenden Darstellung der Vielschichtigkeit sowie der Herausforderungen von Inklusion möchten wir aufzeigen, dass Inklusion ein globaler und komplexer Veränderungsprozess war, ist und auch zukünftig sein wird. Dabei stehen vor allem die persönlichen und organisationalen Herausforderungen, denen Bildungseinrichtungen und Beteiligte an Schule im Rahmen der komplexen Veränderungs- und Anpassungsprozesse gegenüberstehen, im Zentrum der Ausführungen (→ Kap. 1.4).

1.1 Ein umstrittener Begriff in Deutschland

In der öffentlichen Diskussion löst der Begriff Inklusion derzeit eher Verunsicherung, Ängste und Bedenken oder auch Enttäuschung aus, dass die hehren Zielsetzungen noch weit davon entfernt sind, erreicht zu werden. Nichtsdestotrotz sollte – bei aller durchaus nachvollziehbarer Skepsis und Vorsicht – nicht das eigentliche Ziel von Inklusion als Menschenrecht aus dem Blick geraten, nämlich die Stärkung der Rechte und Teilhabe von allen Menschen. Diese Verbesserungen sollen durch neue Gesetze bzw. Gesetzesveränderungen herbeigeführt werden.

Das Thema INKLUSION hat insbesondere seit der Ratifizierung der UN-Behindertenrechtskonvention (UN-BRK) Einzug in den deutschen (Bildungs-)Diskurs gehalten, obwohl der Begriff »Inklusion« gar nicht in der offiziellen deutschen Übersetzung der UN-BRK vorkommt (vgl. Welti 2015). So ist der englische Begriff *inclusive educational system* als »integratives Bildungssystem« (Art. 24 UN-BRK; vgl. Welti 2015) in die rechtlich nicht verbindliche deutsche Übersetzung übernommen worden.

In der (rechtlichen) Diskussion um diese Übersetzung wird einmal mehr deutlich, was Inklusion alles sein soll bzw. was darunter verstanden werden kann. Das Spektrum der Interpretationen eines *inclusive educational system* reicht von einer minimalistischen Auslegung, die auf die INTEGRATION von Kindern und Jugendlichen mit Behinderung in die Regelschule abzielt, bis hin zu einem »allumfassende[n] Ansatz, der eine Gesellschaft beschreibt, in der es keine definierte Normalität mehr geben soll, sondern nur noch ›begrüßenswerte Vielfalt‹« (Irle 2015, S. 9). Inklusion wird jedoch nicht nur auf der rechtlichen Ebene umstritten diskutiert, sondern der Begriff ist auch in verschiedenen disziplinären, professionellen und praxisfeldspezifischen Kontexten jeweils unterschiedlich konnotiert (vgl. Lüders 2014).

Auch wenn in der offiziellen deutschen Übersetzung der UN-BRK »Inklusion« nicht

> Die beiden Begriffe INTEGRATION und INKLUSION bezeichnen zwei sich grundlegend unterscheidende Konzepte. Das Konzept der Integration geht davon aus, dass eine Gesellschaft aus einer relativ homogenen Mehrheitsgruppe und einer kleineren Außengruppe besteht, die in das bestehende System integriert werden muss. Hingegen geht Inklusion nicht von dieser Zwei-Gruppen-Perspektive aus, sondern betrachtet alle Menschen als gleichberechtigte Individuen, die von vornherein und unabhängig von persönlichen Merkmalen oder Voraussetzungen Teil des Ganzen sind. Während das Konzept der Integration Unterschiede deutlich markiert und von der Außenseitergruppe erwartet, dass sie sich an das Mehrheitssystem anpasst, geht Inklusion von vornherein von der Vielfalt und Heterogenität einer Gesellschaft aus. Der Einzelne muss sich daher nicht dem System anpassen, sondern die gesellschaftlichen Rahmenbedingungen müssen so gestaltet sein, dass sie jedem Einzelnen Teilhabe ermöglichen (vgl. Wehrfritz 2016, online verfügbar unter http://www.inklusion-schule.info/inklusion/integration-und-inklusion.html).

genannt wird, befasst sich insbesondere die Soziologie schon länger mit Phänomenen wie Inklusion und Exklusion, z. B. in Bezug auf gesellschaftliche Randgruppen, sprich von Exklusion bedrohte oder bereits ausgeschlossene benachteiligte Gruppierungen (vgl. Hirschberg/Köbsell 2016). Doch dieser Diskurs, der vielfach an die Systemtheorie Luhmanns (vgl. Luhmann 1994) anschließt, ist von dem aktuell vorrangig diskutierten menschenrechtlichen oder (bildungs-)politischen Inklusionsbegriff abzugrenzen, da hier eine spezifische Perspektive auf die Aus- und Einschließungsmechanismen in funktional differenzierten Gesellschaften eingenommen wird (vgl. Biewer/Schütz 2016).[1]

Bevor wir aber die historische Betrachtung des Begriffs Inklusion vertiefen und auch eine internationale Perspektive einnehmen (→ Kap. 1.2), soll zuvor festgehalten werden, dass die Idee der Inklusion in Deutschland seit der Ratifizierung der UN-BRK eine Renaissance erlebt, in der Inklusion neu interpretiert und dabei oft einseitig auf den Einbezug von Menschen mit Behinderungen in die ausgrenzende Gesellschaft verkürzt wird (vgl. Hirschberg/Köbsell 2016). Inklusion als gesellschaftliche Zielperspektive verfolgt aber die Idee der Inklusion auf allen Ebenen und für alle Menschen. Es sollen Veränderungen in unterschiedlichen Systemen (wie Rechtssystem und Bildungssystem) sowie auf der persönlichen Ebene (wie Haltung oder Einstellung) angeregt werden. Die unterschiedlichen Auslegungen oder Begriffsbestimmungen zeigen, dass Inklusion weder *die* eine umfassend gültige Definition noch *die* eine Entstehungsgeschichte hat.

1.2 Eine begriffsgeschichtliche Annäherung

Wer sich mit Inklusion befasst, wird unweigerlich auch auf die Thematik der Anerkennung von Vielfalt stoßen. Damit ist die Wertschätzung und Achtung der menschlichen Vielfalt angesprochen, in der u. a. eine (Lern-)Chance für das Zusammenleben und die Gestaltung sozialer Prozesse gesehen wird. Dem

---

1 Der soziologische Begriff Inklusion bezeichnet Einschließungsmechanismen und -prozedere in gesellschaftlichen Subsystemen oder in der Gesellschaft (vgl. Hirschberg/Köbsell 2016, S. 564). Parallel wird über den Exklusionsbegriff untersucht, welche gesellschaftlichen Gruppierungen an welchen Orten von Ausschlussmechanismen betroffen sind bzw. keinen Zugang haben (vgl. Hirschberg/Köbsell 2016, S. 565). Stellt man die Frage der Inklusion von Personen in die Gesellschaft im Kontext der Systemtheorie, erhält man eine ggf. unerwartete Antwort. So wäre beispielsweise ein Gefängnisinsasse nicht per se exkludiert, sondern im Rahmen der Haftanstalt in das Rechtssystem inkludiert, d. h. seine Inklusion hätte eine andere Form angenommen und die Exklusion aus anderen Funktionssystemen wäre Bestandteil der funktional differenzierten Gesellschaft (vgl. Seifert 2013, o. S.).

Gedanken, dass Heterogenität eine Chance oder eine Ressource sein kann, folgen wir und zeigen Ihnen im Folgenden die vielseitigen Verständnisse von Inklusion auf, anstatt nach der einen homogenen Definition zu suchen. Neben der Darstellung des heterogenen Begriffsverständnisses wird im folgenden historischen Rückblick auch auf die unterschiedliche Vergangenheit im internationalen Vergleich eingegangen. Dabei betrachten wir jene Vorgeschichten und Diskurse, die den erst später entstandenen Begriff Inklusion mitprägten, um zu verdeutlichen, dass Inklusion nicht nur – wie derzeitig vielleicht stark wahrgenommen – eine rechtliche oder (bildungs-)politische Vorgabe ist, sondern dass der Begriff der Inklusion im Kontext unterschiedlicher sozialer Bewegungen (zum Beispiel der Behindertenbewegung) und wissenschaftlicher Diskurse geprägt wurde und eine wichtige Rolle spielt.

Ein internationaler bildungspolitischer Schlingerkurs

In der deutschsprachigen Diskussion wird Inklusion als Terminus für die Auseinandersetzung mit der Frage der Bearbeitung von Behinderung im Bildungssystem erst seit der Jahrtausendwende verwendet. Da im internationalen Raum der englische Begriff *inclusion* eine längere Tradition hat, soll im Folgenden an dessen Entstehung und die inhaltliche Ausgestaltung des Inklusionskonzepts angeknüpft werden. Hierfür werden mehrere parallele Diskurse in Nordamerika und Großbritannien als prägend erachtet (vgl. Biewer/Schütz 2016).

Ende der 1980er-Jahre wurde der Begriff *inclusion* erstmals in Bildungskontexten von Menschen mit Behinderung in Nordamerika verwendet und zielte auf die uneingeschränkte Gemeinsamkeit von Schüler*innen mit und ohne besondere pädagogische Bedürfnisse *(special educational needs)* sowie auf die Veränderung schulischer Strukturen (vgl. Biewer/Schütz 2016). Nach einigen Jahren hatte sich der Begriff bereits verbreitet. Der Begriff *inclusion* »löste zu Beginn der 1990er Jahre den Begriff ›mainstreaming‹ in den USA und seit Mitte der 1990er Jahre den Begriff ›integration‹ in Großbritannien und den Commonwealth-Staaten ab« (Biewer/Schütz 2016, S. 123). Versuche, *inclusion* zu definieren und die Zielgruppe zu bestimmen, waren jedoch schon damals nicht einfach zu realisieren.

Die inhaltliche Bestimmung entwickelte sich – durch die Aufnahme von Positionen mehrerer Debatten – vielmehr hin zu einem breiten Spektrum von alternativen und ergänzenden Festlegungen. Beispielsweise wird die im Konzept von *inclusion* aufkommende Argumentation, inklusive Schulen seien besonders effektiv für das schulische Lernen aller Kinder, auf den zeitgleichen *Accountability-Diskurs* zurückgeführt. Die Ansicht, dass Heterogenität eine Ressource (und kein Hindernis) für die Lernentwicklung sei, wurde erstmals in kanadischen Diskussionsbeiträgen vertreten. Der Perspektivenwechsel von der Unterstützung einzelner hin zur Änderung der Schule wird in Positionen der britischen Pädagogik verortet (vgl. Biewer/Schütz 2016).

Richtet man den Blick auf die bildungspolitische Arbeit der wichtigsten internationalen Regierungsorganisation UNESCO, wird innerhalb der Erklärungen dieser ebenfalls ein Definitionsspektrum deutlich (vgl. Kiuppis 2016).

> UNESCO steht für *United Nations Educational, Scientific and Cultural Organization* – Organisation der Vereinten Nationen für Bildung, Wissenschaft und Kultur. Sie hat sich zur Aufgabe gemacht, durch die Förderung der Zusammenarbeit zwischen Völkern in den Bereichen Bildung, Wissenschaft und Kultur zum Erhalt des Friedens und der Sicherheit beizutragen (vgl. www.unesco.de).

So lassen sich der Salamanca-Erklärung in Bezug auf die Nennung von *inclusion* (vgl. UNESCO 1994), »sowohl integrationspädagogische als auch – wie auch immer verstandene – inklusionspädagogische Bedeutungen entnehmen« (Kiuppis 2016, S. 624). Weiterhin fasst der Autor die Positionierung der UNESCO zu Inklusion im Verlauf der ersten Jahre des Salamanca-Prozesses als »Schlingerkurs« (Kiuppis 2016, S. 624) zusammen. Im Kontext der Nachbereitung der Weltkonferenz in Salamanca ist ein – vor allem durch individuelle Akteur*innen aus England angeregter – allmählicher Umdenkprozess hervorzuheben. Die Rede von Besonderheiten *(exceptionality)* bestimmter imaginierter Gruppen von Kindern wendete sich im Kontext von inklusiver Pädagogik zu einer Rede von der Außergewöhnlichkeit *(singularity)* bestimmter Individuen, denen nicht mehr sonderpädagogische, sondern besondere pädagogische Förderbedarfe unterstellt wurden (vgl. Kiuppis 2016).

Mit der Rekonstruktion der Entstehungsgeschichte von Inklusion beginnen andere Autor*innen viele Jahre vor dem Einzug des Begriffs in die öffentliche Diskussion. Die Autor*innen Opertti, Walker und Zhang (2014) betrachten *inclusion* als einen innerhalb der verschiedenen Menschenrechtserklärungen erkennbaren Prozess der letzten 60 bis 70 Jahre, der vier verschiedene – teilweise parallel verlaufende – Perspektiven umfasst:

- Die erste menschenrechtsbasierte Perspektive steht für die Proklamation der Menschenrechte der Vereinten Nationen von 1948 und in den Kinderrechten von 1989.
- In der zweiten Perspektive ab 1990 wird *inclusion* als Antwort auf spezielle Bedürfnisse *(special needs)* angesehen.
- Die dritte Perspektive betrachtet *inclusion* als Antwort auf das Bestehen von Randgruppen bzw. marginalisierte Gruppen.
- In der vierten Perspektive wird *inclusion* als großer Transformationsprozess des gesamten Erziehungs- und Bildungssystems gesehen. Diese transformie-

rende Linie um *inclusion* hat eine Reihe von Herausforderungen und Fragen mit sich gebracht. Beispielsweise die Frage, wie die widersprüchlichen Visionen um *inclusion* gestaltet werden können. Oder wie kategorienbasierte Ansätze und Praktiken in Richtung einer ganzheitlicheren Perspektive verändert werden können, die auf dem Grundgedanken ›Verständnis, Respekt und Reaktion auf Bedürfnisse und Erwartungen aller Lernenden in ihren Kontexten‹ basieren (vgl. Biewer/Schütz 2016; Opertti/Walker/Zhang 2014).

Neben der Feststellung, dass Inklusion von einem langjährigen (menschenrechtlichen) Entwicklungsprozess geprägt ist, kann weiterhin festgehalten werden, dass der begriffliche Schlingerkurs noch nicht beendet ist (vgl. Kiuppis 2016). Denn auch in aktuellen Debatten verweist Kiuppis auf eine uneindeutige Positionierung der UNESCO zu Inklusion und Bildung: es »wechseln sich klare Bezüge von Inclusive Education zu Behinderung mit einer breiten Adressatenbestimmung ab« (Kiuppis 2016, S. 625). Dieses differierende Begriffsverständnis zeigt sich insbesondere auch mit Blick auf den (bildungsbezogenen) Begriff Inklusion. Hier lassen sich zwei verschiedene Fassungen unterscheiden (vgl. Biewer/Schütz 2016), die auch unter engem und weitem Inklusionsverständnis geläufig sind.

Ein enges und weites Verständnis
Ein enges Verständnis von Inklusion betrachtet bestimmte Ziel- bzw. Randgruppen, deren Rechte gestärkt werden sollen. Im derzeitigen bildungspolitischen Diskurs in Deutschland sind das zumeist Kinder und Jugendliche mit Behinderung. Eine solche enge Fassung, die bereits in der ersten Hälfte der 1990er-Jahre in den USA verbreitet war, verbindet Inklusion mit der traditionellen Bezugsgruppe der Sonderpädagogik und zwar Kindern mit *special educational needs*. Diese vermeintlich eindeutige Zielgruppe von Kindern mit besonderen Bildungsbedürfnissen und Förderbedarfen wurde aber damals schon von anderen Randadressat*innen begleitet. So erwähnt die Erklärung von Salamanca (vgl. UNESCO 1994) u. a. Straßenkinder oder Angehörige indigener Gruppen als Adressat*innen (vgl. Biewer/Schütz 2016).

Eine weite Fassung des Begriffs Inklusion wird seit Mitte der 2000er-Jahre von der UNESCO (2005) verbreitet, die Kinder und Jugendliche mit Behinderungen als nur eine von vielen verschiedenen Gruppen, wie beispielsweise Flüchtlings- und Straßenkinder, HIV-Waisen oder Kinder und Jugendliche aus ethnischen, religiösen und sprachlichen Minderheiten, betrachtet (vgl. Biewer/Schütz 2016).

Dieses durch die UNESCO verbreitete weite Verständnis von Inklusion beinhaltet damit auch eine Veränderung der Sichtweise dahingehend, dass sich das jeweilige (Gesellschafts-)System sowie Einrichtungen so verändern müssen, dass alle Menschen gleichermaßen Zugang haben. Inklusive Schule würde demzufolge ihren Teil zur gesamtgesellschaftlichen Aufgabe (der Umsetzung der Menschenrechte) leisten, d. h. die Wertschätzung und Anerkennung aller Menschen sowie die gesellschaftliche Einbeziehung aller (vgl. Hirschberg/Köbsell 2016).

Behindertenbewegung und Disability Studies als Impulse

Wie am Anfang dieses Kapitels erwähnt, wurde der Begriff Inklusion historisch geprägt. Da sowohl im Rückblick als auch gegenwärtig die Auseinandersetzungen mit Inklusion stark von der Thematik Behinderung (mit-)bestimmt sind, werden im Folgenden die Behindertenbewegung sowie die Erforschung von Behinderungsprozessen *(Disability Studies)* als Impulsgeber ausgeführt.

Beim Begriff »Behinderung« denken viele (zunächst) an die Unterteilung zwischen körperlicher und geistiger Behinderung. Der Begriff Behinderung kann jedoch viel weiter gefasst werden. Solch ein weites Behinderungsverständnis greift auf einen Begriff von Behinderung zurück, der Behinderung nicht mehr als individuelles medizinisches Phänomen, sondern als gesellschaftliche Konstruktion versteht. Aus dieser Sichtweise wird Behinderung zu einer veränderlichen Variable, die durch politische und gesellschaftliche Veränderungen umgestaltet und in ihren Herstellungsprozessen analysiert werden kann (vgl. Hirschberg/Köbsell 2016).

Somit ist BEHINDERUNG (wie Inklusion) ein vielfältiger Begriff, der eine herausfordernde Komplexität in sich birgt. Folgende Ausführungen zeigen dieses Spektrum auf und verdeutlichen, dass dieser Begriff (wie Inklusion) einen Entwicklungsprozess durchlaufen hat. Die weite oder sogenannte neue Sicht auf Behinderung entwickelte sich in einer Zeit von Bürgerrechtsbewegungen, die (unterschiedliches, aber in allen Fällen) traditionelles Denken in gesellschaftlichen Bereichen kritisierten. Scheinbar naturgegebene Zusammenhänge wurden in Frage gestellt, wodurch sich auch die (Selbst-)Wahrnehmung von Behinderung veränderte (vgl. Hirschberg/Köbsell 2016). Erstmalig formulierte 1976 die Vereinigung der körperlich Beeinträchtigten gegen Segregation (britische *Union of the Physically Impaired Against Segregation* – UPIAS) die Unterscheidung zwischen »impairment (Beeinträchtigung, die funktionale Beeinträchtigung aufgrund einer körperlichen, geistigen oder sensorischen Schädi-

> Laut der UN-BRK zählen zu der Gruppe von Menschen mit BEHINDERUNGEN »Menschen, die langfristige körperliche, seelische, geistige oder Sinnesbeeinträchtigungen haben, welche sie in Wechselwirkung mit verschiedenen Barrieren an der vollen, wirksamen und gleichberechtigten Teilhabe an der Gesellschaft hindern können« (Art. 1, Satz 2 der UN-BRK).

gung) und *disability* (Verlust oder Begrenzung von gleichberechtigter Teilhabe aufgrund physischer oder gesellschaftlicher Barrieren)« (Hirschberg/Köbsell 2016, S. 556, Hervorhebungen im Original). Dieses Behinderungsverständnis stellte einen Gegenentwurf zum damals vorherrschenden medizinischen bzw. individuellen Modell von Behinderung dar, in dem Behinderung mit Beeinträchtigung gleichgesetzt und als individuelles, tragisches Schicksal angesehen wurde.

> »In dieser Perspektive sind behinderte Menschen keine Rechtsträger/innen […]. Vielmehr wissen Behindertenexpert/innen, was gut für behinderte Menschen ist« (Hirschberg/Köbsell 2016, S. 556).

Vor dem Hintergrund eines veränderten Verständnisses von Behinderung revolutionierte sich somit nicht nur das (Selbst-)Bild von Menschen mit Behinderung, sondern auch das Bild auf die Gesellschaft, die Teilhabe nicht ermöglichte und ausgrenzte. Die aufkommende neue Trennung der biologischen und der gesellschaftlichen Ebene von Behinderung war die Basis der beiden, sonst in ihren Zielen unterschiedlich ausgerichteten Behindertenbewegungen in Großbritannien (Kampf gegen gesellschaftliche Unterdrückung) und in den USA (Kampf für Bürger*innenrechte). Das neue Verständnis, Behinderung als ein Ergebnis gesellschaftlicher Prozesse zu betrachten, nahm in Großbritannien und den USA (mit unterschiedlichen Herangehensweisen und zeitlich versetzt) Einzug in die akademische Forschung. Inspiriert durch die Bewegungen von Menschen mit Behinderung und der (für diese Zeit) radikalen neuen Sicht auf Behinderung als veränderbare Konstruktion, galt es, Behinderungsprozesse zu untersuchen (vgl. Hirschberg/Köbsell 2016).

Die DISABILITY STUDIES als Erforschung von Behinderungsprozessen entwickelten sich in Großbritannien und den USA in den 1980er-Jahren zeitgleich, aber unabhängig voneinander. Trotz der Unterschiede in der Erforschung von Behinderungsprozessen kann für die *Disability Studies* auf beiden Seiten des Atlantiks festgestellt werden, dass sie die historische, kulturelle und gesellschaftliche Gewordenheit sowie die gesellschaftlichen Bedingungen des Differenzierungsmerkmals Behinderung untersuchen. Wie etwa durch

> DISABILITY STUDIES kann mit »Studien zu Behinderung« übersetzt werden. »Entstanden in Großbritannien und den USA bilden die Disability Studies eine interdisziplinäre Klammer für alles wissenschaftliche Denken, dass [sic!] Behinderung nicht als bloß körperlich-medizinisches Phänomen, sondern vor allem als soziales und gesellschaftliches Geschehen versteht. Nicht die Beeinträchtigung als solche steht im Zentrum der Disability Studies, sondern die Bedeutung, die diese auf gesellschaftlicher, politischer und kultureller Ebene sowie für die Betroffenen hat.« (Arbeitsgemeinschaft Disability Studies in Deutschland. Online verfügbar unter http://www.disabilitystudies.de/studies.html

die Aufrechterhaltung eines negativen Behindertenbildes die gleichberechtigte Teilhabe von Menschen mit Beeinträchtigung verhindert bzw. nur eingeschränkt ermöglicht wird. Das Besondere am Merkmal Behinderung im Gegensatz zu Merkmalen anderer gesellschaftlicher Minderheiten ist, dass Behinderung als universelle menschliche Erfahrung anzusehen ist, die alle jederzeit und besonders im Alter (be-)treffen kann (vgl. Hirschberg/Köbsell 2016).

Obwohl Inklusion ein zentrales Thema in den *Disability Studies* darstellt, gibt es nur wenige Studien, die sich mit der pädagogischen Umsetzung der inklusiven Bildung befassen (z. B. Köbsell 2012, Hirschberg/Lindmeier 2013). Vielmehr überwiegt die Betrachtung von gesamtgesellschaftlichen Rahmenbedingungen, welche Behinderung im Bildungswesen bzw. -prozess erst hervorbringen. Unter anderem mit dem Ergebnis, dass Sonderbeschulung und Sonderpädagogik Behinderung im Bildungswesen maßgeblich (mit-)erzeugen. Die grundlegende Kritik der *Disability Studies* an Sonderbeschulung und Sonderpädagogik als zentralem Teil des Behinderungsprozesses führte lange zu einer geringen Wahrnehmung der *Disability Studies* in der (Sonder-)Pädagogik (vgl. Hirschberg/Köbsell 2016).

Ein Austausch (mit kritischen Sonderpädagog*innen) findet zunehmend im Kontext der internationalen Inklusionsdiskussion im angloamerikanischen Sprachraum statt. So kommen unter dem Dach der *Disability Studies in Education* (DSE) Personen aus unterschiedlichen Fachrichtungen der Praxis und der Forschung zusammen, um beispielsweise Behinderung in einem politischen, historischen und gesellschaftlichen Kontext sowie Fragen von sozialer Gerechtigkeit im Bildungswesen zu diskutieren (vgl. Hirschberg/Köbsell 2016; Köbsell 2015). Eine Thematik ist die Herausforderung, eine Sichtweise auf Behinderung als Teil menschlicher Vielfalt und nicht länger als Defizit in die Lehrer*innenausbildung zu integrieren. Dazu gehört auch das Hinterfragen von Normalitätsvorstellungen und der eigenen Privilegien als Person ohne Behinderung im Bildungssystem. So fordern Hirschberg und Köbsell: »Über das Reflektieren der eigenen Rolle hinaus – auch im Hinblick auf die eigene Vorbildfunktion – müsse eine kritische Auseinandersetzung mit institutionalisierter Bildung und ihren Verwobenheiten mit gesellschaftlichen Machtstrukturen geführt werden« (Hirschberg/Köbsell 2016, S. 560 f.). In Deutschland ist solch ein Befassen mit Behinderungsprozessen im Bildungssystem noch kaum feststellbar (vgl. Hirschberg/Köbsell 2016). Wenn aber Inklusion wirklich gewollt ist, ist eine kritische Auseinandersetzung mit tief verankerten, vielfach defizitorientierten Konstruktionen von Behinderung, Normalität oder Beeinträchtigung unerlässlich.

Der Blick in die Begriffsgeschichte soll verdeutlichen, dass die Kritik am Bestehenden und die Veränderungsbemühungen aus verschiedenen Kontexten, seien es Bürgerrechts- und Menschenrechtsbewegungen oder auch spezifische Forschungsrichtungen, stammen. Zugespitzt formuliert, ist Inklusion eine Bürger- und Menschenrechtsbewegung, die gesellschaftliche und staatliche Systeme verändern will. Und obwohl Inklusion derzeitig im deutschen Bildungssystem eher als bildungspolitische Vorgabe (von oben) wahrgenommen wird, hat Inklusion ihre Ursprünge in der bürgerrechtlichen Kritik am Bestehenden. Auch weiterhin setzen sich Bürgerrechtsinitiativen für Inklusion ein und stellen bildungspolitische inklusive Forderungen in Frage. Inklusion ist also auch heute noch ein Prozess, der von vielen (inter-)nationalen Akteur*innen kritisch mitgestaltet wird.

Zusammenfassend kann festgehalten werden, dass sowohl der Begriff Inklusion als auch der Begriff Behinderung ein Spektrum an Bedeutungszuschreibungen aufweisen. Erst im historischen Rückblick lässt sich nachvollziehen, dass und wie sich hier unterschiedliche Vorstellungen und Verständnisse der beiden Begriffe herausgebildet haben, die vielfach noch nebeneinander stehen. Insofern ist immer wieder neu zu prüfen und zu fragen, welche Vorstellung, welches Begriffsverständnis den jeweiligen Verwendungsweisen zugrunde liegt. Auch zeigt der Rückblick, dass wir es mit langwierigen gesellschaftlichen Prozessen zu tun haben. Die Durchsetzung eines Verständnisses, dass alle Menschen gleichwertig sind und ihnen daher gesellschaftliche Teilhabe ermöglicht werden muss, ist ein längerfristiger Prozess. Hier gilt es sowohl auf gesellschaftlicher Ebene als auch auf der Ebene des Einzelnen immer wieder Normalitätsvorstellungen zu hinterfragen und sich kritisch mit Hindernissen auf diesem Weg auseinanderzusetzen.

1.3 Eine nationale Bildungsreform

Die Frage, ob mit Inklusion das deutsche Bildungssystem reformiert werden soll, ist aus unserer Sicht klar mit einem Ja zu beantworten. Denn sowohl das enge als auch das weite Verständnis von Inklusion beinhalten die grundlegende Kritik an der Sonderbeschulung und die Forderung nach mehr gemeinsamer Beschulung.

Uneinheitliche und gegenläufige (inter-)nationale Zielsetzungen

Umstritten ist bei der Frage der inklusiven Bildungsreform, welches Ziel bzw. Ausmaß diese Reform erreichen soll. Während bei einem engen Inklusionsverständnis allein die Gruppe der Kinder und Jugendlichen mit Behinderung in den Blick genommen wird, zielt ein weites Begriffsverständnis auf einen großen Transformationsprozess des gesamten Bildungs- und Erziehungssystems mit dem Blick auf alle Beteiligten. Und je nach Perspektive stellt sich auch die Frage: Wird eine Reform hin zu einem integrativen Bildungssystem (wie es die deutsche Übersetzung der UN-BRK aufführt) oder eine Reform hin zu einem *inclusive educational system* (wie es die rechtlich verbindliche englische UN-BRK verwendet) angestrebt?

Unabhängig von der Beantwortung dieser Frage der Zielrichtung (→ Kap. 1.1) kann jedoch festgehalten werden, dass die Einführung eines integrativen bzw. inklusiven Bildungssystems und die damit einhergehende Abwendung vom bisherigen separierenden System der Förder- und Sonderschulen eine enorme Reform darstellt. Selbst wenn nur die Integration von Kindern und Jugendlichen mit sogenannten körperlichen und geistigen Behinderungen in die sogenannte REGELSCHULE als Ziel besteht, markiert dies eine deutliche Schulstrukturveränderung in der deutschen Bildungsgeschichte. Unter dem Gesichtspunkt der Teilhabe sind derartige Zielforderungen vergleichbar mit der Einführung der Koedukation, also des gemeinsamen Unterrichts für Jungen und Mädchen und des damit uneingeschränkten Zugangs für Mädchen zu Bildung.

> Als REGELSCHULEN werden in der BRD alle allgemeinbildenden Schularten bezeichnet, also Grund-, Haupt-, Real-, Gesamtschulen bzw. Schulen mit mehreren Bildungsgängen (z. B. Gemeinschaftsschulen) sowie Gymnasien, die sich in öffentlicher Trägerschaft befinden. Sonder- und Förderschulen sind keine Regelschulen, da sie ausschließlich von Schüler*innen mit sonderpädagogischem Förderbedarf bzw. einer speziellen Behinderung besucht werden.

Für diesen heute selbstverständlichen gemeinsamen Unterricht mussten damals viele Denkstrukturen in den Köpfen bewegt werden. Das führte gleichzeitig zur Hinterfragung gesellschaftlicher Rollenbilder (vgl. Irle 2015). Somit geht es bei der Einführung und Gestaltung eines integrativen oder inklusiven Bildungssystems nicht (nur) um eine Teilreform des Bildungswesens wie beispielsweise einem Wechsel von G9 auf G8. Neben der Herausforderung, dass mit beiden Zielsetzungen eine große Bildungsreform angestrebt wird, in der getrennte Beschulung abgebaut und tradierte Grundstrukturen sowie -annahmen verändert werden sollen, besteht eine weitere Herausforderung darin, dass an das deutsche Bildungssystem neben inklusiven Reformforderungen der UN-BRK weitere (internationale) Forderungen herangetragen werden, die teilweise im Widerspruch stehen. Insbesondere im Zusammenhang von Heranwachsenden mit besonderen Bedürfnissen und (inter-)nationalen Standardtestungen wird deutlich, dass der Leistungsindikator marginalisierende Nebenfolgen mit sich bringen kann, weil er von einer normierten Vorstellung der Schüler*innen ausgeht (vgl. Hörmann 2016). Bevor wir also die Umsetzung der vor mehr als acht

Jahren unterzeichneten UN-BRK betrachten werden, gilt es vorab noch den Blick auf weitere internationale Einflüsse zu richten.

In Deutschland sowie in vielen anderen Ländern der Welt stehen nationale Bildungssysteme zunehmend unter einer öffentlich gemachten Vermessung. Internationale Studien wie PISA *(Programme for International Student Assessment)*, TIMSS *(Third International Mathematics and Science Study)* etc. nehmen dabei Einfluss auf den öffentlichen Diskurs und damit auch auf (bildungs-)politische (Reform-)Entscheidungen. Hörmann (2016) weist darauf hin, dass hinter diesen Studien global agierende Institutionen, wie die OECD *(Organisation for economic cooperation and development)*, die IEA *(International Association for the Evaluation of Educational Achievement)*, aber auch die UNESCO, die Kommission der Europäischen Union sowie regionale bzw. nationale Kommissionen, Institute, Ministerien und Regierungen stehen.

Bestimmte PISA als internationale Schulleistungsstudie lange Zeit den deutschen Bildungsdiskurs, werden nun im Rahmen der UN-BRK auch andere bildungspolitische Ansprüche, Anforderungen etc. deutlich. Wenn Schule nun ein Ort sein soll, in dem Kinder dabei unterstützt werden, ihren Platz in der Gesellschaft zu finden und ein möglichst freies, unabhängiges Leben führen zu können, wirken bisherige standardisierte Steuerungssysteme, die ausschließlich auf Testleistungen als Qualitätsmaßstab setzen, diesen beschriebenen Ausrichtungen entgegen. Somit treffen derzeitig differente Anforderungen aufeinander, einerseits inklusive Ansprüche und andererseits Ergebnisableitungen der standardisierten (inter-)nationalen Leistungstests, die Schüler*innen mit besonderen Bedürfnissen eher unsichtbar machen. Weiterhin behalten die Leistungstests, die bisher keine inklusiven Ansprüche und Neuausrichtungen (vorrangig) in den Blick nehmen, eine Rolle der Kontrolle und Ausrichtung von Schulsystemen und wirken daher auch gegen die inklusive Neujustierung des Bildungssystems (vgl. Hörmann 2016).

Neben der Frage, wie in standardisierten Leistungstests Indikatoren für Inklusion zukünftig einzuarbeiten sind (vgl. Weber 2016), um eine »neujustierte Bildungssteuerung« (Neuhoff 2015, S. 260) zu erlangen, stellt sich auch die Frage, was derzeitige indikatorengestützte Darstellungen über Inklusion aussagen (können). So stellen die Autor*innen Brüggemann und Tegge (2016) fest, dass im Fall von Deutschland (und der Slowakei) die Kennzahlen eine »zunehmende gemeinsame Beschulung suggerieren, auch wenn das Gegenteil der Fall ist« (o. S.). Die indikatorengestützten (inter-)nationalen Evaluationsinstrumente sowie deren Aussagen sind entsprechend umstritten und es wird darüber diskutiert, ob diese Leistungstests eine Beobachtung und Kommentierung von Inklusion im Bildungssystem überhaupt erbringen (können).

Uneinigkeit und Gegensätze im nationalen Bildungssystem

Nach mehr als acht Jahren nach dem Inkrafttreten der UN-BRK in Deutschland zeigen sich bundesweit immer noch unterschiedliche Entwicklungen und Uneinigkeiten. Dies betrifft zum einen die begriffliche Auslegung von *inclusive educational system* (Art. 24 UN-BRK, → Kap. 1.1) und demzufolge die Zielsetzung. Zum anderen sind bis heute ebenso Unstimmigkeiten in der Umsetzung erkennbar. So ist ein Ende der Separation – als erklärtes Ziel der UN-BRK – bundesweit aktuell nicht absehbar.

Separate versus gemeinsame Beschulung

In den letzten Jahren zeigt sich in vielen Bundesländern ein Umbau der Schulstruktur und des Schulangebots. Statt einer leistungsbezogenen Aufteilung von Schüler*innen auf die Schularten Hauptschule, Realschule und Gymnasium entstehen vielfach Schulen mit mehreren Bildungsgängen (Gemeinschaftsschulen, Stadtteilschulen etc.), die ein längeres gemeinsames Lernen ermöglichen, mehrere Abschlussoptionen eröffnen und so die Durchlässigkeit des Schulwesens tendenziell erhöhen. Gleichzeitig zeigt sich aber auch, dass die Zahl der Gymnasien und Förderschulen weitgehend stabil bleibt (vgl. Autorengruppe Bildungsberichterstattung 2014 und 2016). Trotz der 2009 in Kraft getretenen UN-BRK, die Bund und Länder verpflichtet, das bestehende Bildungssystem zu einem inklusiven zu entwickeln, bleibt nicht nur die Zahl der Förderschulen konstant, sondern nimmt zudem die Zahl der Kinder und Jugendlichen mit sonderpädagogischer Förderung weiter zu und dies trotz insgesamt sinkender Schüler*innenzahlen. So zeigt sich zwischen 2012 und 2014 ein Anstieg der FÖRDERQUOTE von 6,6 auf 7,0 %. Noch immer wird der Großteil dieser Kinder und Jugendlichen in Förderschulen unterrichtet. Gleichzeitig werden aber auch immer mehr Kinder und Jugendliche mit sonderpädagogischem Förderbedarf – vor allem mit dem Förderschwerpunkt Lernen (44 %) und emotionale und soziale Entwicklung (25 %) – an sonstigen allgemeinen Schulen inklusiv beschult (Autorengruppe Bildungsberichterstattung 2016, S. 81).

> FÖRDERQUOTEN geben den Anteil der Schüler*innen mit Förderbedarf an allen Schüler*innen mit Vollzeitschulpflicht in allgemeinen Schulen der Primar- und Sekundarstufe I an – unabhängig von ihrem Förderort.
>
> EXKLUSIONSQUOTEN geben den Anteil der Schüler*innen mit Förderbedarf, die separiert in Förderschulen unterrichtet werden, an allen Schüler*innen mit Vollzeitschulpflicht an.
>
> INKLUSIONSQUOTEN geben den Anteil der Schüler*innen mit Förderbedarf, die inklusiv in allgemeinen Schulen unterrichtet werden, an allen Schüler*innen mit Vollzeitschulpflicht an.
>
> INKLUSIONSANTEILE geben den Anteil der Schüler*innen mit Förderbedarf, die inklusiv unterrichtet werden, an allen Schüler*innen mit Förderbedarf an. (vgl. Klemm 2015)

»Zwar steigen die INKLUSIONSANTEILE seit Jahren, der Anteil der Schüler, die Förderschulen besuchen, sinkt hingegen nur leicht. So ist die EXKLUSIONSQUOTE, die im Schuljahr 2008/09 bei 4,9 Prozent lag, nur auf 4,7 Prozent zurückgegangen. Vor Inkrafttreten der UN-Behindertenkonvention war die Exklusionsquote sogar niedriger (2001/02: 4,6 Prozent) als heute. Die fast gleichbleibenden Schüleranteile an Förderschulen trotz steigender INKLUSIONSANTEILE lassen sich durch höhere Förderquoten erklären. Bundesweit wird bei immer mehr Kindern ein sonderpädagogischer Förderbedarf festgestellt.« (Klemm 2015, S. 6 [Hervorhebungen nicht im Original])

Der Blick auf die Schularten zeigt, dass Inklusion – also das gemeinsame Lernen mit 3 bis 4 % an Jugendlichen mit sonderpädagogischen Förderbedarf – vornehmlich in Hauptschulen, Schulen mit mehreren Bildungsgängen und integrierten Gesamtschulen stattfindet.

Dieser Umstand macht deutlich, dass trotz der Tendenzen hin zu mehr Schulen für gemeinsame Bildung die ausdifferenzierenden Strukturen des Bildungssystems nach Schularten weiterhin fortbestehen. Somit bleiben die »Vielfalt der Schulen« (Wocken 2014, S. 51) und die äußere Differenzierung nach Leistung und Verteilung der Schüler*innen auf verschiedene Schularten in vielen Bundesländern bestehen.

Beständige Tendenzen von Separation zeigen sich auch in der gemeinsamen Bildung von Kindern und Jugendlichen mit und ohne Behinderung. Besuchen einerseits immer mehr Kinder und Jugendliche mit und ohne Behinderung gemeinsam Kindertageseinrichtungen bzw. Schulen, nimmt dieser Anteil andererseits mit zunehmendem Alter deutlich ab (vgl. Autorengruppe Bildungsberichterstattung 2014, S. 9). So fällt der Anteil von Kindern mit Eingliederungshilfen oder sonderpädagogischem Förderbedarf von zwei Dritteln (67 %) in frühpädagogischen Einrichtungen auf 44 % in Grundschulen und 23 % im Sekundarbereich I (vgl. Autorengruppe Bildungsberichterstattung 2014). Schüler*innen mit sonderpädagogischem Förderbedarf, die nach der Grundschule weiterhin inklusiv unterrichtet werden wollen, sehen sich in Deutschland (immer noch) mit einem gegliederten und separierenden Sekundarschulwesen konfrontiert (vgl. Klemm 2015).

Somit zeigen sich im deutschen Bildungssystem gegenläufige Dynamiken: zum einen gleichbleibende traditionelle Tendenzen der Separation (beispielsweise die Einteilung nach Schularten oder auch nach alters- oder leistungsspezifischen Klassen), zum anderen die neuere Tendenz von Inklusion, die eine gemeinsame Beschulung und eine »Vielfalt in der Schule« (Wocken 2014, S. 51) verfolgt. Diese Spannungen zwischen den Inklusionsanforderungen und den weiterhin bestehenden Separationsanforderungen stellen Schulen und pädagogische Fachkräfte vor grundlegende Fragen und Herausforderungen (→ FP1 Inklusives Arbeiten, FP4 Werkzeuge, FP5 Zugänge).

Standardisierte versus Individualisierte Lehrplanung

Die Diskussion um Inklusion beinhaltet nicht nur eine Kritik an der Sonderbeschulung und den separierenden Strukturen, sondern auch an den herkömmlichen standardisierten bzw. linearen Unterrichtsprinzipien. Mit der Bezeichnung »linear« ist die Orientierung an einer durchschnittlichen Leistungsfähigkeit – einer Klasse bzw. Lerngruppe – beschrieben, was (wie bereits lange bekannt) auf ein grundlegendes Dilemma verweist: Trotz aller äußeren Differenzierung in verschiedene Schularten bleibt eine Schulklasse in Bezug auf die Schulleistungen immer heterogen (vgl. Kiel/Kahlert/Haag/Eberle 2011; Tillmann 2004). Das Konzept der Inklusion versucht nicht, die Heterogenität der Kinder und Jugendlichen (durch Schularten oder Schulklassen) gleichartig zu sortieren. Vielmehr soll die Heterogenität oder Vielfalt anerkannt und wertgeschätzt werden. Dieser Anspruch beinhaltet, dass individuelle Bedürfnisse und Leistungsfähigkeiten stärker in den Blick geraten und als Maßstab genutzt werden. Dies ist Ihnen vielleicht schon unter dem Prinzip »Vergleiche kein Kind mit einem anderen, sondern nur mit sich selbst.« (→ FP1 Inklusives Arbeiten) oder den Begriffen individuelle Förderung bzw. Binnendifferenzierung bekannt.

Vor allem im Kontext von Unterricht stoßen die gegenläufigen Dynamiken von (tradierten) standardisierten Prinzipien (Curriculum) und individueller Förderung (individueller Lehrplan) aufeinander. Die Orientierung(-spflicht) an gemeinsamen Bildungsinhalten bzw. Curricula für alle Schüler*innen führt dazu, dass vor allem Lehrkräfte dem Anspruch, bei den Lernvoraussetzung der Kinder und Jugendlichen anzusetzen, nicht gerecht werden können (vgl. Biewer/Schütz 2016, S. 125).

Defizitorientierte versus wertschätzende Benennungen

Ferner ist hier das bereits lange bestehende und als ETIKETTIERUNGS-RESSOURCEN-DILEMMA bekannte Spannungsfeld zu nennen.

Auch an Schulen ist die pädagogische Praxis nicht davon befreit, dass der Beantragung von Unterstützungs- oder Förderungsmaßnahmen generell eine defizitorientierte Beurteilung zugrunde liegt. Durch die Einführung der inklusiven Schule stellt das Verfahren zur Feststellung eines sogenannten sonderpädagogischen Unterstützungsbedarfes bereits eine Herausforderung dar. Zusätzlich beinhaltet die defizitorientierte Beschreibung für Unterstützungsmaßnahmen die Problematiken der Etikettierung, Stigmatisierung und/oder der Verstärkung von Stereotypen (→ FP5 Zugänge, FP7 Anerkennung). So verzichteten einige der von uns befragten Schulsozialarbeiter*innen oder Lehrkräfte bewusst auf Unterstützungs- oder Förderungsmaßnahmen, um die in der Akte oder unter einigen wenigen Personen bekannte defizitorientierte Diagnose nicht durch besondere Maßnahmen (wie Schulbegleitung) für andere sichtbar zu machen und auf diese Weise Berührungsängste oder Ausgrenzung zu befördern. Diese Vermeidung von negativ konnotierten Klassifizierungen und der daraus folgende Verzicht auf Unterstützung können durch die inklusive Forderung, Vielfalt wertzuschätzen und demzufolge auf stigmatisierende Bezeichnungen zu verzichten, verstärkt werden. Die derzeitigen defizitorientierten Unterteilungsperspektiven hemmen damit ggf. nicht nur eine Inanspruchnahme von Unterstützungsmaßnahmen, sondern verhindern eventuell auch, dass bestimmte Problemlagen begrifflich (im pädagogischen Alltag) aus- und angesprochen werden (vgl. Biewer/Schütz 2016).

> **Das Etikettierungs-Ressourcen-Dilemma** verweist auf den Widerspruch zwischen dem pädagogischen Anspruch, die Stärken und Interessen eines Kindes zum Ausgangspunkt zu machen, und der durch Verwaltungshürden geprägten Praxis der Defizitbeschreibung für Unterstützungsmaßnahmen (vgl. Albers 2011).

Zusammenfassend kann festgehalten werden, dass die dargestellten im deutschen Bildungssystem vorherrschenden Unstimmigkeiten und vielfach gegenläufigen Dynamiken auf unterschiedlichen Ebenen vorliegen und zu vielfältigen Dilemmata für die Akteur*innen führen. Damit ist gemeint, dass nicht nur Beteiligte an Schule, wie Kinder und Jugendliche, Eltern und Mitarbeitende, sondern beispielsweise auch Beteiligte auf der bildungspolitischen Ebene vor der Herausforderung stehen, gegenläufigen (inter-)nationalen Zielsetzungen und Anforderungen gerecht zu werden. Die sich daraus ergebenden Spannungsfelder sind nicht einfach, schnell oder von Einzelpersonen aufzulösen, denn ein inklusives Bildungssystem erfordert ein Zusammenspiel unterschiedlicher Bereiche und (Berufs-)Gruppen. So bedeutet eine gemeinsame Beschulung (von Kindern mit und ohne Behinderung) zumeist auch eine Kooperation mit neuen Kolleg*innen oder anderen Behörden (→ FP3 Kooperation).

1.4 Eine organisationale Krise?

Durch die immer stärker vernetzte und globalisierte Arbeitswelt sind Arbeitsverhältnisse zunehmend durch Schnelllebigkeit, Komplexität, Ungewissheit, Unklarheit oder Mehrdeutigkeit geprägt. Unternehmen und Mitarbeitende stehen heutzutage vor der Herausforderung unentwegt notwendiger Anpassungs- und Veränderungsprozesse. Ebenso müssen Bildungseinrichtungen immer wieder auf unsichere bzw. unklare Veränderungen reagieren, ohne in passive Ratlosigkeit zu verfallen oder sprichwörtlich »die Krise zu kriegen«. Inklusion führt zu Widersprüchen im Rahmen des deutschen Bildungssystems und stellt Beteiligte in Schule vor scheinbar unauflösbare Spannungsfelder.

Die Einführung der inklusiven Schule wirft nicht nur inhaltliche Fragen auf, welche Unterrichtsinhalte z. B. wie vermittelt werden sollen, sondern stellt Schulen auch vor die Frage, wie mit den wenigen finanziellen und personellen Ressourcen die notwendigen Veränderungen hin zu einer inklusiven Schule realisiert werden können. Mehrarbeit unter weitgehend gleichbleibenden finanziellen, materiellen oder technischen Bedingungen scheint dabei ein allgemeines Phänomen von aktuellen gesellschaftlichen Veränderungsprozessen zu sein und zugleich Ausgangspunkt für Stress und Überlastung. Die Forderung nach Gestaltung inklusiver Bildungseinrichtungen birgt daher die Gefahr für Überlastung oder Krisen von Einrichtungen und deren Mitarbeiter*innen in sich.

Flexibilität und Widerstandsfähigkeit in turbulenten Zeiten

Mehr Belastbarkeit und Widerstandskraft haben oder sich auch in turbulenten Zeiten sicher fühlen – wer möchte das nicht? Flexibilität, Widerstandsfähigkeit, Belastbarkeit, Selbstwirksamkeit sind Eigenschaften, die wir in schweren Zeiten gebrauchen können und die mit dem Begriff RESILIENZ umschrieben werden (vgl. Wellensiek/Galuska 2014). Resilienz wird oft mit dem Bild des Immunsystems verglichen.

> RESILIENZ meint die Widerstandskraft gegenüber potenziell krankmachenden Lebensumständen. Es ist die Fähigkeit, Krisen zu bewältigen und sie durch Rückgriff auf persönliche und externe Ressourcen als Anlass für Entwicklungen zu nutzen.

»Vergleichbar mit unserem Immunsystem, welches unseren Körper vor Krankheit schützt, steht die Resilienz für das Immunsystem unserer Psyche oder unserer Seele, welches uns beim Umgang mit Stress, Belastungen und Krisen unterstützt.« (Amann 2015, S. 6)

Die Resilienz ist dabei kein statischer Zustand, sondern ein stetiger Lern- und Anpassungsprozess. Resiliente Menschen (und ggf. Mitarbeiter*innen) lernen aus der Art und Weise, wie sie mit vergangenen Krisen umgegangen sind. Ein Unternehmen ist erst dann resilient, wenn die Mitarbeitenden die Fähigkeit anwenden können, Krisen (durch Rückgriff auf unternehmensinterne oder -externe Ressourcen) als Lernchance zu nutzen und zu bewältigen. Der stetige Lern- und Anpassungsprozess ist von unterschiedlichen (Schutz-)Faktoren geprägt, wodurch die Resilienz von Personen (oder Einrichtungen) von Kontext zu Kontext unterschiedlich stark ausgeprägt sein und anders ausfallen kann (vgl. Wellensiek/Galuska 2014; Amann 2015).

Die vielfältigen Schutzfaktoren, welche die Widerstandsfähigkeit im Umgang mit Krisen erhöhen, werden unter anderem in innere und äußere Schutzfaktoren unterteilt. Innere Schutzfunktionen – wie Charaktereigenschaften, innere Haltung und Überzeugungen, Fertigkeiten und Erfahrungen – liegen in der Person selbst begründet. Umstände, welche eine Person in der privaten oder beruflichen Umgebung vorfindet und für sich – bei der Bewältigung einer Krise – nutzen kann, werden als äußere Schutzfaktoren umschrieben. Solche resilienzfördernden Umstände können positive (private oder berufliche) Rollenvorbilder, eine zuverlässige Bezugsperson (in der Familie, im Kollegium etc.), ein stimulierendes Lern- und Arbeitsumfeld (zum Beispiel durch eine wertschätzende und offene Austauschkultur) oder die Möglichkeit zur Weiterbildung sein. Diese inneren und äußeren Schutzfaktoren lassen sich zur besseren Übersicht unter den folgenden sogenannten Resilienzfaktoren zusammenfassen: Optimismus, Akzeptanz, Lösungsorientierung, Selbstregulation, Selbstverantwortung, Beziehungen, Zukunftsgestaltung und Improvisationsvermögen (vgl. Amann 2015).

Resiliente Menschen oder Unternehmen zeichnen sich dabei nicht dadurch aus, dass sie diese inneren und äußeren Resilienzfaktoren perfektioniert haben, sondern vielmehr dadurch, dass sie gelernt haben, aus und in der Krise zu lernen. Das meint, dass sie Erfahrungen im Umgang mit Problemen sammeln, Fertigkeiten für zukünftige vergleichbare Herausforderungen erwerben und demzufolge die Lebens- oder Unternehmenseinstellung verändern (vgl. Amann 2015). Auf diese Weise werden den Herausforderungen und Krisen auch Entwicklungschancen und -möglichkeiten zugeschrieben.

Viele (Bildungs-)Einrichtungen stellen sich bewusst den immer wieder aufkommenden Anforderungen und Herausforderungen. Durch diese Ausrichtung auf den stetigen Wandel und die Anpassungsfähigkeit ist anzunehmen, dass in den meisten Einrichtungen bereits eine unbewusste bzw. intuitive Resilienz vorhanden ist. Um dieses intuitive Verhalten sichtbar zu machen und daraus eine strategische Persönlichkeits- oder Organisationsentwicklung ableiten zu können, werden im Folgenden mögliche Vorgehensweisen (→ FP8 Organisationsentwicklung) auf drei Ebenen dargestellt.

Persönliche Resilienz

Die Resilienz einer Person hängt stark von den ihr zur Verfügung stehenden Ressourcen, insbesondere von personalen Ressourcen, ab, die sich in »Kompetenzen, Fähigkeiten, Einstellungen, Fertigkeiten, Bewertungen und Bewältigungsstilen einer Person« (Barthold/Schütz 2010, S. 94) zeigen. Nicht jedem sind beispielsweise Optimismus oder Selbstbewusstsein von Natur aus gegeben und häufig sind auch Schule, Ausbildung oder Studium nicht geeignet, die Fähigkeit zu erwerben, immer wieder nach neuen Chancen und Lösungsideen zu suchen, um die persönlichen Kompetenzen zu erweitern und das Leben damit ggf. zum Besseren zu verändern. Persönliche Resilienzförderung ist daher Persönlichkeitsentwicklung, die man mit dem Motto »Mut fassen und neue Wege gehen« (Wellensiek/Galuska 2014, S. 76) umschreiben könnte. Dies ist kein leichtes Unterfangen, da es bedeutet, sich von alten, häufig tief eingeschliffenen Mustern zu lösen. Somit geht es neben dem Wissen um Resilienzfaktoren (→ FP8 Organisationsentwicklung) auch um das sich immer wieder Einlassen, Vertiefen, Dranbleiben und Üben. Demzufolge kann es hilfreich sein, die Resilienzförderung anhand eines zirkulierenden (Trainings-)Plans – ggf. auch im Team – zu gestalten. Im sogenannten Resilienz-Zirkel werden die oben benannten Resilienzfaktoren Schritt für Schritt betrachtet (vgl. Amann 2015).

> Schritt 1: Sich durch Optimismus und den Blick auf das, was gut funktioniert, innerlich stärken.
> Schritt 2: Sich durch Akzeptanz von Gegebenheiten und Tatsachen (z. B. von Zeitressourcen) vor Überforderung schützen.
> Schritt 3: Sich durch Lösungsorientierung und Kreativität von Problemen oder Krisen, in denen gewohnte Routinen oder Denkweisen nicht funktionieren, lösen.
> Schritt 4: Sich durch Selbstregulation und Selbstfürsorge vor zu hohen oder chronischen Stressbelastungen schützen.
> Schritt 5: Durch Selbstverantwortung und Selbstwirksamkeit Situationen verändern oder Konflikte angehen.
> Schritt 6: Durch Beziehungen und Netzwerke Hilfe erhalten oder Erfahrungen einholen.
> Schritt 7: Sich durch Zukunftsgestaltung und Visionsentwicklung auf kommende Herausforderungen vorbereiten.
> Schritt 8: Durch Improvisationsvermögen und Lernbereitschaft dem Umgang mit Unerwartetem und Unbekanntem begegnen.

Kulturelle Resilienz

Obwohl die Resilienzförderung vorrangig eine Betrachtung von Mitarbeitenden und Führungskräften in Unternehmen vornimmt, kann die kulturelle Resilienzförderung in Schule erstrebenswert sein, die auch die Kinder und Jugendlichen einbezieht. Resilienz zielt wie Inklusion auf die Werte der Anerkennung und Wertschätzung menschlicher Bedürfnisse und menschlicher Vielfalt. Demzufolge können durch eine schulkulturelle Resilienzförderung alle Beteiligten in Schule unter der Perspektive ›aus (Lebens- oder Lern-)Krisen lernen‹ vereint werden.

Die bewusste Gestaltung der kommunikativen Prozesse und ein Bewusstsein für die Bedeutung der Schul- bzw. Unternehmenskultur bilden die Basis für kulturelle Resilienz. Kulturelle Resilienz versucht durch die Gestaltung beispielsweise des Leitbildes oder der Schulkultur, die (acht) Resilienzfaktoren für die Beteiligten vor Ort zu fördern. Dies kann durch kleine Gesten (sich in die Augen schauen, Danke sagen, Anderssein anerkennen, kurze Pausen in Teamsitzungen ermöglichen, Fehler erlauben etc.) oder größere Maßnahmen (Arbeits- und Rückzugsräume freundlich einrichten, Patensystem für Neue gestalten, Gesundheits-, Stress- oder Ideenmanagement anbieten, Weiterbildungsmöglichkeiten und -zeiten ermöglichen) angeregt werden (→ FP6 Teilhabe/Partizipation).

Organisationale Resilienz

Will eine (Bildungs-)Einrichtung ihre Mitarbeitenden durch Förderung von Widerstandsfähigkeit, Flexibilität, Belastbarkeit etc. auf schwere (Umbruchs-)Zeiten vorbereiten, gilt es, die unternehmensinternen Einflussfaktoren auf die Qualität eines Arbeitsplatzes zu kennen und zu nutzen. Hier bieten die Unternehmenskultur, die Führungskultur, der Organisationsaufbau und -ablauf sowie das Gesundheitsmanagement Gestaltungsspielräume. Beim Gesundheitsmanagement muss der Mensch als Ganzes gesehen und seine Gesundheit auf körperlicher sowie mentaler, emotionaler und seelischer Ebene unterstützt werden. Organisationsaufbau und -ablauf werden möglichst schlank und transparent gestaltet sowie immer wieder auf ihre Brauchbarkeit hin überprüft. Es wird eine offene und achtsame Kommunikation geschätzt. Bezüglich der Unternehmenskultur werden realistische Anforderungen gestellt. Führungskräfte bekommen klar definierte Ziele, Aufgaben sowie Unterstützung und Zeit bei bzw. in der Führungsrolle. Vertrauen, Kooperation und Interaktion auf Augenhöhe werden vorgelebt.

Um in der Einrichtung Resilienz zu fördern, ist es ratsam, mit zwei Perspektiven zu arbeiten. Das meint, dass es einerseits darum geht, die Resilienz der (Bildungs-)Einrichtung selbst und andererseits die Resilienz der Mitarbeitenden zu fördern. Weiterhin ist es empfehlenswert, ggf. durch einen Fragebogen zu erheben, wie es um die Resilienz (bzw. um die Aspekte Wertschätzung, anerkennender Umgangston, Zeit für Lösungsprozesse, Zeit für Feedback und Reflexion, Klarheit über Zuständigkeiten, Entscheidungsspielräume, Unterstützungs- und Weiterbildungsmaßnahmen, etc.) in der Einrichtung bestellt ist.

Neben dem Blick auf bestehende Resilienz und schon verarbeitete Widerstände sollten ebenso Zeiten ermöglicht werden, in denen denkbare Veränderungs- oder Krisenszenarien in aller Ruhe durchdacht werden können (→ FP8 Organisationsentwicklung).

Bildungseinrichtungen stehen wie andere Organisationen vor der Herausforderung, sich mit den immer wieder aufkommenden Veränderungen auseinandersetzen zu müssen. Sie können jenen turbulenten Zeiten jedoch selten mit der Strategie des schnellen Ausbaus von personellen oder materiellen Ressourcen begegnen. Die Vorbereitung auf den Umgang mit neuen und zumeist ungewissen Zuständen liegt bei solchen Rahmenbedingungen somit in der Akzeptanz und im Management des Neuen bei oft gleichbleibenden Ressourcen. Das meint, dass zunächst die Notwendigkeit einer ständigen Anpassung akzeptiert werden sollte. Zudem sollten die bereits bestehenden (ggf. intuitiven) Anpassungs- und Stressbewältigungsstrategien gefördert und der Umgang mit dem Ungewissen Teil der Unternehmens- bzw. Schulkultur (→ FP8 Organisationsentwicklung) werden. Bezwinger*innen solcher unsicheren und turbulenten Zeiten sind jene Einrichtungen, die gelernt haben, sich auf den Umgang mit dem Ungewissen einzulassen und entsprechend vorzubereiten. Also Einrichtungen, die ihre Führungskräfte, Mitarbeiter*innen und ggf. auch die Eltern- und Schüler*innenschaft auf Anpassungsprozesse (durch Resilienz- und Gesundheitsförderung) vorbereiten und (durch eine offene Lern-, Fehler- und Feedbackkultur) unterstützen.

Das Thema Inklusion mit Blick auf Schule wird vielfältig diskutiert und vor allem als Herausforderung für Lehrkräfte erörtert. Im folgenden Kapitel steht die Gruppe der Schulsozialarbeiter*innen und deren professionelle Herausforderungen sowie möglichen Beiträge für die Gestaltung von inklusiver Schule im Mittelpunkt der Ausführungen.

2 Inklusion als Herausforderung für Schulsozialarbeit

2.1 Was ist Schulsozialarbeit?

Schulsozialarbeit ist an der Schnittstelle von Jugendhilfe und Schule angesiedelt und stellt die intensivste Form der Kooperation zwischen diesen beiden Institutionen dar. Obwohl Schulsozialarbeit seit ihrer Einführung in den 1970er-Jahren im Rahmen von Modellversuchen in Deutschland auf eine über 40-jährige Entwicklung zurückblicken kann, ist nach wie vor eine Klärung des Verständnisses von Schulsozialarbeit erforderlich. Regional unterschiedliche Begrifflichkeiten wie beispielsweise »Jugendsozialarbeit an Schulen« oder »Soziale Arbeit in der Schule«, unterschiedliche Finanzierungswege und Träger, aber auch unterschiedliche Anforderungen hinsichtlich der Arbeitsweise und Zielgruppen verweisen darauf, dass das Arbeitsfeld der Schulsozialarbeit, trotz deutlicher quantitativer und inhaltlicher Weiterentwicklung in den vergangenen 20 Jahren, nach wie vor »weder über einen einheitlichen Begriff noch über klar definierte konzeptionelle Grundlagen, Ziele, Rechtsgrundlagen, Rahmenbedingungen und Praxisgestaltungen verfügt« (Speck 2015, S. 358) und ein heterogenes und komplexes Arbeitsfeld darstellt. An dieser Feststellung von Karsten Speck hat sich auch in den vergangenen fünf Jahren, trotz intensiver Diskurse, kaum etwas geändert.

Entsprechend sind die Kernangebote und -hilfen von Schulsozialarbeit an Schulen keineswegs klar bestimmt oder umrissen, sondern Schulsozialarbeiter*innen weisen ein ausgesprochen breites Tätigkeitsspektrum auf. Zunächst besteht dieses aus der naheliegenden Beratung und Begleitung von Einzelschüler*innen und der fallbezogenen Zusammenarbeit mit Lehrer*innen und Erziehungsberechtigten. Hier sehen sich Schulsozialarbeiter*innen mit Schüler*innen mit besonders herausforderndem Verhalten, mit passiver und aktiver Schulverweigerung oder mit Migrations- und Fluchterfahrungen konfrontiert, um nur einige der möglichen Adressat*innengruppen zu benennen. Ein weiteres großes Arbeitsgebiet ist die sozialpädagogische Gruppenarbeit, die sich mit Inhalten wie sozialem Lernen, Mediation oder Anti-Gewalttrainings befasst.

Weitere Tätigkeiten sind die Gestaltung offener Angebote wie Gesprächsangebote, Betreuungs- und Freizeitangebote im Ganztag, Gruppenarbeiten mit nicht explizit sozialpädagogischem Inhalt, aber auch schulbezogene Projekte und Aktionen. Ebenso findet eine Mitwirkung an Unterrichtsprojekten und teilweise der Unterrichtsgestaltung selbst statt. In der unterrichtsbezogenen Zusammenarbeit mit Lehrer*innen leisten Schulsozialarbeiter*innen häufig Krisenintervention, indem sie Schüler*innen bei akuten Konflikten in der Klasse übernehmen. Aber auch zur individuellen Förderung leistungsschwächerer Schüler*innen sowie zur Betreuung von Trainingsräumen oder Hausaufgaben werden Schulsozialarbeiter*innen teilweise eingesetzt. Vernetzung und Kooperation mit dem Gemeinwesen, auch im Kontext der Gestaltung des Übergangs von Schule und Beruf, sind je nach Schulform ebenfalls Bestandteil des Arbeitsfelds der Schulsozialarbeit. Schlussendlich – und dies zeigt sich insbesondere in der jüngeren Vergangenheit – ist Schulsozialarbeit als Teil der Schule nicht nur an Gremien beteiligt, sondern auch gefordert, diese aktuell im Hinblick auf Inklusionsaufgaben zu unterstützen sowie (inklusive) Schulkonzepte mit zu entwickeln (vgl. Kastirke/Seibold/Eibeck 2016; Speck 2015).

Trotz eines ausgesprochen breiten und vielfältigen Angebotsprofils lässt sich – wenn sich auch keine allgemein akzeptierte Definition für Schulsozialarbeit findet – zumindest ein Grundkonsens für das Arbeitsprofil erkennen. So definiert Speck (2015) mit Rückgriff auf Krüger (2008) und Drilling (2009), dass

> »unter Schulsozialarbeit ganz allgemein ein Arbeitsfeld an der Schnittfläche zwischen Schule und Jugendhilfe verstanden wird, bei dem sozialpädagogische Fachkräfte kontinuierlich am Ort Schule tätig sind und mit Lehrkräften auf einer verbindlich vereinbarten und gleichberechtigten Basis zusammenarbeiten, um junge Menschen in ihrer individuellen, sozialen, schulischen und beruflichen Entwicklung zu fördern, dazu beizutragen, Bildungsbenachteiligungen zu vermeiden und abzubauen, Erziehungsberechtigte und Lehrer bei der Erziehung und dem erzieherischen Kinder- und Jugendschutz zu beraten und zu unterstützen sowie zu einer schülerfreundlichen Umwelt beizutragen« (Speck 2015, S. 359).

Hinsichtlich der Trägerschaft ergibt sich ein sehr heterogenes Bild. So befinden sich Stellen von Schulsozialarbeiter*innen in einigen Kommunen in der Trägerschaft freier und/oder öffentlicher Träger der Kinder- und Jugendhilfe, in anderen dagegen in kommunaler schulischer Trägerschaft. Darüber hinaus finden sich aber auch weitere einzelne Strukturen außerhalb der Kinder- und Jugendhilfe, wie beispielsweise Elterninitiativen oder Schulfördervereine. Auch auf Landkreis- sowie Länderebene wird zunehmend die Trägerschaft durch kommunale Jugendhilfestrukturen oder Kultusministerien, Bezirksregierungen und Schulverwaltungsämter auf der schulischen Seite übernommen (vgl. Olk/Speck 2015).

Bedingt durch eben diesen Umstand, dass sich Schulsozialarbeit als Handlungsbereich an der Schnittstelle zwischen Schule und Kinder- und Jugendhilfe befindet und in Abhängigkeit von der konkreten Trägerschaft auf unterschiedliche kinder- und jugendhilferechtliche oder schulrechtliche Regelungen und Vorgaben zurückgegriffen wird, besteht noch keine eindeutige rechtliche Verankerung des Handlungsfeldes der Schulsozialarbeit.

So sind je nach der zugrundeliegenden Position andere rechtliche Bestimmungen relevant. »Grundsätzlich kommen zur Begründung von Schulsozialarbeit das SGB VIII/KJHG, die Ausführungsgesetze in den Bundesländern, die jeweiligen Landesschulgesetze sowie weitere Rechtsverordnungen, Erlasse und Richtlinien (z. B. Förderrichtlinien) in Betracht. Da Schulsozialarbeit in den Fachdebatten grundsätzlich als Leistung der Kinder- und Jugendhilfe – und damit als sozialpädagogisches Handeln am Ort Schule – verstanden wird, finden sich die wichtigsten rechtlichen Grundlagen im SGB VIII/KJHG, wobei vornehmlich die Paragraphen 1, 81, 11 und 13 SGB VIII/KJHG benannt werden« (Olk/Speck 2015, S. 14).

2.2 Wie positioniert sich Soziale Arbeit zur Inklusion?

Inklusion ist seit einigen Jahren im bildungspolitischen Diskurs ein zentrales Thema. Dies gilt vor allem mit Blick auf die Schule. Die Frage, wie die Gestaltung eines inklusiven Schulsystems gelingen kann, avanciert derzeit in vielen Bundesländern zu einem zentralen Wahlkampfthema. Parteien, Lehrerverbände, die Gewerkschaft Erziehung und Wissenschaft (GEW), Elternbündnisse, Stiftungen und andere Akteur*innen positionieren sich im Rahmen der neuen Anforderungen um die Frage nach dem richtigen Weg hin zu einem inklusiven Schulsystem. Weitgehend einig scheinen sich die Beteiligten nur in der Feststellung zu sein, dass die aktuelle Praxis weit entfernt vom ideellen Grundgedanken und Anspruch von Inklusion ist und sich erhebliche Defizite bei der Umsetzung zeigen. Auch im wissenschaftlichen Diskurs der Schul- und Sonderpädagogik ist Inklusion aktuell das bestimmende Thema: eine Vielzahl an Publikationen liegen inzwischen vor, neue Professuren werden eingerichtet, Inklusion bzw. sonderpädagogische Studienelemente werden in die Lehrerbildung integriert, Tagungen und Forschungsprojekte befassen sich mit unterschiedlichen Facetten des Themas etc.

In der Sozialen Arbeit hingegen ist das Thema Inklusion deutlich weniger präsent und wird erst allmählich breiter diskutiert (vgl. Graßhoff/Mangold/Oehme 2014). Womit hängt diese lange Zurückhaltung zusammen? Hier sind unterschiedliche Antwortmöglichkeiten denkbar: Die bildungspolitische Debatte rund um Inklusion konzentriert sich vor allem auf eine bestimmte Zielgruppe (Menschen mit Behinderung) sowie auf das schulische Handlungsfeld und die Frage gemeinsamen Unterrichts von Schüler*innen mit und ohne sonderpädagogischem Förderbedarf – möglicherweise erwies sich diese Engführung wenig anschlussfähig an die Soziale Arbeit. Eine andere Antwort wäre, dass Forderungen wie »Barriere- und diskriminierungsfreie Zugangs- und Partizipationsrechte für alle!« ohnehin zur zentralen Wertebasis in der Sozialen Arbeit gehören und für das berufliche Selbstverständnis der Fachkräfte prägend sind. Aus dieser Perspektive werden die mit Inklusion verbundenen Herausforderungen an die Bildungs- und soziale Infrastruktur ohnehin bereits bearbeitet. Schließlich ist zu beobachten, dass in den verschiedenen Handlungsfeldern in der Sozialen Arbeit das Thema Inklusion zu unterschiedlichen Zeitpunkten aufgegriffen, die Diskussionen unterschiedlich geführt werden und Inklusion für die verschiedenen Kontexte je spezifische Erfordernisse und Ansatzpunkte beinhaltet: »In der Jugendarbeit scheint ein inklusives Selbstverständnis eng an die eigene Entstehungsgeschichte geknüpft, im Kontext des Übergangssystems werden mit Inklusion unmittelbar sozialpolitische Rahmungen zum Thema und die Schnittstellen zur Gesundheitshilfe bringen eingespielte Arbeitsteilungen ins Wanken« (Graßhoff/Mangold/Oehme 2014, S. 3).

Auch in der Sozialen Arbeit zeigt sich ein heterogenes Begriffsverständnis von Inklusion. Ein enges Verständnis fokussiert die Ausrichtung von Sozialen Diensten auf die Bedarfe von Menschen mit Behinderung. In einem weiten Verständnis von Inklusion finden hingegen auch andere soziale Differenzkategorien – wie sozio-ökonomische Herkunft, Geschlecht, ethnische Herkunft, Religion, Alter oder sexuelle Orientierung – Berücksichtigung. Hier zielt Gleichstellung also nicht allein auf Menschen mit und ohne Behinderung, sondern generell auf den Abbau von (Zugangs-)Barrieren und Diskriminierungen sowie die Gewährleistung gesellschaftlicher Teilhabe für alle Menschen. Zudem wird die Heterogenität der Menschen als Chance und Bereicherung angesehen. Soziale Arbeit sieht es diesem weiten Verständnis von Inklusion folgend als ihre fachliche und gesellschaftliche Aufgabe und Herausforderung an, Teilhabe im Kontext von gesellschaftlicher Vielfalt zu fördern und zu gestalten. Inzwischen hat sich im wissenschaftlichen Diskurs dieses weite Begriffsverständnis der Leitidee Inklusion auch in der Sozialen Arbeit weitgehend durchgesetzt. Aktuell wird breit diskutiert, welche neuen Anforderungen das Thema Inklusion für die Soziale Arbeit mit sich bringt, welche neuen Fragen und Probleme angesichts dieser allumfassenden gesellschaftlichen Leitidee aufgeworfen und welche Wandlungsprozesse hierdurch angestoßen werden. Dabei werden normative Fragen diskutiert, rechtliche Aspekte thematisiert, neue konzeptionelle Ansätze entwickelt sowie organisationale Herausforderungen in Bildungseinrichtungen, in den Sozialen Diensten und Einrichtungen der psychosozialen Versorgung bearbeitet (vgl. Felder/Schneiders 2016; Spatscheck/Thiessen 2017). Insbesondere die Schule als zentrale Bildungseinrichtung sieht sich – wie oben aufgezeigt – im Kontext der Inklusion einem besonderen Veränderungsdruck ausgesetzt. Welche Konsequenzen dies für die Schulsozialarbeit hat bzw. haben sollte, wird im folgenden Kapitel thematisiert.

2.3 Welche Herausforderungen kommen auf Schulsozialarbeit in der inklusiven Schule zu?

Auch im Rahmen von Schulsozialarbeit spielte Inklusion zunächst keine Rolle – zumindest bezogen auf den wissenschaftlichen Diskurs. Sowohl aus Perspektive der Sozialen Arbeit als auch von Seiten der Schulpädagogik wurde die Frage, welche professionellen und organisationalen Herausforderungen sich für die Schulsozialarbeit angesichts des Umbaus der Schulen seit der Ratifizierung der UN-Behindertenrechtskonvention 2009 ergeben, bisher kaum thematisiert. In Publikationen und Lehrbüchern zur Schulsozialarbeit wird das Thema Inklusion zwar am Rande erwähnt, aber bisher nicht systematisch entfaltet.

Ganz anders sieht das auf der Seite der Praxis aus. In unserem Forschungsprojekt, in welchem wir Schulsozialarbeiter*innen in Niedersachsen befragt haben, berichteten diese, dass mit der Einführung der inklusiven Schule zum Schuljahresbeginn 2013/14 eine Reihe auch spannungsreicher Herausforderungen auf sie zukamen und sich neue Fragen mit Blick auf die Aufgaben, Zuständigkeiten und auch Grenzen der Schulsozialarbeit bei der Gestaltung einer inklusiven Schule ergaben – insbesondere auch mit Blick auf die verstärkte Präsenz anderer pädagogischer Professioneller in der Institution Schule. Folgende Herausforderungen an Schulsozialarbeit in der inklusiven Schule sind zu benennen:
- »Neue« Adressat*innen in der Regelschule,
- Dominanz defizitorientierter Kategorisierungen,
- Zusammenarbeit in multiprofessionellen Teams,
- Gestaltung inklusiver Settings.

Neue Adressat*innen in der Regelschule

In den 2000er- und 2010er-Jahren haben sich eine Reihe von Projekten und Programmen der Schulsozialarbeit in erster Linie auf die Reduzierung von

Schulabstinenz und Schulversagen bei Schüler*innen konzentriert. Dies war sicherlich nicht zuletzt eine bildungspolitische Reaktion auf die Ergebnisse internationaler Leistungsvergleichsstudien wie PISA und IGLU. Zudem wird Schulsozialarbeit vielfach eine Disziplinierungsfunktion für auffällige und sozial abweichende Kinder und Jugendliche von Seiten der Institution Schule zugeschrieben, wenn sozialpädagogische Fachkräfte z. B. für die Betreuung des Trainingsraums an Schulen eingesetzt werden. Diese Fokussierung auf schulabstinente, scheiternde und auffällige Kinder und Jugendliche ist fachlich problematisch und aus dem Selbstverständnis der Schulsozialarbeit heraus auch eine Engführung (vgl. Böhnisch/Schröer 2011; Speck 2014). Denn damit wird zum einen ein enger, unterrichtlich geprägter Bildungsbegriff auch für den Handlungsauftrag der Schulsozialarbeit zugrunde gelegt. Zum anderen entspricht die damit einhergehende Eingrenzung der Ziele, Zielgruppen, Handlungsprinzipien, Angebote und Methoden nicht dem aktuell vorherrschenden Verständnis der Jugendhilfe und Schulsozialarbeit. Ihrem Selbstverständnis nach orientiert sich Schulsozialarbeit an einem deutlich WEITEREN BILDUNGSBEGRIFF, der vielfältige Lernprozesse auch jenseits formalisierter Bildungssettings wie Schule mit einschließt. Zudem richtet sich Schulsozialarbeit an alle Kinder und Jugendliche, besonders aber an Benachteiligte und Beeinträchtigte. Als Adressat*innen kommen dabei bisher vor allem sozial Bildungsbenachteiligte sowie Kinder und Jugendliche mit Erfahrungen des Scheiterns und der Desintegration in den Blick (vgl. Speck 2014).

> Das Bundesjugendkuratorium, die Sachverständigenkommission des Elften Kinder- und Jugendberichts und die Arbeitsgemeinschaft für Jugendhilfe plädierten nach Erscheinen der PISA-Ergebnisse im Jahre 2001 mit ihren »Leipziger Thesen zur aktuellen bildungspolitischen Debatte« (BJK 2002) für einen WEITEN BILDUNGSBEGRIFF.
> Mit dem Titel »Bildung ist mehr als Schule« (BJK 2002) wollten sie zum Ausdruck bringen, dass Bildungsprozesse von Kindern und Jugendlichen nicht nur im schulischen Unterricht stattfinden, sondern auch jenseits der Institution Schule in der Familie, Kindertageseinrichtungen, der Jugendarbeit und beruflichen Bildung sowie unter Gleichaltrigen und im Kontakt mit der Umwelt.

In den Interviews wird deutlich, dass sich aufgrund gesellschaftlicher Wandlungsprozesse und veränderter bildungspolitischer Rahmenbedingungen in den letzten Jahren sozialpädagogische Fachkräfte neben diesen klassischen Zielgruppen mit weiteren Adressant*innenkreisen konfrontiert sehen. Die Interviewpartner*innen nennen zum einen Kinder und Jugendliche mit Fluchterfahrung und damit zusammenhängende Herausforderungen wie sprachliche Verständigung, materielle Armut und belastende Fluchterfahrungen bis hin zu Traumata. Hinzu kommen zum anderen Kinder und Jugendliche mit sonderpädagogischem Förderbedarf bzw. Einschränkungen anderer Art, die im Zuge der

Inklusion zunehmend an Regelschulen unterrichtet werden. Hier nennen die Befragten unter anderem Schüler*innen mit der Diagnose Aufmerksamkeits-Defizit-(Hyperaktivitäts-)Störung (AD(H)S) oder Autismus bzw. Asperger-Syndrom. Angesichts der verstärkten Präsenz von Kindern und Jugendlichen mit Fluchterfahrungen bzw. Behinderungen an Regelschulen sowie einer stärkeren Fokussierung auf diese machen die befragten Schulsozialarbeiter*innen zudem die Erfahrung, dass Ängste vor der gemeinsamen Beschulung auf Seiten aller beteiligter schulischer Akteur*innen zunehmen. Vielfach wird auch darauf verwiesen, dass die Ressourcen und Rahmenbedingungen noch fehlen, um adäquat auf die neuen Bedarfe und Bedürfnisse von Schüler*innen reagieren zu können.

Dominanz defizitorientierter Kategorisierungen

Einem weiten Inklusionsverständnis liegt die Leitidee zugrunde, dass Vielfalt und Heterogenität der Menschen einer Gesellschaft als grundlegend und selbstverständlich betrachtet werden. Dabei wird davon ausgegangen, dass sich Menschen hinsichtlich verschiedenster Dimensionen unterscheiden, aber als gleichberechtigte Individuen in ihrer Vielschichtigkeit, Einmaligkeit und Besonderheit als Teil der Gesellschaft wahrgenommen und anerkannt werden (sollten). Verfechter*innen dieser Leitidee wenden sich gegen die Vorstellung einer »Zwei-Gruppen-Theorie« (Hinz 2002), also einer binären Unterscheidung in z. B. behindert/nicht-behindert oder mit/ohne sonderpädagogischen Förderbedarf, und lehnen jegliche gruppenbezogene Kategorisierung als diskriminierend ab.

Gleichzeitig zeigt die derzeitige Praxis, dass die Zuteilung von Ressourcen für die Gestaltung eines inklusiven Bildungssystems Kategorisierungen beinhaltet und voraussetzt. Denn Ressourcen, die einzelnen Personen zugewiesen werden, sind an Kategorisierungen gebunden: z. B. wird bei der Schülerin Sabine ein sonderpädagogischer Förderbedarf im Schwerpunkt Lernen festgestellt, sie wird als »Inklusionskind« an einer Gesamtschule unterrichtet, die für die sonderpädagogische Unterstützung Ressourcen in Form von Extrastunden zugeteilt bekommt, in denen eine sonderpädagogische Lehrkraft mit in den Unterricht kommt. Sabine wird mit anderen Kindern, die ebenfalls Förderbedarfe im Bereich Lernen haben, phasenweise aus der Klasse herausgenommen und von der sonderpädagogischen Lehrkraft unterrichtet. Während also Kategorisierungen positiv gesehen mit Vergünstigungen in Form von zusätzlichen Ressourcen verknüpft sind, können gleichzeitig Stigmatisierungen und damit negative Folgen für etikettierte Kinder und Jugendliche verbunden sein.

Die befragten Schulsozialarbeiter*innen machen in den Interviews darauf aufmerksam, dass sie im Kontext von Inklusion eine Praxis der Etikettierung und gleichzeitig auch defizitorientierten Unterteilung an Schulen beobachten.

Aus ihrer Sicht verkürzt das vorherrschende Fördersystem Inklusion auf die Frage nach Schüler*innen mit und ohne Behinderung bzw. sonderpädagogischem Förderbedarf und widerspricht mit seiner zugrundeliegenden defizitorientierten Unterteilung einem weiten Inklusionsverständnis. Für sie steht die aktuelle Praxis im Widerspruch zum Selbstverständnis von Schulsozialarbeit, die für alle Kinder und Jugendlichen sowie für Eltern und Lehrkräfte Anlaufstelle sei und sich bei der sozialpädagogischen Arbeit an den individuellen Stärken orientiere. Insofern stecken (die befragten) Schulsozialarbeiter*innen nach der Einführung der inklusiven Schule im Etikettierungs-Ressourcen-Dilemma (→ Kap. 1): So sollte dem pädagogischen Anspruch nach die bestmögliche Förderung aller Kinder und Jugendlicher erfolgen und es soll dabei an deren Stärken und Interessen angeknüpft werden, gleichzeitig können aber Ressourcen für Förder- und Unterstützungsmaßnahmen nur auf der Basis von Defizitbeschreibungen und geknüpft an einzelne etikettierte Personen akquiriert werden (vgl. Wocken 1996). Das bedeutet auch, dass je mehr Schüler*innen einer Regelschule das Etikett Förderbedarf bekommen, desto mehr Anspruch hat die Schule auf zusätzliche Unterstützungsmaßnahmen, Gelder und Lehrkräfte. Auf diese Weise entsteht auch ein Anreiz, immer mehr Diagnoseverfahren anzustoßen, was zur Folge hat, dass mehr Kinder und Jugendliche als z. B. »behindert« etikettiert werden. Gleichzeitig reichen die bisherigen Mittel aber nicht aus. Für eine alle einbeziehende (inklusive) Aufgabenumsetzung fehlen zeitliche, personale und z. T. auch räumliche Ressourcen in den Schulen. Insofern führt die inklusive Schule zu einer deutlichen Zuspitzung des Etikettierungs-Ressourcen-Dilemmas.

Zusammenarbeit in multiprofessionellen Teams

Seit Beginn der 2000er-Jahre hat sich im Zuge bildungspolitischer Strukturreformen – wie der Ausbau von Ganztagsschulen, die Öffnung der Schulen nach außen im Rahmen von sozialräumlichen, lokalen und kommunalen Bildungskonzepten und -landschaften sowie die Einführung der inklusiven Schule – die Personal- und Kooperationsstruktur an Schulen deutlich verändert. Die Präsenz von Sozialpädagog*innen, Schulsozialarbeiter*innen, Erzieher*innen, Förderschullehrkräften, Schulbegleiter*innen, pädagogischem Ganztagspersonal und weiteren Berufsgruppen an Schulen hat sich deutlich an allen Schulformen erhöht. Bisher waren Schulsozialarbeiter*innen mehr oder weniger die einzige Berufsgruppe, die neben den Lehrkräften an Schulen tätig war. Diese Phase bilateraler Kooperationen mit Lehrkräften endet nun, denn insbesondere die Gestaltung eines inklusiven Schulsystems führt dazu, dass künftig in Schulen mehrere Professionen und Berufsgruppen zusammenarbeiten (müssen). Die schulischen Akteur*innen stehen damit vor der Herausforderung, Formen multiprofessioneller Kooperation zu entwickeln und umzusetzen, die über die bloße Anwesenheit unterschiedlicher Berufsgruppen im schulischen Alltag hinausgehen.

Mit der stärkeren Präsenz neuer Professionen und Berufsgruppen – insbesondere der Förderschullehrkräfte – ist anzunehmen, dass sich bisher etablierte Zuständigkeitsbereiche der pädagogischen Berufsgruppen am Ort Schule verschieben und neu ausgehandelt werden müssen. Insbesondere Schulsozialarbeiter*innen, die damit am Ort Schule »nur« noch ein Kooperationspartner unter mehreren sind und durch die Profession der Förderschullehrkräfte, die eine klarer konturierte Expertise und Zuständigkeit aufweisen, möglicherweise stärker unter Druck geraten, müssen in diesen multiprofessionellen Arbeitszusammenhängen ihre eigene Rolle finden, einen eigenständigen fachlichen Zugang behaupten und ihre Aufgaben und Zuständigkeiten in der inklusiven Schule möglicherweise neu austarieren (vgl. Speck 2014; Volk/Haude/Fabel-Lamla 2017).

Aus Sicht der Befragten im Forschungsprojekt deutet sich an, dass sich die Kooperationsstrukturen und das Feld der multiprofessionellen Zusammenarbeit an Schule punktuell verändern. Vor allem wird aber deutlich, dass die Antworten zu den Fragen darauf, welchen Auftrag die Schulsozialarbeit in der inklusiven Schule hat und welche Rolle sie in den Teams einnimmt, noch völlig offen sind. Es fehlt an einem einheitlichen und schlüssigen Gesamtkonzept zum Thema Schulsozialarbeit in der multiprofessionellen Schule. Daher stehen die Akteur*innen in den Schulen selbst vor der Herausforderung mit den anderen Akteur*innen neue Aufgaben und Zuständigkeiten zu klären und auszuhandeln. Zwar erweist sich die Schulsozialarbeit als hoch anschlussfähig an Aufgaben, die mit dem Themenfeld Inklusion verknüpft sind (→ Kap. 2.3), gleichzeitig weisen die befragten Schulsozialarbeiter*innen darauf hin, dass für die Schulsozialarbeit nicht mehr finanzielle oder personale Ressourcen für die Gestaltung von Förder- und Unterstützungsmaßnahmen in der inklusiven Schule zur Verfügung stehen. In ihrer Tätigkeit greifen sie in erster Linie weiterhin auf ihr Netz an Kooperationen mit Einrichtungen und Akteur*innen außerhalb der Schule zurück. Nur punktuell wird die Zusammenarbeit mit den neu hinzukommenden Förderschullehrkräften, Schulbegleiter*innen, pädagogischen Mitarbeiter*innen und anderen Berufsgruppen innerhalb der inklusiven Schule verstärkt und werden kooperative Arbeitsbündnisse aufgebaut.

Auch in der wissenschaftlichen Diskussion wird derzeit thematisiert, dass bislang noch nicht klar ist, wie sich das Hinzukommen neuer Berufsgruppen im Rahmen der inklusiven Schule auf das Handlungsfeld der Schulsozialarbeit auswirkt (vgl. Holtbrink 2015; Fabel-Lamla/Reinecke-Terner 2014; Speck 2014). Speck (2014) weist darauf hin, dass Schulsozialarbeiter*innen im Idealfall in diesem Zusammenhang wichtige Koordinierungs- und Steuerungsaufgaben übernehmen können, da sie

> »a) die gesamte Bildungs- und Lebensbiografie von Kindern und Jugendlichen im Blick haben, b) für unterschiedliche Akteure und Institutionen ansprechbar sind (z. B. SchülerInnen, LehrerInnen, SonderpädagogInnen, PsychologInnen, Eltern, soziale Dienste), c) mit einer hohen Präsenz im Raum Schule tätig sind, aber auch im Umfeld von Schulen verankert sind und d) über ein breites institutionenübergreifendes Vermittlungswissen verfügen.« (Speck 2014, S. 161)

Die Potenziale multiprofessioneller Kooperation werden sich nur realisieren lassen, wenn die verschiedenen Akteur*innen die jeweiligen Aufgaben und Zuständigkeiten klären, gemeinsame Zielsetzungen verfolgen, arbeitsteilig je nach ihrer Expertise agieren und immer wieder die Handlungsvollzüge – z. B. Wer übernimmt welche Aufgabe? Wer koordiniert und moderiert den Fallbearbeitungsprozess? – der verschiedenen Berufsgruppen miteinander abstimmten.

Gestaltung inklusiver Settings durch die Schulsozialarbeit

Geht man von einem weiten Inklusionsverständnis aus, das darauf ausgerichtet ist, allen Menschen die Teilhabe am gesellschaftlichen Leben zu ermöglichen, Diskriminierungen und Marginalisierung abzubauen, individuelle Förder- und Unterstützungsleistungen anzubieten sowie Vielfalt anzuerkennen und wertzuschätzen, dann zeigen sich deutliche Parallelen zum Auftrag und Selbstverständnis von Schulsozialarbeit (→ Kap. 2.3). Doch bislang wird der Schulsozialarbeit im Rahmen des schulischen Inklusionsprozesses wenig Beachtung geschenkt. Das hängt möglicherweise damit zusammen, dass Inklusion – einem engen Verständnis folgend – als die gemeinsame Beschulung von Kindern und Jugendlichen mit und ohne Behinderung verstanden und bildungspolitisch derzeit auf diese Weise auch umgesetzt wird.

Bereits sehr früh hat Bernhard Eibeck, damals Referent für Jugendhilfe und Sozialarbeit beim Hauptvorstand der Gewerkschaft Erziehung und Wissenschaft (GEW), Thesen zur Diskussion von Grundlagen, Zielen und Aufgaben von Schulsozialarbeit in einem inklusiven Bildungswesen vorgelegt (Eibeck 2011), in denen er knapp aufzeichnet, dass Inklusion in der Schule die sozialpädagogische Expertise der Schulsozialarbeit braucht.

Auch in den 2015 vom Kooperationsverbund Schulsozialarbeit vorgelegten Leitlinien für Schulsozialarbeit werden »Diversität, Inklusion und Chancengleichheit« (Kooperationsverbund Schulsozialarbeit 2015, S. 8) als Grundsätze der Schulsozialarbeit formuliert. Allerdings wird nicht näher erläutert, was das konkret auf der Handlungsebene bedeutet. In den letzten Jahren haben zahlreiche Fachtage stattgefunden, auf denen vorliegende Erfahrungen, Chancen und Herausforderungen im Kontext von Inklusion diskutiert wurden und der Frage nachgegangen wurde, was Inklusion für den schulischen Alltag bedeutet und welche Rolle Schulsozialarbeit in diesem Prozess einnimmt bzw. einnehmen kann. Inzwischen wird das Thema Inklusion auch punktuell in Hand- und Lehrbüchern aufgegriffen (Speck 2014; Stüwe/Ermel/Haupt 2015; Hollenstein et al. 2017). Doch differenzierte Auseinandersetzungen, welche Rolle die Schulsozialarbeit im Rahmen des Inklusionsprozesses einnimmt, und konkrete Handlungskonzepte für eine inklusive Schulsozialarbeit finden sich noch nicht.

Auch empirische Forschungsergebnisse zum Beitrag von Schulsozialarbeit im Inklusionsprozess liegen bisher kaum vor. In einer quantitativen Befragung von Schulsozialarbeiter*innen, Schulleitungen und Trägervertretungen in Niedersachsen gaben lediglich 22 % der Schulleitungen und 28 % der befragten Fachkräfte an, dass sozialpädagogische Fachkräfte Aufgaben bzw. Angebote im Rahmen der inklusiven Schule übernehmen. Dabei zeigten sich zum Teil Überschneidungen zu anderen Arbeitsfeldern (z. B. Schulbegleitung/Schulassistenz). Insgesamt kommen die Autor*innen zu dem Schluss, dass »es noch keine klare Definition zu den Aufgaben sozialpädagogischer Fachkräfte im Rahmen der inklusiven Schule« (Busche-Baumann et al. 2014, S. 27) gibt. Eine Untersuchung zu kommunalen Modellen inklusiver Bildung in Niedersachsen zeigt darüber hinaus auf, dass Schüler*innen mit einem sogenannten sonderpädagogischen Unterstützungsbedarf wenig Berücksichtigung in der Angebotsstruktur von Schulsozialarbeit finden (vgl. Eikötter et al. 2015). Die Ergebnisse einer empirischen Studie von Holtbrink (2015) in Nordrhein-Westfalen verweisen darauf, dass erstens die Vorstellungen von Inklusion der einzelnen Berufsgruppen in Schule stark voneinander abweichen und zweitens die sozialpädagogischen Fachkräfte sehr unterschiedlich in die jeweiligen Inklusionsprozesse eingebunden sind. Die Herausforderungen der Gestaltung einer inklusiven Schule würden dazu führen, dass sich alle drei Professionen – Regelschullehrkräfte, Sonderpädagog*innen und Schulsozialarbeiter*innen – neu positionieren und die verschiedenen Aufgabenbereiche aushandeln müssen, wofür gleichzeitig zeitliche Ressourcen fehlen. Diese ersten Befunde zeigen, dass derzeit noch weitgehend offen ist, ob und wenn ja, welche Rolle und Aufgaben Schulsozialarbeiter*innen bei der Gestaltung inklusiver Schulen übernehmen, wie sie sich in die multiprofessionelle Zusammenarbeit einbringen und inwieweit sich die originären

Aufgaben der Schulsozialarbeit und damit das Selbstverständnis im Kontext inklusiver Schulen verändern.

Bei den in unserem Forschungsprojekt befragten Schulsozialarbeiter*innen zeigt sich, dass sie die Ziele der Inklusion breit vertreten, deutliche Parallelen zum Selbstverständnis der Sozialen Arbeit sehen und sich hier engagieren möchten. Doch stehen sie vor der spannungsreichen Herausforderung, hierfür in der Regel keinen Auftrag und somit auch keine zusätzlichen Ressourcen zur Verfügung zu haben, um Aufgaben in der inklusiven Schule zu übernehmen. Gleichzeitig werden sie aber z. B. von Seiten der Lehrkräfte für (Hilfs-)Tätigkeiten mit herangezogen, wie etwa die Erarbeitung differenzierender Unterrichtsmaterialien. Nur punktuell werden neue (bzw. zukünftige) inklusive Herausforderungen von den Befragten angeführt. Hierzu gehört z. B. die Anpassung von (stark auf Sprach- und Lesekompetenz ausgerichteten) Arbeitsmaterialen in sozialpädagogischen Angeboten oder die Erweiterung des Spektrums an außerschulischen Kooperationspartner*innen.

2.4 Warum ist die Schulsozialarbeit ein wichtiger Akteur in der inklusiven Schule?

Wie bereits deutlich geworden ist, erweist sich aus unserer Sicht, aber auch nach Ansicht anderer Autor*innen (vgl. Moldenhauer 2014; Spies 2016; Holtbrink 2017), die Schulsozialarbeit an den Inklusionsdiskurs und an einen ›weiten‹ Inklusionsbegriff als hoch anschlussfähig. Zwar wird mitunter Schulsozialarbeit in Anlehnung an § 13 Jugendsozialarbeit des SGBVIII als ein Angebot verstanden, das sich in erster Linie an sozial benachteiligte und individuell beeinträchtige Kinder und Jugendliche richten soll, doch überwiegend ist das Selbstverständnis anzutreffen, dass sich Schulsozialarbeit mit ihren Angeboten prinzipiell an alle Schüler*innen unabhängig von jeglichen Kategorisierungen wendet. Dabei verfolgt Schulsozialarbeit das Ziel, mit Hilfe präventiver und intervenierender Angebote zu einer gelingenden »Identitäts- und Persönlichkeitsentwicklung von Kindern und Jugendlichen« (Speck 2009, S. 53) beizutragen und bei der schulischen und außerschulischen Lebensbewältigung Unterstützung zu leisten. Einen allgemeinen Konsens bildet überdies der Anspruch, eine anwaltschaftliche Position für Kinder und Jugendliche zu übernehmen, und die Ausrichtung am Prinzip der *Lebensweltorientierung* nach Thiersch (2009). Damit verknüpft sind ein emanzipatorischer Anspruch und der zentrale Auftrag der Schulsozialarbeit, *Teilhabe* herzustellen, Integration zu gewährleisten und Benachteiligungen zu vermeiden. So verfolgt Schulsozialarbeit das Ziel, soziale

Kompetenzen zu fördern, die Klassengemeinschaft zu stärken und Verfahren der konstruktiven Konfliktbearbeitung zu vermitteln (z. B. Sozialtraining, Klassenrat, Klassenregeln, Streitschlichtung/Peer Mediation). Schüler*innen werden so partizipativ an ihren eigenen Gruppenprozessen beteiligt, können selbst ihre Regeln des Umgangs miteinander bestimmen und lernen Verantwortung für ihr soziales Handeln und für die Gemeinschaft zu übernehmen. Ferner sollen in sozialpädagogischen Settings Werte wie Toleranz, Solidarität und Empathie vermittelt werden. Verschiedenheit und Differenz als Bereicherungen für alle sollen in der Schule erfahrbar werden. Hier bietet die Schulsozialarbeit mit der Initiierung von solchen »sozialen Integrationserfahrungen« (Bretländer 2012, S. 241) vielerlei Anknüpfungsmöglichkeiten.

Neben der hohen Anschlussfähigkeit der Schulsozialarbeit auf der Ebene der Wertorientierungen und Zielsetzungen werden auch die Bedeutung sozialpädagogischen Expertise und der Beitrag der Schulsozialarbeit für die Gestaltung inklusiver Schulen auf den folgenden Ebenen diskutiert: multiprofessionelle Zusammenarbeit, Kooperation und Vernetzung, soziale Öffnung von Schule sowie inklusive Schulentwicklung (vgl. Spies/Pötter 2011; Fabel-Lamla/Reinecke-Terner 2014; Moldenhauer 2014; Stüwe/Ermel/Haupt 2015).

Multiprofessionelle Zusammenarbeit: In der Diskussion um MULTIPROFESSIONELLE Teams kann Schulsozialarbeit als Vorreiterin interprofessioneller Zusammenarbeit in der Schule gelten, denn erstens liegen hier langjährige Erfahrungen in Bezug auf die Kooperation zwischen Lehrkräften und Sozialpädagog*innen vor. Zweitens sind – im Gegensatz zum Selbstverständnis vieler Lehrkräfte – Teamarbeit und KOOPERATION für das professionelle Selbstverständnis der sozialpädagogisch Tätigen vielfach prägend und drittens verfügen Schulsozialarbeiter*innen vielfach über Kompetenzen für die Gestaltung von Teamarbeit (z. B. Moderationstechniken, Zielvereinbarungen, Dokumentation und Evaluation der gemeinsamen Arbeit) (vgl. Fabel-Lamla/Thielen 2011).

> Unter KOOPERATION im schulischen Kontext kann in der Regel – sehr weit gefasst – jede Form plan- und absichtsvoll gestalteter Zusammenarbeit gefasst werden.
>
> Der Begriff der MULTIPROFESSIONALITÄT beschreibt das Phänomen, dass mehrere Professionen bzw. Berufsgruppen in einem Handlungsfeld tätig sind, das durch eine spezifische, professionelle Anforderungsstruktur der Aufgaben und Arbeitsvollzüge gekennzeichnet ist.

Kooperation und Vernetzung: Schulsozialarbeiter*innen beraten und begleiten Kinder und Jugendliche in besonderen familiären Problemlagen bzw. bei individuellen, psychosozialen Unterstützungsbedarfen und vermitteln sie gegebenenfalls in weiterführende Unterstützungssysteme. So können belastende, individuelle Problemkonstellationen frühzeitig und gezielt bearbeitet werden, die Schüler*innen oftmals von der Erbringung der geforderten schulischen

Leistungen abhalten. Aufgrund ihrer vielfältigen Vernetzungen mit außerschulischen Unterstützungssystemen ist Schulsozialarbeit im Kontext von Inklusion als bedeutsame Ressource zu betrachten. Schulsozialarbeit kann den Kontakt zu spezifischen Beratungsstellen, Institutionen der Jugendhilfe, aber auch zu Jugendtreffs und anderen Einrichtungen und Initiativen herstellen und auf diese Weise adäquate und ganzheitliche Hilfen für die jeweiligen Problemkonstellationen ermöglichen. Diese Netzwerkarbeit sollte durch den Aufbau von Kommunikationsstrukturen und institutionalisierten Formen der Zusammenarbeit mit anderen Einrichtungen begleitet werden, um die Kontinuität der Kooperationen zu sichern, ein gemeinsam getragenes Konzept zu verwirklichen und die verschiedenen Lern-, Lebens- und Bildungsorte systematisch miteinander verknüpfen zu können.

Soziale Öffnung von Schule: Da Schulsozialarbeit in der Regel bereits gut mit verschiedenen Einrichtungen vernetzt ist, kann sie eine wichtige Rolle und Scharnierfunktion bei der sozialen Öffnung von Schule und Vernetzung mit dem Gemeinwesen einnehmen. Im Zuge des Ausbaus von Ganztagsschulen eröffnet Schulsozialarbeit beispielsweise über bedürfnisorientierte Projektarbeit und freizeitpädagogische Angebote informelle Bildungsgelegenheiten jenseits von Unterricht, in denen Kinder und Jugendliche ihre eigenen Stärken und Begabungen erfahren und einbringen, aber auch den Umgang mit eigenen Schwächen lernen können. Im Kontext der Öffnung von Schule kann Schulsozialarbeit durch vielfältige Kooperationen mit außerschulischen (Bildungs-)Partnern einen entscheidenden Beitrag dazu leisten, dass sich Schule zu einem Bestandteil einer kommunalen Bildungslandschaft mit einem erweiterten Bildungsverständnis entwickelt (vgl. Spies 2013).

Inklusive Schulentwicklung: Die Gestaltung inklusiver Bildungsprozesse ist nicht allein von Lehrkräften auf der Unterrichtsebene zu bewältigen, sondern als Aufgabe für die gesamte Organisation und aller schulischen Akteur*innen zu sehen. Die verschiedenen Kompetenzen der Akteur*innen, die Gestaltung der interprofessionellen Zusammenarbeit und die Organisationsstrukturen der Schule tragen zur Realisierung der pädagogischen Herausforderung bei, eine Schule für alle Kinder und Jugendliche zu schaffen. Hierfür ist entscheidend, dass sich die gesamte Schule auf den Weg macht und ihre Kulturen, Strukturen und Praktiken prüft, überdenkt und weiterentwickelt. Ziel ist ein Lernprozess der Organisation, die sich zu einer Einrichtung entwickeln soll, die die Unterschiedlichkeiten von allen Menschen als Bereicherung versteht und nutzt. Hierfür wird vielfach der INDEX FÜR INKLUSION (Boban/Hinz 2003) herangezogen. Dieses Instrument kann dabei helfen, die Stellung der Schulsozialarbeit an der jeweiligen Schule und ihre Einbindung in inklusive Schulentwicklungsprozesse zu analysieren und auf den Prüfstand zu stellen. Die Schulsozialarbeiter*innen sollten systematisch, strukturell und konzeptionell in diesem Lern- und Entwicklungsprozess einbezogen werden, da sie bei der Gestaltung inklusiver Schulentwicklung wichtige Anstöße geben und Aufgaben übernehmen können.

==Letztlich bietet das Konzept der Inklusion auch für die Profession Schulsozialarbeit die Chance, ihr Selbstverständnis in Bezug auf die Aufgabenfelder und Rolle der Sozialen Arbeit/ Sozialpädagogik in der inklusiven Schule neu zu definieren und sich zu positionieren==. Wir möchten die Leser*innen mit Hilfe der nachfolgenden Fokuspunkte dazu anregen, sich mit den Herausforderungen der Inklusion im schulsozialarbeiterischen Handlungsfeld auf professioneller und organisationaler Ebene auseinanderzusetzen und das eigene Rollenverständnis sowie Fragen der Zuständigkeiten, Aufgaben und Zusammenarbeit in der inklusiven Schule zu reflektieren.

> ⓘ Der INDEX FOR INCLUSION wurde im Jahre 2000 von den britischen Pädagogen Mel Ainscow und Tony Booth entwickelt, mehrfach überarbeitet (2002, 2011, 2017) und von Andreas Hinz und Ines Boban (2003) u. a. für deutsche Bildungseinrichtungen adaptiert und übersetzt.
> ==Der INDEX FÜR INKLUSION ist ein Leitfaden für die gemeinsame Entwicklung inklusiver Bildungseinrichtungen auf der Basis inklusiver Werte.== Er enthält eine umfangreiche Sammlung von Materialien und Fragen, die allen Beteiligten helfen, Barrieren und Ressourcen für Lernen und Partizipation zu identifizieren. Schulen und andere Bildungseinrichtungen können daran ablesen, inwieweit sie bereits Kulturen, Strukturen und Praktiken der Inklusion umsetzen.

3 Inklusive Schulsozialarbeit reflektieren und gestalten

Fokuspunkt 1:
Schulische Rahmenbedingungen für inklusives Arbeiten

> Die Herausforderungen, vor denen man steht, sich da auch ein bisschen von wegzubewegen: Ein Kind muss schreiben können, muss lesen können. Der hockt auch in Englisch und ich fände es gut, wenn der seine Adresse schreiben könnte. Es ist unsinnig so ein Kind Englisch lernen zu lassen. Was wird ihm das bringen? Bringt ihm das was? Das sind alles so Fragen, wo man oder wo Schule vor der Aufgabe steht, sich auch selber noch mal zu überprüfen und zu reformieren.
> (Schulsozialarbeiterin im Einzelinterview, Sekundarbereich I)

> Herausforderungen? Also vorweg muss ich sagen, glaube ich, dass es natürlich nicht nur übergestülpt [sein kann] auf ein starres, seit Jahrzehnten bestehendes System mit wenig Unterfütterung, sage ich jetzt mal, sowohl personell als finanziell. Die Allgemeinausstattung oder mit dem Auflösen der Förderschulen natürlich, alles so zusammen mal schnell machen bis Zweitausendachtzehn. Die Herausforderung besteht [auch], finde ich jetzt, viel darin, Leuten im Kopf was klarzumachen.
> (Schulsozialarbeiter im Einzelinterview, Primarbereich)

> Man muss wollen, weil es schon auch eine große Arbeitsumstellung ist und ich glaube, auch ganz viel Mehrarbeit bedeutet. Es bedeutet auch, differenziert zu unterrichten. Man muss immer genau wissen, wo die sind, was die machen, welches Material die kriegen, die sitzen ja nicht mehr vorne und unterrichten, sondern sind Lernbegleiter. Man muss Willens sein, im Team zu arbeiten und auf jeden Fall lösungsorientiert und mit dem Blick was meine Kolleginnen ganz gut können, was kann das Kind nicht und dann komme ich, was braucht es denn oder wie können wir das hinkriegen? Und dann auch, finde ich, macht das ganz viel vom Menschenbild und von der Haltung aus, wie ich auf den Menschen gucke. Gucke ich dahingehend, wie kriegt man die Kinder zu einer Gruppe, wie kriegt man manche Kinder, die speziell sind, rein in die Gruppe oder wie kann man das gestalten, dass das Kind es da aushält.
> (Schulsozialarbeiterin im Einzelinterview, Primarbereich)

> Und das finde ich herausfordernd, dass wir da alleine gelassen werden, und das geht, finde ich schon, in meinen Arbeitsbereich. Das verstehe ich so, dass da einfach die Not groß ist, die Kollegen kommen auf mich zu, die Lehrerkollegen mit großen Augen und erzählen, was wieder passiert ist und was sie nicht wussten, wie sie reagieren sollen. Und das ist für mich eine Herausforderung, […] die Lehrer sozial intelligenter oder pädagogisch intelligenter zu machen. Also auch die durch die jahrelange Zusammenarbeit irgendwie zu fördern, dass sie eben auch Dinge anders oder eigenständiger bearbeiten können. Und ich behaupte auch, das passiert schon, also mir werden einfach andere Fragen gestellt.
> (Schulsozialarbeiterin im Einzelinterview, Sekundarbereich II)

Ist die Schule bereit für Inklusion? Eine Frage, die sich vermutlich viele Fachkräfte an Schulen bereits gestellt haben. Einige haben diese für sich vielleicht auch schon mit einem klaren Ja oder Nein beantwortet? Zumindest steht fest, dass die Inklusion eine Menge Erwartungen, Neuerungen und damit einhergehende Verunsicherungen in die Schule bringt.

Die Veränderungen für die Schulsozialarbeit können dabei analog zu den Veränderungen der einzelnen Schulen insgesamt sehr vielfältig sein. Die Einführung einer inklusiven Schule führt zu einer neuen Zusammensetzung der Schüler*innenschaft und des Kollegiums und macht einen konzeptionellen bzw. inhaltlichen Entwicklungsprozess erforderlich (vgl. Stüwe/Ermel/Haupt 2015, S. 193).

Aber nicht nur die Erfahrungen mit, sondern auch die Begriffe von Inklusion variieren. Was ist Inklusion? Wie sieht inklusive Schule aus? Diese Fragen stellen sich in der Diskussion mit Kolleg*innen, aber auch anderen Personen immer wieder und wohl oft hat man das Gefühl, es sprechen nicht alle von derselben Sache.

> Ein kurzer Rückblick (→ Kap. 1.2):
> Das weite Verständnis von Inklusion beinhaltet einen Perspektivwechsel: Das jeweilige (Gesellschafts-)System bzw. Einrichtungen müssen sich so verändern, dass alle Menschen gleichermaßen Zugang haben.
>
> Ein enges Verständnis von Inklusion betrachtet demgegenüber eine Zielgruppe, nämlich Menschen bzw. Kinder und Jugendliche mit Behinderung. Inklusion bezieht sich dementsprechend auf die Thematik Behinderung bzw. wird als Lösungsansatz für den Umgang mit sogenannten speziellen Bedürfnissen *(special needs)* angesehen (vgl. Biewer/Schütz 2016, S. 124).

Diese zusammengefasste Darstellung des Spektrums von Inklusion kann bei Diskussionen (in Schule) helfen, unterschiedliche Sichtweisen besser zu verdeutlichen, kann diese aber nicht per se aufheben. Bestehen unterschiedliche Vorstellungen von Inklusion, dann werden ebenso die (Ziel-)Vorstellungen oder die Antworten auf grundlegende Fragen (Was, wie und vor allem für wen etwas umgesetzt werden soll?) auseinander gehen. So berichtet eine Lehrkraft in einem Gruppeninterview:

> Das, finde ich, ist aber auch gerade das große Problem von Inklusion, dass Inklusion einfach falsch verstanden wird und immer die Förderung zu den Problemkindern geht, und dass dann gerade auch die, die vielleicht Förderung nach oben brauchen, einfach zur Seite gelegt werden, und dass da dann neue Problemfälle entstehen. (Lehrkraft in Gruppendiskussion, Sekundarbereich I)

An diesem Beispiel (und sicher fallen Ihnen noch einige mehr ein) wird deutlich, dass mit dem jeweiligen Inklusionsverständnis unterschiedliche Ansprüche verbunden sein können.

💬 Aufgabe 1: Unterschiedliche Verständnisse von Inklusion notieren

Welche unterschiedlichen Auffassungen von Inklusion begegnen Ihnen in Ihrem Schulalltag? Welche Ansprüche sind damit verbunden?

_____

_____

_____

_____

_____

_____

_____

Unterschiedliche Sichtweisen lassen sich nicht nur in der (schulischen) Praxis, sondern auch in den (oft in diesen Kontext angeführten) supranationalen Bestimmungen der Vereinten Nationen (UN) von Inklusion finden. So stößt Kiuppis (2016, S. 625) auch in aktuellen Positionierungen der UNESCO zu Inklusion und Bildung auf Uneinigkeiten hinsichtlich der Zielgruppe (→ Kap. 1.2). Und wie sieht es in den nationalen Rechtsgrundlagen für die Schule oder für die Kinder- und Jugendhilfe aus?

🌐 Informationen zur UNESCO

Zur weiteren Recherche über die UNESCO und für kostenlose Publikationen ist deren Internetseite zu empfehlen:
- http://www.unesco.de/bildung/inklusive-bildung.html

> **Aufgabe 2: Rechtsbestimmungen gemäß Inklusion betrachten**
>
> Prüfen Sie (für Ihr Bundesland) die für Ihr Tätigkeitsfeld maßgeblichen rechtlichen Regelungen.
> - Mit welchen Begrifflichkeiten wird dabei gearbeitet?
> - Welche (unterschiedlichen) Anforderungen bzw. Ansprüche sind erkennbar?
> - Wie wird die Umsetzung der UN-BRK angedacht?

Was verstehen wir unter »Inklusion« und welche Ressourcen und Herausforderungen erkennen wir?

Inklusion sowie die inklusive Schule ist ein Prozess. Ein (Entwicklungs-)Prozess, der von vielen Bedingungen in der Schule, im Bildungs- oder Rechtssystem abhängig und nie zu Ende ist. So formuliert eine Schulsozialarbeiterin:

> Und dann immer dieser Spruch, der mir immer da so im Hinterkopf ist, vergleiche kein Kind mit anderen, sondern nur mit sich selbst. Das muss viel mehr noch ankommen in Schule. Das sagt jeder, und niemand würde sagen, ist doch Quatsch, ja? Da sind wir schon, aber dass das wirklich umgesetzt wird, da sind wir noch lange nicht. Und ich habe immer die große Sorge, dass es daran mal scheitern wird oder dass dann Leute das so auf die Inklusion, die Theorie der Inklusion schieben können und schimpfen können und sagen: Ja, seht ihr? Das geht ja gar nicht, alle Kinder zusammen, das ist unmöglich. – Und in dem System, in dem wir arbeiten, würde ich sagen, es ist unmöglich, ja. (Schulsozialarbeiterin im Einzelinterview, Sekundarbereich I)

So kann der Begriff nicht einmal für immer festgesetzt werden, sondern es braucht einen ständigen Anpassungsprozess. In der Folge muss immer wieder ausgehandelt werden, was man unter Inklusion (gemeinsam in Schule) versteht und welche Ziele bzw. Herausforderungen angegangen werden sollen. Dabei müssen sich die in Schule tätigen Akteur*innen absprechen, was als Ressourcen und was als Herausforderungen wahrgenommen wird. Beispielsweise können die Zusammensetzung der Klassen, die Gestaltung von Lehr-, Lerninhalten und -zielen, die Weiterbildung oder die Beratung der Kolleg*innen etc. als Knackpunkte bzw. Schwierigkeiten empfunden werden. Diese Beispiele stellen nur einen Teil der möglichen herausfordernden Aspekte dar, aus unserer Sicht spiegeln diese aber ganz zentrale Bereiche der Schulentwicklung, wie Organisations-, Lernsettings- und Personalentwicklung etc., wider (→ **FP6** Teilhabe/Partizipation).

Aber auch andere Aspekte fallen einem ein: Zum Beispiel, dass Lehrkräfte zu Beginn des Schuljahres vorgefasste Lehrpläne mit übergreifenden Lehr-Lernzielen eingeben oder alle Kinder einer Klasse das gleiche Buch bestellen müssen, wenn doch nur ein kleiner Teil zu einer umfassenden Bearbeitung in der Lage ist.

Ferner erschweren aber auch innerhalb der Schulen bestimmte strukturelle Voraussetzungen eine Öffnung. So werden große Klassenstärken, ein Unterrichten im Fächerkanon, ein nach Alter differenziertes Klassensystem und eine 45-Minuten-Taktung von einigen unserer Befragten als Beispiele für Schwierigkeiten bei der Einführung der inklusiven Schule genannt. Diese Herausforderungen sind allerdings zum Teil Ergebnis von übergeordneten Strukturen, die schulintern nur bedingt verändert werden können.

Schulen stehen so in der angestoßenen Entwicklung zu einem inklusiven Bildungssystem vor vielen Entwicklungsanforderungen, unter anderem der Entwicklung eines neuen Leitbildes. Es gilt, Ziele und Wertvorstellungen für eine inklusive Förderung von Kindern und Jugendlichen gemeinsam mit Lehrkräften und anderen Professionellen zu entwickeln und umzusetzen (vgl. Fabel-Lamla/Reineicke-Terner 2014).

Aber wie können diese Verständnisfragen gemeinsam in Schule (neben den vielen anderen Aufgaben) erarbeitet werden? Dass die Erarbeitung von neuen Orientierungen oder Wegen nicht leicht ist, können wir leider (noch) nicht aufheben. Wir wollen aber auf den altbekannten Ratschlag verweisen, dass mit Motivation vieles einfacher geht. Auch wenn das Wecken von Motivation bzw. Interesse auch keine leichte Aufgabe ist, kann es von Vorteil sein, vor der Frage »Was verstehen wir unter Inklusion?« die Frage »Warum ist es sinnvoll, sich mit Inklusion auseinanderzusetzen?« zu beantworten. Mögliche Antworten drehen sich dabei um komplexe Thematiken wie Menschenrechte, Teilhabe, Gleichberechtigung, Sozialkompetenzen oder in der Umkehr eben um (gesellschaftliche) bzw. schulische) Ausgrenzung, Diskriminierung etc.

Aufgabe 3: Motivation für Inklusion wecken

Beantworten Sie für sich die Fragen:
- Warum ist es sinnvoll, sich mit Inklusion zu beschäftigen?
- Wie stellen Sie sich eine inklusive Schule vor?
- Beschreiben oder zeichnen Sie doch einmal, wie für Sie eine inklusive Schule aussieht und tauschen Sie sich ggf. darüber aus.

[!] Beziehen Sie die Schüler*innen an Ihrer Schule mit ein. Beispielsweise können Sie im Rahmen eines Wettbewerbs die Traumschule malen lassen. Für die Informationssammlung kann auch eine Zukunftswerkstatt oder ein Fragebogen genutzt werden, um die Einstellungen und Zukunftswünsche aller Beteiligten im Schulentwicklungsprozess ermitteln zu können (→ FP8 Organisationsentwicklung). Einige Beispiele von Fragebögen sind im Index für Inklusion (vgl. Boban/Hinz 2003) zu finden.

> **Aufgabe 4: Beispiele inklusiver Herausforderungen sammeln**
>
> Sammeln Sie Herausforderungen von Inklusion in unterschiedlichen Bereichen. → Tab. 1 kann hier als erste Anregung dienen. Sicher finden Sie zahlreiche weitere Beispiele und eventuell auch weitere Oberkategorien (bspw. außerunterrichtliche Lernsettings).

Tabelle 1: Beispiele für inklusive Herausforderungen in der Schule

Lernsettings	Organisation	Zusammenarbeit	...
- Akzeptanzentwicklung (bei »Hänseleien« oder »Berührungsängsten«) - Inklusionskinder als solche benennen? Angst vor Stigmatisierung - Keine (Vorab-) Information über Lernbedürfnisse - Differenzierter Unterricht mit einer Lehrkraft schwer umsetzbar. - Angst vor der Masse an neuen (zusätzlichen) Aufgaben - Hohe Sprachbarrieren bzw. Vermittlung stark abhängig von Seh- und Hörfähigkeit, Deutschkenntnissen - ...	- Vereinbarkeit von Schulstruktur/-form und Inklusion - fehlende Zeit und Strukturen für Absprachen der (multiprofessionellen) Zusammenarbeit - Hemmende Stundentaktung - Fehlendes Gesamtkonzept von Inklusion/Parallelsysteme durch I-Klassen - ...	- Fehlende Förderlehrkräfte - Unterschiedliche Verständnisse bzw. Ansprüche bezüglich Inklusion (Personal und Eltern) - Inklusion vermitteln (Personal und Eltern) - Inklusion verteilt auf einzelnen Schultern vs. Inklusion als Aufgabe aller - multiprofessionelle Zusammenarbeit - ...	...

> **Aufgabe 5: Inklusive Herausforderungen bearbeiten**
>
> - Ordnen Sie die in der → Tab. 1 benannten sowie die von Ihnen gesammelten Beispiele zu.
> - Welche können auf der individuellen Ebene (Ich), welche auf einer gemeinsamen (Team) und welche auf einer übergeordnet-strukturellen (Einrichtung) bearbeitet werden? Markieren Sie hierzu mit drei Farben Ihrer Wahl die gesammelten Beispiele für »Ich«, »Team« und »Einrichtung«.
> - Diskutieren Sie, wie eine Bearbeitung der Beispiele auf den drei Ebenen (Ich, Team und Einrichtung) jeweils aussehen könnte.

Inklusive Schule – Ein Schulkonzept ist wichtig

Die Umsetzung der inklusiven Schule »überrollte« viele Schulen, auch die integrativ orientierten Schulen. So stellt der Schulsozialarbeiter einer Schule, die bereits seit längerem integrativ arbeitet, fest, dass für die »Inklusionskinder« kein Konzept vorhanden ist:

> Die kommen ohne Konzept an alle Schulen, und dann gibt es jemanden, der sich kümmert, oder es gibt keinen. Die kommen mit einem Einzelfallhelfer, mit einem, der kommt ein paar Mal und der andere ist die ganze Zeit da. Oder die fallen erst als Inklusionskinder in der Schule auf, das haben wir ja auch und das haben die Grundschulen ja auch. [...] Und wenn es dann hakt, und es gibt einen Schulsozialarbeiter, dann kommt auch [die] Schulsozialarbeit [dazu], so ist das bei uns und bei den andern eigentlich auch. Und die [Inklusionskinder] laufen da irgendwo in der Klasse mit rum, manche fallen ja auch erst hier auf, also die Grundschulen testen ja gar nicht alle, weil die gar keine Stunden kriegen, das heißt, die kommen hierher die Kinder, fallen auf und werden dann getestet und sind dann offizielle Inklusionskinder. [...] Und dann ist die Frage, wer hilft denen? Also dann kriegen die Lehrer vom Ministerium drei Stunden, oder die Schule kriegt drei Stunden. Das heißt, wenn es jetzt zwei Klassenlehrer sind, können sie dieses Kind [jeweils] anderthalb Stunden fördern, es gibt aber kein Konzept. (Schulsozialarbeiter in Gruppendiskussion, Sekundarbereich I+II)

An diesem Beispiel zeigt sich gut, dass auch in einer Schule, die mit einem langjährigen erfolgreichen Konzept (mit Inklusionsklassen) arbeitet, der Anspruch von Inklusion zu Unklarheiten und unkoordiniertem Vorgehen führen kann. Die

Rahmungen des bisherigen inklusiven Schulkonzeptes reichen nicht mehr aus bzw. führen zu einem Parallelsystem, in dem die Kinder (mit und ohne Beeinträchtigungen) in Inklusionsklassen eine individuellere Förderung erhalten als die Kinder (mit und ohne Beeinträchtigungen) in den sogenannten Regelklassen.

Die (von einigen an der Schule beteiligten Personen) angedachte Lösungsidee ist die Schaffung von (Inklusions-)Teams innerhalb eines Jahrgangs, die aus unterschiedlichen Personen (Lehrkräfte, Förderlehrkräfte, Sozialpädagog*innen, Therapeuten etc.) zusammengesetzt sind, die sich mit Inklusion beschäftigen und ihre Kolleg*innen beratend oder personell unterstützen. Die bisherige durchgängige Doppelbesetzung in den Inklusionsklassen müsste dabei aufgehoben werden und durch eine flexible (nach Bedarf ausgerichtete) Doppelbesetzung ersetzt werden. Neben der erhöhten Koordinationsaufgabe (beispielsweise in Bezug auf die Fragen: Wo besteht welcher Bedarf? Wer übernimmt welche Aufgaben? Welche nächsten Schritte sind in dem Fall zu tun?) wird auch die nötige Kommunikations- und Teambereitschaft als großes (schulinternes) Entwicklungsfeld angesprochen.

Ob für eine Schule der Weg der großen oder kleinen inklusiven Schritte besser ist, kann nur vor Ort entschieden werden. In jedem Fall ratsam ist der Versuch, immer wieder gemeinsam ein Leitbild, ein Konzept bzw. eine Sichtweise auf Inklusion zu entwickeln und nach außen transparent zu machen (→ FP8 Organisationsentwicklung, FP3 Kooperation).

> **Aufgabe 6: Ein gemeinsames Inklusionsverständnis erarbeiten**
>
> – Entwerfen Sie – jeder für sich oder gleich gemeinsam – im Team eine Übersicht, warum Sie Inklusion sinnvoll finden und wie Sie sich eine inklusive Schule vorstellen.
> – Tragen Sie die Unterschiede und Gemeinsamkeiten zusammen.
> – Erarbeiten Sie aus den Gemeinsamkeiten ein Leitbild sowie kurz- und langfristige Ziele.

> **Aufgabe 7: Voraussetzungen für das Gelingen bestimmen**
>
> a) Was könnten Gelingensbedingungen für eine inklusive Schule sein?
> b) Recherchieren Sie ggf. nach ausgezeichneten inklusiven Schulen (z. B. mit dem Jakob Muth-Preis) und bearbeiten Sie anhand dieser Porträts folgende Reflexionsfragen:

- Welche Gemeinsamkeiten und Unterschiede lassen sich bei den Leitbildern und Konzepten erkennen?
- Nach welchen Aspekten bzw. Kriterien werden die Schulen von der Jury begutachtet?

Aufgabe 8: Das Wissen über Inklusion übersichtlich bündeln

Erarbeiten Sie eine Übersicht von Ihrem Wissen über Inklusion zum Beispiel in Form einer MindMap, Stichwortsammlung, Prioritätenliste etc.

Anregungen finden Sie z. B. unter
- http://studienseminar.rlp.de/fileadmin/_processed_/csm_Karte_Inklusion_b95a898e2c.jpg
- http://www.zfsl-dortmund.nrw.de/Lehrerausbildung_auf_dem_Weg_zur_inklusiven_Schule/Seminarformate_und_Lernaufgaben/Inklusion-Mindmap-2013-05.jpg

Fokuspunkt 2:
Selbstverständnis reflektieren

> Also jetzt haben wir im Zuge der Öffnung der Schule hier diesen offenen Raum als Elterncafé eingerichtet, in dem jeder sich treffen und aufhalten kann. Ich freue mich, dass diese Idee sofort von allen aufgenommen und die gemeinsame Umsetzung beschlossen wurde. Aber nun steht schon wieder meine Schulsozialarbeitskollegin Frau Schmidlin da und spült die Tassen. Eigentlich war es als gemeinsame Umsetzung gedacht. Wir haben als Schulsozialarbeiter*innen ja auch noch anderes zu tun als alle neuen Projekte und Arbeiten zu übernehmen, die außerhalb des Unterrichts anfallen. Die Elternarbeit hat sich nochmal intensiviert, es kommen auch immer mehr Lehrerkolleg*innen zur Beratung zu uns, das neue Streitschlichterprogramm muss sich noch etablieren und außerdem laufen ja die Übergangsgestaltung und die Einzelfallarbeit mit Schüler*innen weiter. Ich muss gleich mal mit Frau Schmidlin reden und das auf der nächsten Gesamtkonferenz ansprechen. So hatte ich unseren Auftrag in der Ausschreibung nicht verstanden und so verstehe ich auch meinen Beruf nicht, dass wir für all das zuständig sind, für was sich sonst niemand zuständig fühlt. Das muss dringend geklärt werden, wir waren uns ja schließlich einig als inklusive Schule nun alle gemeinsam an einem Strang zu ziehen!

Selbstverständnis der Schulsozialarbeit – Selbstverständnis als Schulsozialarbeiter*in

Dem Arbeitsfeld Schulsozialarbeit mangelt es an einem unumstrittenen Begriff und klaren inhaltlichen Verständnis – so fasst Karsten Speck (2007, S. 23) den Stand der fachlichen Diskussion zusammen. Während die Profession der Lehrerschaft mit dem Kerngeschäft des Unterrichtens einen relativ klaren Rahmen der eigenen Tätigkeit an Schule und damit an Zuständigkeiten abgrenzen kann, ist insbesondere der Arbeitsbereich der Schulsozialarbeit nicht klar abgesteckt, wie das Beispiel illustriert. Mit den Fragen nach den theoretischen Begründungen, dem Auftrag, den Zielen, den Zielgruppen, den Methoden, der Angebotspalette, den rechtlichen Grundlagen und den ›richtigen‹ Trägern befasst sich die Fachdiskussion bereits seit der Etablierung des Arbeitsfelds der Schulsozialarbeit in Deutschland in den 1970er-Jahren. Die Vielzahl an Begriffsdefinitionen, Stellungnahmen, Empfehlungen und Positionspapieren und auch fachwissenschaftlichen

Publikationen zur Schulsozialarbeit zeigt, dass von einem gemeinsam geteilten Selbstverständnis der Schulsozialarbeit noch nicht die Rede sein kann (→ Kap. 2). Und vor dem Hintergrund der Vielzahl an Begriffs- und Aufgabendefinitionen sowie Konzeptionen ist die Herausbildung eines eigenen professionellen Selbstverständnisses als Schulsozialarbeiter*in sicherlich eine Herausforderung, vor die sich alle Berufsanfänger*innen in diesem Feld gestellt sehen. Aber auch berufserfahrene Schulsozialarbeiter*innen sind angesichts der Veränderungen in Gesellschaft und Schule immer wieder damit konfrontiert, das eigene Selbstverständnis zu hinterfragen, zu reformulieren und weiterzuentwickeln.

In welchen Feldern Schulsozialarbeiter*innen in der Praxis zum Einsatz kommen und sich zuständig sehen bzw. ihnen eine Zuständigkeit zugeschrieben wird, ist äußerst unterschiedlich. Es gibt bisher kaum übergreifende Konzeptionen oder präzise Arbeitsplatzbeschreibungen für die Arbeit der Schulsozialarbeiter*innen, vielmehr zeigt sich für die Schulsozialarbeit ein ausgesprochen breites und flexibles Aufgabenspektrum (Wieland 2010; Spies/Pötter 2011; Stüwe/Ermel/Haupt 2015). Einerseits könnte ein fest umrissenes Aufgabenprofil Schulsozialarbeiter*innen eher davor schützen, Aufgaben der Lehrkräfte übernehmen zu müssen, wie zum Beispiel Hausaufgabenhilfe, Übernahme von Vertretungsstunden oder die Betreuung des Trainingsraums. Andererseits würde ein übergreifendes, festgeschriebenes Konzept von Schulsozialarbeit vermutlich nur bedingt den unterschiedlichen und vielfältigen Gegebenheiten an Schulen gerecht werden. Nichtsdestotrotz wird deutlich, dass ein zu breites und diffuses Aufgabenspektrum auf Dauer zu Überforderung und Unzufriedenheit bei den Schulsozialarbeiter*innen führen kann.

Es gibt immer wieder Bemühungen, einen »festen Kern« für das Tätigkeitsspektrum der Schulsozialarbeit zu beschreiben. Unabhängig von den mannigfachen Gegebenheiten (wie Schulstufen, Schulformen, Stellenumfang, Finanzierung bzw. Trägerschaft etc.) werden in den »Leitlinien für Schulsozialarbeit«, vorgelegt vom Kooperationsverbund Schulsozialarbeit im Jahr 2015, Grundsätze der Schulsozialarbeit sowie Aufträge, Angebote und Methoden formuliert. Zu den Aufträgen der Schulsozialarbeit zählen demnach: Bildungschancen erhöhen, Übergänge gestalten, Vernetzung realisieren, Schulentwicklung unterstützen, sich politisch einmischen, Gesundheit fördern, Schulabsentismus vermeiden (Kooperationsverbund 2015, S. 11–13)

⊙ Die »Leitlinien für Schulsozialarbeit«
Die Leitlinien sind zum Nach- und Weiterlesen kostenlos abrufbar unter
- www.gew.de/fileadmin/media/publikationen/hv/Schulsozialarbeit/Leitlinien_Schulsozialarbeit_A5_gesamt.pdf

Trotz der Definitionen von Kerntätigkeiten muss jedoch an der jeweiligen Schule über Arbeitsschwerpunkte entschieden werden, »denn es ist unrealistisch, gleichermaßen die traditionelle Schulsozialarbeit aufrecht zu halten, eigenen Qualitätsansprüchen zu folgen und diese zu evaluieren, Praxisforschung zu betreiben, nonformelle Bildungsangebote zu gestalten, informelle Lern- und Bildungsprozesse zu fördern, Scharnierfunktionen in Bildungslandschaften auszuüben, Sozialraumorientierung und Vernetzung voranzutreiben sowie die Schulentwicklung und die Jugendhilfeplanung im lokalen Zusammenhang angemessen zu begleiten« (Hollenstein/Iser/Nieslony 2012, S. 286).

Die Orientierung an den Bedarfen und der Situation der einzelnen Schule ist also zentral. Doch stellt das klare Abstecken von Arbeitsbereichen für Schulsozialarbeiter*innen an der Schule auch insofern eine Herausforderung dar, als dass die Ansprüche und Anfragen von Seiten der Schule oft umfangreich sind. Der Umstand, dass keine allgemein geteilte Definition von Schulsozialarbeit, kein klares Profil als Profession und auch kein fixes Konzept für die eigene Arbeit existieren, stellt sich somit als Problem dar. Auf diese Weise sind Schulsozialarbeiter*innen gefordert, in zum Teil unklaren Strukturen immer wieder aufs Neue zu entscheiden, welche Aufträge als Schulsozialarbeiter*in anzunehmen sind und von welchen man sich abgrenzen sollte.

Der Mangel eines spezifischen Auftrags erschwert es Schulsozialarbeiter*innen dabei, sich in der Kooperation mit der deutlich profilierteren Profession der Lehrkräfte zu behaupten. Auch der Umstand, »Zu Gast in einem fremden Haus« (Baier 2007) zu sein und rechtlich in einem anderen System als dem der Schule – nämlich jenem der Jugendhilfe – angesiedelt zu sein, kann ein weiterer Aspekt potenzieller Konflikte sein (→ FP3 Kooperation). So kommt Maykus (2004) in der Analyse von Hierarchien und Machtverhältnissen in der Kooperation von Schule und Jugendhilfe zu dem Ergebnis, dass vor allem bei der Schule die strukturellen, quantitativen, zielbestimmenden und wissensbezogenen Vorteile liegen. Die Schulsozialarbeit dagegen kann vor allem Vorteile in der Adressat*innen- und Handlungsbezogenheit verbuchen. Die ungleichen Machtbalancen aber kann sie nicht ausgleichen, obwohl sie bedeutsamer Bestandteil schulischen Geschehens ist (vgl. De l'Espine/Tölle 2012).

Berufliches Selbstverständnis

Weitere Anregungen und vertiefende Aspekte zum Thema berufliches Selbstverständnis von Schulsozialarbeit finden Sie im Aufsatz von
- De l'Espine, Felix/Tölle, Ursula (2012): Institutionelle Voraussetzungen und berufliches Selbstverständnis – Schulsozialarbeit an Grundschulen. In: Hol-

lenstein, E./Nieslony, F. (Hrsg.): Handlungsfeld Schulsozialarbeit. Profession und Qualität. Hohengehren: Schneider. S. 77–101.

Umso wichtiger erscheint es, dass Schulsozialarbeiter*innen ein klares Selbstverständnis über ihre Zuständigkeiten, ihr Profil und ihre Aufgaben entwickeln und sie dieses in der Kooperation mit Lehrkräften und gegenüber der Schulleitung deutlich machen, um ihre eigene Fachlichkeit und Expertise zu unterstreichen. Diesen langen, beschwerlichen Weg dorthin beschreibt eine Schulsozialarbeiterin anschaulich in einer Gruppendiskussion:

> Ich glaube, wir haben uns das inzwischen ganz gut erarbeitet, dass wir eben nicht für Hilfstätigkeiten herangezogen werden, aber das war ein langer, beschwerlicher Weg, den schon meine Kollegin vor mir gegangen ist, weil es immer wieder versucht wird. Immer wieder, immer wieder, das ist auch jetzt immer noch so, wobei die Antwort einfach jetzt schon wesentlich klarer ist. Aber es bedeutet halt, immer wieder nein sagen, sich immer wieder abgrenzen, immer wieder klar machen, das gehört nicht in meinen Aufgabenbereich, das mache ich nicht, und so weiter. Man kommt sich ja selber irgendwann schon so ein bisschen blöd vor, aber anders geht es leider nicht, ne? (Schulsozialarbeiterin in Gruppendiskussion, Akteur*innen verschiedener Schulformen)

Gleichzeitig birgt die Unbestimmtheit und Vielseitigkeit des Arbeitsbereiches der Schulsozialarbeit auch Vorteile, indem beispielsweise sozialpädagogische Fachkräfte mitunter die Unbestimmtheit bzw. Vielseitigkeit des Arbeitsbereiches bewusst nutzen, um Entwicklungs- bzw. Reflexionsprozesse bei sich oder anderen anzuregen. So berichtet eine Schulsozialarbeiterin im Interview:

> Also, immer wenn ich das Gefühl habe, hier ist Stillstand, dann bewege ich mich. Ich mache auch immer irgendwie, dass ich noch neue AGs so reinbringe. […]. Ich habe irgendwie schon so viel gemacht, weil ich so immer merke, ich brauche Bewegung. Ich sehe Dinge anders, wenn ich noch mal einen anderen Impuls reingebe, ich sehe mich auch anders. Und wenn ich das Gefühl habe irgendwie, ich komme nicht weiter, dann mache ich eine Fortbildung oder eine Weiterbildung. Oder eine Berufspraktikantin finde ich toll, weil ich einfach noch mal so merke, okay, ah, da habe ich einen blinden Fleck gekriegt. (Schulsozialarbeiterin im Einzelinterview, Sekundarbereich II)

Und auch die dadurch erweiterte Möglichkeit flexibel auf aktuelle Handlungsanforderungen zu reagieren, wird durchaus positiv bewertet.

Festzuhalten bleibt, dass es die unklaren Arbeits- und Zuständigkeitsbereiche der Sozialen Arbeit in Schulen sowie die Gefahr der Überfrachtung mit Aufgaben und Hilfstätigkeiten erforderlich machen, dass Schulsozialarbeiter*innen immer wieder über das eigene berufliche Selbstverständnis reflektieren. Dabei bewegen sie sich in einem komplexen Spannungsfeld: Einerseits gilt es, an die Bedarfe und Herausforderungen an der jeweiligen Schule anzuschließen und flexibel auf individuelle und institutionelle Bedarfe zu reagieren. Andererseits müssen sie sich für Zumutungen und unzulässige Zuständigkeitszuschreibungen wappnen und gegenüber anderen Beteiligten entsprechend Position beziehen. Inwieweit sich diese Anforderungen im Zuge der Einführung und Gestaltung inklusiver Schulen verschärfen, wird im nächsten Abschnitt erörtert.

Inklusion: eine neue Herausforderung für das Selbstverständnis der Schulsozialarbeit?

Dass sich das Kerngeschäft der Schule in den vergangenen Jahren – insbesondere auch mit dem Anspruch der Inklusion – deutlich verändert hat, lässt sich kaum mehr bestreiten. Durch die damit verbundene Beteiligung zahlreicher neuer Akteur*innen in Schulen bleibt es nicht aus, dass über Ziele, Aufträge und Zuständigkeiten der neu zusammenkommenden Professionen verhandelt werden muss (→ **FP3** Kooperation und **FP4** Werkzeuge). Auch der soziale Nahraum und die Erziehungsberechtigten werden im Rahmen der Öffnung von Schule immer mehr zum Teil der aktiv in und an Schule Beteiligten und Tätigen. All dies erfordert neue und erweiterte Formen der Zusammenarbeit. Damit sind die Professionen gefordert, sich in diesem Rahmen neu zu positionieren, was es unumgänglich macht, Zuständigkeiten der verschiedenen Akteur*innen zu klären (→ **FP3** Kooperation) und entsprechend auch das Selbstverständnis der eigenen Rolle zu reflektieren.

Die Aufgabe der Gestaltung eines inklusiven Bildungssystems lässt die Frage aufkommen, wie sich die Schulsozialarbeit in ihrem Selbstverständnis hierzu positioniert. Kann der Auftrag der Inklusion in das bisherige Aufgaben- und Selbstverständnis integriert werden, werden bisherige Tätigkeitsbereiche dadurch modifiziert oder kommen ggfs. neue Aufgaben und Tätigkeiten auf Schulsozialarbeiter*innen zu? Hierzu zunächst ein Auszug aus einer Gruppendiskussion:

> Ich habe auch gehört, dass wir im Bereich Inklusion gar nicht tätig sein sollen. In der Realität ist es ein bisschen anders, das heißt, ich bin relativ viel beratend tätig – was Elternarbeit und was diese ganzen Prozesse angeht. Insbesondere

was jetzt Schulbegleitung angeht, aber was natürlich auch einzelne Kinder und ja, Beratungskonstellationen jetzt im Bereich Inklusion bedeuten. Arbeite viel den Kollegen halt auch zu, je nach Bedarf dann auch oft. (Schulsozialarbeiter in Gruppendiskussion, Primarbereich)

Die befragte Person agiert als Schulsozialarbeiter in einem Feld, in dem Schulsozialarbeit als für Inklusion nicht zuständig gilt. Gleichwohl wird beobachtet, dass es einen deutlichen Anstieg im Bereich der Beratung und bei anderweitigen Unterstützungsleistungen des Lehrerkollegiums gibt. Das Beispiel zeigt, dass selbst dann, wenn Inklusion nicht als Auftrag der Schulsozialarbeit definiert wird, Schulsozialarbeiter*innen in der Praxis durchaus bei der Gestaltung inklusiver Settings an Schulen tätig sind und klassische Aufgaben wie Beratung und Moderation von Beratungsprozessen diesbezüglich ausgeweitet werden. Auch ergeben sich neue Aufgabenfelder oder erweitern bzw. vermischen sich andere. Beispielsweise nehmen einige der befragten sozialpädagogischen Fachkräfte die Aufgabe wahr, gemeinsam mit Lehrkräften binnendifferenzierende bzw. zieldifferente Unterrichtsmaterialien zu gestalten. Dieses didaktische Handlungsfeld wird bis dato nicht dem genuinen Bereich der Schulsozialarbeit zugerechnet.

Entsprechend scheint der Umfang an Arbeitsfeldern und Tätigkeiten, der auf Schulsozialarbeit in der inklusiven Schule zukommt, nur bedingt eindeutig bestimmt. Umso wichtiger erscheint es, dass Schulsozialarbeiter*innen, aber auch alle anderen an der Schule tätigen Berufsgruppen und Professionen über Aufträge, Auftraggeber, Ziele und daraus folgende Bildungsangebote in der inklusiven Schule verhandeln und vor diesem Hintergrund die jeweiligen Zuständigkeiten klären.

Bei diesem Reflexionsprozess sowie bei der Gestaltung inklusiver Schulentwicklung generell kann den Schulsozialarbeiter*innen eine wichtige Rolle zukommen. So gilt es, gemeinsame Ziele und Wertvorstellungen bezüglich der inklusiven Förderung von Schüler*innen zu entwickeln sowie Kooperationsprozesse zwischen verschiedenen Berufsgruppen anzubahnen, um die individuellen Entwicklungsprozesse aller Kinder und Jugendlichen optimal fördern zu können (vgl. Fabel-Lamla/Reinecke-Terner 2014). Da Inklusion und die damit verbundenen Anforderungen an die Schule nicht eindeutig definiert sind, ist es notwendig, dass sich die beteiligten Akteur*innen vor Ort auf ein gemeinsames Verständnis von Inklusion und ein Leitbild einigen. Dies beinhaltet auch die Auseinandersetzung mit den eigenen Wertvorstellungen und bietet die Grundlage dafür, gemeinsam zu überlegen, wer welche Aufgaben übernimmt. Auch Schulsozialarbeiter*innen müssen ihr bisheriges Aufgabenspektrum, ihre Angebote und die eigene Rolle innerhalb der Schule kritisch reflektieren. So formuliert Laura Holtbrink (2017):

»Insbesondere müssen sich die Schulsozialarbeiter*innen dabei fragen, ob und wie sie etwas dazu beitragen können, die Strukturen innerhalb der Schule so zu verändern, dass diese sich zu einem Ort entwickelt, der für alle Kinder einen Lebensraum darstellt, in welchem sie ihre Potenziale frei entfalten können und als Kind mit ihren individuellen Empfindungen, Stärken und Schwächen wertgeschätzt werden.« (S. 201)

Die bildungspolitische Forderung der Gestaltung eines inklusiven Bildungssystems stellt somit die Anforderung und zugleich die Chance für die Schulsozialarbeit dar, das eigene professionelle Selbstverständnis zu hinterfragen und sich neu zu positionieren. Inklusion als neue Herausforderung an Schulen erfordert insbesondere von Schulsozialarbeiter*innen Selbstvergewisserung und Selbstpositionierung. Da für ihr Tätigkeitsfeld generell fehlende übergreifende Konzeptionen und präzise Arbeitsplatzbeschreibungen kennzeichnend sind, bedeutet Inklusion eine weitere Verschärfung der Diffusität der Zuständigkeiten und Aufgaben. Insbesondere bei der (Neu-)Aushandlung mit anderen Professionen und Berufsgruppen über Expertise und Zuständigkeiten im Bereich Inklusion ist es wichtig, die eigenen Zuständigkeiten auszuformulieren und diese entsprechend deutlich einzufordern bzw. durchzusetzen, gleichzeitig aber auch, sich von Nichtzuständigkeiten abzugrenzen (→ FP3 Kooperation).

Das eigene professionelle Selbstverständnis hinterfragen

Schulsozialarbeiter*innen sind wie auch andere pädagogische Fachkräfte generell gefordert, das eigene berufliche Handeln und ihr professionelles Selbstverständnis zu reflektieren, um mögliche Hindernisse und Fehlerquellen beruflichen Handelns aufzudecken und neue Impulse für die Qualitätsverbesserung der eigenen Arbeit zu generieren. Insbesondere mit Blick auf Umbruchsituationen – wenn neue Anforderungen an die Berufsrolle herangetragen werden – aber auch im Hinblick auf die Zusammenarbeit mit anderen Akteur*innen erscheint es wichtig, das eigene professionelle Selbstverständnis und die eigene Rolle im Gesamtgefüge zu reflektieren.

Um sich dem eigenen professionellen Selbstverständnis zu nähern und dieses zu explizieren, empfiehlt es sich, dieses Verständnis – ergänzt um eigene Ziele, Vorgaben, eigene Vorhaben und Ansprüche – auszuformulieren und schriftlich zu fixieren. Neben der Bewusstwerdung des eigenen Aufgabenbereichs (in Abgrenzung von den Zuständigkeiten anderer) und der eigenen Ansprüche, sind ebenso die Grenzen der eigenen Expertise zu erkennen. Das bedeutet unter anderem auch, dass Schulsozialarbeiter*innen Aufgaben abgeben müssen. Dies stellt Schulsozialarbeiter*innen jedoch zumeist vor einige Herausforderungen. Denn zumeist agieren Schulsozialarbeiter*innen innerhalb einer Schule als (letzte) Auffanginstanz. Können Lehrkräfte z. B. Kinder in Problemlagen an sozialpädagogische Fachkräfte innerschulisch verweisen und somit (ggf. gemeinsam vor Ort) Teilhabemaßnahmen initiiert werden, können Schulsozialarbeiter*innen vorrangig nur nach außen verweisen. Das Hinzukommen neuer Berufsgruppen im Rahmen der inklusiven Schule ändert daran zunächst nichts, da kaum Zeiträume für einen innerschulischen (multiprofessionellen) Austausch (beispielsweise durch die geringe Stundenanzahl bzw. Präsenzzeit von Sonderpädagog*innen, Schulbegleiter*innen, Schulpsycholog*innen etc.) eingerichtet werden können. Und obwohl durch Schulsozialarbeiter*innen außerschulische Akteur*innen in den Ort Schule hineingeholt werden (können), stoßen diese – zumeist bei individuellen Fördermaßnahmen – an organisationale Grenzen. So können zum Beispiel Psycholog*innen als Referent*innen zu den Themen wie Essstörungen, Angststörungen etc. eingeladen werden, eine Therapie ist jedoch (in Deutschland) vorrangig in außerschulischen Einrichtungen heimisch.

Durch den Umstand, dass Schulsozialarbeit meistens den Auftrag der Vernetzung innehat, ergibt sich die Herausforderung, dass Schulsozialarbeiter*innen die Fragen von Zuständigkeit und Grenzen auch mit außerschulischen Akteur*innen bzw. Einrichtungen aushandeln müssen.

Im Gesamtgefüge stehen Schulsozialarbeiter*innen u. a. vor (inklusiven) Anforderungen seitens der Schule sowie der Kinder- und Jugendhilfe – beides Bereiche, die mit Blick auf Inklusion Veränderungsprozesse erfahren.

Bei dieser Diffusität gilt für alle pädagogischen Fachkräfte, einen klaren Kopf zu bewahren und sich vor widersprüchlichen, (noch) unrealistischen oder zu hohen Ansprüchen zu bewahren. Ein inklusives Bildungssystem, eine inklusive Kinder- und Jugendhilfe und eine inklusive Schule sind Aufgaben, die nicht über Nacht und auch nicht allein zu leisten sind. Es sind Aufgaben, bei denen jede Person und Profession (für sich allein) an die Grenzen der eigenen Möglichkeiten, Aufgaben oder Zuständigkeiten kommt.

Festzuhalten ist, dass Schulsozialarbeiter*innen (im Gegensatz zu anderen Berufsgruppen) nicht nur in der jeweiligen Schule, sondern auch im Gesamtgefüge andere Zuständigkeiten und Grenzen besitzen, die reflektiert werden sollten.

Aufgabe 9: Arbeitsbereiche reflektieren und abstecken

a) Kreuzen Sie in → Abb. 1 an, für welche der genannten Aufgabenbereiche Sie sich zuständig sehen.
b) Machen Sie einen Kreis bei Aufgabenbereichen, die Ihnen von außen zugewiesen werden, die Sie aber eigentlich nicht als Ihre Aufgaben ansehen.
c) Gibt es noch weitere Aufgaben, die in Ihr Tätigkeitsfeld fallen? Dann ergänzen Sie diese und markieren Sie auch diese entsprechend!

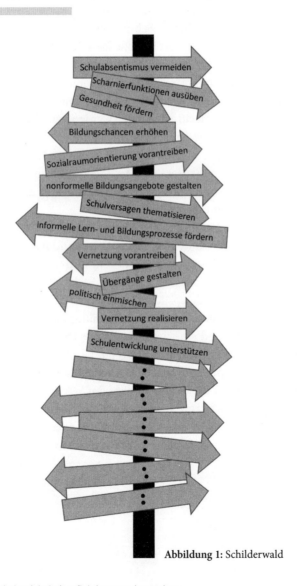

Abbildung 1: Schilderwald

Aufgabe 10: Selbstverständnis ausformulieren

Das Nachdenken über die eigenen Zielsetzungen und Aufgaben als Schulsozialarbeiter*in nimmt Zeit in Anspruch. Nehmen Sie sich daher für eine ausführliche Beantwortung der einzelnen Fragen Zeit. Bearbeiten Sie diese nicht am Stück, sondern beantworten Sie diese im Laufe einer Woche:
- Welche Tätigkeitsbereiche sind in meiner Stellenbeschreibung ausgewiesen?
- Was sind meine spezifischen Sichtweisen und meine Ansprüche an meine Rolle als Schulsozialarbeiter*in?
- Was möchte ich mit meiner Tätigkeit im Rahmen meiner Stelle erreichen?
- Welche Rolle(n) erfülle ich an der Schule? Wo sind hier Widersprüche? Inwieweit sind diese für mich problematisch?
- Welche Aufgaben möchte ich nicht tun? Kommuniziere ich dies in der Schule gegenüber Kolleg*innen und der Schulleitung hinreichend?
- Wo liegt meine Expertise? In welchen Bereichen kann ich auf Wissens- und Erfahrungsbestände zurückgreifen?

Aufgabe 11: Positionierungen der Schulsozialarbeit aushandeln

a) Positionieren Sie sich auf den jeweiligen Positionierungspfeilen (→ Abb. 2). Nehmen Sie dabei ein Symbol für Ihren Wunsch-Zustand und ein anders Symbol für Ihren Ist-Zustand.
b) Diskutieren Sie die Ergebnisse in der Gruppe (in Ihrem Team; mit anderen Schulsozialarbeiter*innen; mit Kommiliton*innen)!

Schulsozialarbeit ist für *alle* Kinder und Jugendlichen zuständig und ermöglicht die Herstellung von Teilhabe (Fürsprecher*in aller).	←——————→	Schulsozialarbeit ist zuständig für *Problemfälle* (Feuerwehrfunktion).
Schulsozialarbeit arbeitet präventiv für alle (z. B. Projektarbeit).	←——————→	Schulsozialarbeit arbeitet unterstützend bei erhöhtem Bedarf (z. B. Fallarbeit).
Schulsozialarbeit markiert klare Zuständigkeiten (z. B. Übergänge).	←——————→	Schulsozialarbeit zeichnet sich durch Entlastung, Zuarbeit und Hilfstätigkeit aus.

Schulsozialarbeit arbeitet als unabhängige Akteurin im System Schule. ←——→	Schulsozialarbeit arbeitet als untergeordnete Akteurin im System Schule.
Schulsozialarbeit agiert als Hauptakteurin (außer- und innerschulischer) multiprofessioneller Zusammenarbeit. ←——→	Schulsozialarbeit agiert als Randakteurin in der multiprofessionellen Zusammenarbeit.

Abbildung 2: Spektren der Schulsozialarbeit

Aufgabe 12: Sichtweisen auf Schulsozialarbeit betrachten

a) Wenn Sie die Bilder von Schulsozialarbeiter*in-Typen (→ Abb. 3) betrachten, welches Bild entspricht am ehesten Ihren Vorstellungen und warum? (Gern können Sie auch eine Skizze entsprechend Ihren eigenen Vorstellungen gestalten.)
b) Diskutieren Sie Ihre Entscheidungen in der Gruppe!

Abbildung 3: Typen von Schulsozialarbeit

Schulsozialarbeit, da geht es doch um die Problemfälle? Zuständigkeiten klären und sichtbar gestalten

Dem Arbeitsfeld der Schulsozialarbeit fehlt es an einer allgemein gültigen Definition und einem klaren Rahmen der Tätigkeiten an Schule. Ferner decken Schulsozialarbeiter*innen ein vielseitiges Arbeitsspektrum ab und können somit am Ort Schule viele Aufgaben übernehmen. Daher ist es nicht verwunderlich, dass sozialpädagogische Fachkräfte vor Ort mitunter erst einmal die jeweiligen schulischen Bedarfe erkunden und Aufgabenfelder abklären. Dabei sind nicht nur die jeweiligen Strukturen und Personen vor Ort in den Blick zu nehmen, sondern auch sogenannte außerschulische Personen bzw. Einrichtungen (wie Träger, Jugendamt etc.) einzubeziehen.

> Ja, also vor mir gab es eine Schulsozialarbeiterin, die allerdings nur kurze Zeit hier war. [...] Das heißt, ich bin hier auf nicht wirklich vorhandene Strukturen getroffen und musste mich hier erstmal neu einarbeiten. Im Prinzip habe ich Vorgaben von meinem Projektträger, [...] zum Übergang Schule/Beruf, der bestimmt auch viel von meinem Arbeitsalltag, aber das ist nur ein kleiner Teil. (Schulsozialarbeiterin im Einzelinterview, Sekundarbereich I)

> I: Du hast ja auch schon viel jetzt zum Aufgabenbereich erzählt, gab es oder gibt es irgendein Konzept oder Konzepte, die da irgendwie noch mit reinspielen?
> S: Nein. Das ist so ein Teil von dem, was ich hier nicht vorfinden konnte, als ich gekommen bin, das heißt, man lief hier so rum und hat geguckt, wo sind Bedarfe, wo kann ich irgendwas tun. Das ist unangenehm für mich gewesen anfangs, jetzt bin ich hier so angekommen und weiß so ungefähr. Aber für mich ist weiterhin [ein Konzept wichtig], und da bin ich auch dran, das möchte ich auch machen oder mache das grade auch schon. (Interviewerin und Schulsozialarbeiterin im Einzelinterview, Sekundarbereich I)

Neben der Herausforderung ggf. unterschiedliche Vorgaben und Perspektiven (von Träger, Schule, Kinder- und Jugendhilfe) auszubalancieren, ist es wichtig – auch in Kooperation mit pädagogischen Fachkräften vor Ort – entsprechend Position zu beziehen und andersgelagerte Potenziale nutzbar zu machen.

> Wir hatten mal eine ganze lange Zeit mit Pro Familia ein Projekt zum Thema Liebe, Lust, Sexualität. Das hat sich irgendwann so ein bisschen verlaufen, hängt auch manchmal mit Kollegen zusammen. Das ist ja eigentlich so ein Bereich der Biologie auch und es gab so Kollegen [...], die gesagt haben, das ist eigentlich

unser Bereich. Ihr nehmt Euch hier jetzt so die Rosinen raus und wir können dann gar nicht mehr richtig arbeiten mit denen, wir würden das auch gern so machen. [...] Und dann haben wir das irgendwann gelassen und stellen aber fest, dass eben viele Kollegen das gar nicht bearbeiten im Unterricht. [...] Weil denen das schwerfällt, offen mit Schülern über diese Thematik zu reden und es fällt auch vielen Schülern schwer, weil die nicht so gern mit ihrer Lehrkraft über ihre Verhütungsideen sprechen, wenn sie diese Lehrkraft jeden Tag wieder [...] sehen. Und da bin ich so ein bisschen dran zu gucken, wie wir da noch mal wieder ins Geschäft kommen. (Schulsozialarbeiterin im Einzelinterview, Sekundarbereich II)

Die »Rosine« Sexualkunde ist nur ein Beispiel dafür, dass sich in Schulen pädagogische Zuständigkeiten überlagern. Die zum Teil konkurrierenden (bzw. noch institutionell oder professionell getrennt betrachteten) Zuständigkeiten von unterschiedlichen Berufsgruppen führen dabei vermehrt zu Irritation und Verunklarung (vgl. Kunze 2016).

Schulsozialarbeiter*innen müssen auf mehreren Ebenen Zuständigkeiten und das Selbstverständnis von Schulsozialarbeit klären. Die Klärung von Verteilungs-, Abgrenzungs- und Unterscheidungsfragen fällt innerhalb der eigenen Berufsgruppe sowie mit anderen (pädagogischen) Akteur*innen in und außerhalb von Schule an. Beim Abklären von Aufgaben ist es dabei ratsam, das Handeln bzw. das Herangehen und Ausgestalten der Aufgaben zu besprechen.

Zum Teil handeln Schulsozialarbeiter*innen bewusst zurückhaltend bzw. im Hintergrund, um Schutz- oder Wohlfühlräume für Kinder und Jugendliche zu schaffen. Ein zurückhaltendes Vorgehen kann aus anderen Perspektiven oder bei anderen Zielgruppen gegebenenfalls nicht immer zielführend sein. So räumt ein Schulsozialarbeiter ein, dass die von Seiten des Schulvorstandes geforderte sichtbarere Darstellung der eigenen Tätigkeiten insbesondere mit Blick auf eine vertrauensvolle und wertschätzende Zusammenarbeit mit den Kolleg*innen und Eltern wichtig sei und umgesetzt werden müsse:

Was machen Sie eigentlich hier, habe ich auch schon ein paar Mal natürlich gehört, besonders von Eltern, die noch nicht so lange hier sind, man sieht Sie gar nicht so. Dann habe ich aber auch alles richtig gemacht, ich bin ja nicht die Hauptperson hier, ich muss auch nicht so präsent sein, soll ich nicht sein. Auf der anderen Seite natürlich ist die Frage nach Information da und dann wird es schon so mit Augenzwinkern vom Vorstand gesagt, da musste ein bisschen machen, da fehlt noch was, da muss ein bisschen was aufgefrischt werden. (Schulsozialarbeiter im Einzelinterview, Primarbereich)

Aufgabe 13: Darstellung der eigenen Rolle überdenken

Was antworten Sie Eltern (oder Kolleg*innen), wenn diese fragen, was Sie an der Schule machen bzw. welches Ihre Aufgaben sind?

_____

_____

_____

_____

_____

_____

Aufgabe 14: Den eigenen Internetauftritt betrachten

Analysieren Sie Ihren Internetauftritt der Schulsozialarbeit anhand der folgenden Fragen:
- Wo findet man mich auf den Seiten der Schule?
- Wie bin ich verlinkt?
- Wen adressiere ich mit meinem Auftritt – Schüler*innen, Kolleg*innen, Eltern?
- Werden meine Aufgaben und Zuständigkeiten klar?
- Wie schätze ich die Außenwirkung ein?
- Wie barrierefrei ist mein Auftritt? (→ **FP5** Zugänge)

Besitzen Sie keinen Internetauftritt, können Sie die Fragen zur Sichtbarkeit in der Schule von Aufgabe 15 betrachten und (zunächst) für sich beantworten.

Aufgabe 15: Die Sichtbarkeit in der Schule klären

Analysieren Sie gemeinsam im Team die Sichtbarkeit der Schulsozialarbeit in der Schule:
- Wie ist die Schulsozialarbeit zu finden?
- Wo präsentiert sich die Schulsozialarbeit überdies an der Schule (z. B. Internet, Schulprogramm, Broschüren, Tag der offenen Tür)?
- Wen adressiert die Schulsozialarbeit vorrangig – Schüler*innen, Kolleg*innen, Eltern?
- Wie werden Schüler*innen auf die Angebote der Schulsozialarbeit aufmerksam gemacht?
- Welche Aufgaben und Zuständigkeiten der Schulsozialarbeit werden präsentiert?

Überprüfen Sie anhand Ihrer Antworten, wie die Sichtbarkeit der Schulsozialarbeit an der Schule einzuschätzen ist und wo Optimierungsbedarf besteht.

Fokuspunkt 3:
(Multiprofessionelle) Kooperation

> Noch drei Wochen bis zu den Sommerferien, und ich zähle die Tage. Im Moment ist es wirklich anstrengend, und dabei hatte ich mich so auf das neue Kollegium gefreut. Ich wusste ja von meiner Vorgängerin bereits, dass es nicht leicht werden würde, sich auf dieser Stelle zu behaupten, und dass die Kommunikation im Kollegium nicht immer reibungslos liefe, aber ganz so hatte ich es mir dann doch nicht vorgestellt. Eskaliert ist es nun im Fall von Tom. Eigentlich wollten wir ja nur einen Runden Tisch zusammen mit den beteiligten Kolleg*innen, den Eltern und beteiligten Hilfen von außen machen, aber allein den Termin abzusprechen, war ein einziger Kampf. Die Klassenlehrerin, der Schulbegleiter und auch ich hätten als Schulinterne zusammen mit den Eltern ja recht schnell einen Termin gefunden, aber die Fachkolleg*innen haben doch sehr unterschiedliche Zeitfenster, der betreuende Sonderpädagoge ist ja nur einmal die Woche bei uns an der Schule, ganz zu schweigen von der Absprache mit den Pädagog*innen und Therapeut*innen, die Tom in Einrichtungen außerhalb der Schule betreuen. Am Ende haben wir zwar einen Termin gefunden, aber als wir alle beisammen saßen, hatte ich das Gefühl, als würden wir unterschiedliche Sprachen sprechen und scheinbar weiß der eine nicht, was der andere tut. Die Eltern kamen sich wohl sehr missverstanden und übergangen vor, und auch ich hatte als Schulsozialarbeiterin mal wieder das Gefühl, nicht so anerkannt zu sein und gehört zu werden wie die Lehramtskolleg*innen. Obwohl ich ein Stück weit das Gefühl hatte, ich hätte ganz gut vermitteln und den Prozess moderieren können, wenn man mich gelassen hätte.

Multiprofessionelle Kooperation ist inzwischen aus dem Schulalltag nicht mehr wegzudenken und gewinnt zunehmend an Bedeutung. Bildungspolitische Entscheidungen wie die Einführung der Ganztagsschule, die eine Zusammenarbeit verschiedener Professionen konzeptionell vorsieht, und neue Formen der Zusammenarbeit, beispielsweise die jahrgangsübergreifende Eingangsstufe oder die sozialräumliche Öffnung von Schule, und nicht zuletzt die Forderung nach einem inklusiven Schulsystem, führen dazu, dass zusätzlich zu den bereits im Kontext Schule etablierten Professionen weitere Berufsgruppen miteinander arbeiten (sollen).

Insbesondere die Inklusion als aktuellste Entwicklung mit Einfluss auf die Gestaltung der Schule und ihre Arbeit, dürfte diese vor neue Herausforderungen stellen und eine Erweiterung der bereits bestehenden Schul(entwicklungs-)konzepte notwendig machen. Neben der Kooperation zwischen Lehrkräften und Erzieher*innen im Bereich des Schulanfangs und der Übergangsgestaltung sind vor allem Kooperationen mit sonderpädagogischem Personal oder der Jugendhilfe notwendig. Wie Bauer (2013) bemerkt, stellt Schulsozialarbeit dabei die am weitesten entwickelte und zugleich am besten untersuchte Form der multiprofessionellen Zusammenarbeit zwischen Schule und Jugendhilfe dar.

Mit dem Zusammenwirken unterschiedlicher Professionen in multiprofessionellen Kooperationsbeziehungen und der Verknüpfung verschiedener Kompetenzen und Wissensbestände wird u. a. die Hoffnung verbunden, der Heterogenität der Kinder und Jugendlichen besser gerecht werden zu können (vgl. Cameron 2014). Weiterhin werden Chancen gesehen, dass sich durch die gesteigerte Perspektivenvielfalt für das pädagogische Handeln zusätzliche Ressourcen eröffnen, z. B. neue Informationen bzw. neues fachliches Wissen oder organisationale Zugänge, die vorher nicht oder nur schwer erreichbar waren (vgl. Holzer 2006; Lohmann et al. 2012). Zudem versprechen sich Partner*innen in multiprofessionellen Kooperationen auch eine Optimierung von Handlungsabläufen sowie Entlastung und Unterstützung bei der Bewältigung von Arbeitsanforderungen (vgl. Idel 2016; Maykus 2009).

Allerdings – dies zeigt sich auch im oben genannten Fallbeispiel – stellt multiprofessionelle Zusammenarbeit neben all den damit verbundenen Hoffnungen und Chancen zugleich auch eine große Herausforderung für die beteiligten Akteur*innen dar. Dabei lassen sich mehrere unterschiedliche Ebenen von Herausforderungen bei multiprofessioneller Kooperation unterscheiden:

Die steigende Komplexität der Aufgaben- und Problemlagen sowie die Komplexität durch die beteiligten unterschiedlichen Professionen bzw. die verschiedenen Wissensstände müssen keineswegs immer in der Fallarbeit passend oder schlüssig ineinandergreifen. Vielmehr sind diese Wissensstände unterschiedlichen gesellschaftlichen Funktionssystemen (Schule, Jugendhilfe, Gesundheitssystem etc.) zugeordnet. In jedem dieser Funktionssysteme bildet sich eine Leitprofession heraus, die gegenüber den anderen im jeweiligen System arbeitenden Professionen und Berufsgruppen Kontrollfunktionen übernimmt und Aufgaben delegiert (vgl. Bauer 2014). Im Schulsystem stellen die Lehrkräfte die Leitprofession dar. Das erschwert es möglicherweise, die eigenen sozialpädagogischen Perspektiven auf Aufgaben- und Problemstellungen deutlich zu machen und den eigenen fachlichen Zugang zu behaupten, aber auch seine Position im Gesamtgefüge ›Schule‹ zu finden.

Beispielhafte Hindernisse zeigen Reh und Breuer (2012) auf, die in ihrer Beobachtung von Lehrer*innen-Erzieher*innen-Teams besonders drei Konflikt- und Spannungsfelder hervorheben, die sich ebenso in der Zusammenarbeit von Lehrerschaft und Schulsozialarbeit finden lassen, nämlich:
- Unklarheiten in Bezug auf Zuständigkeiten und Fragen der Aufrechterhaltung von Autonomie, insbesondere wenn sich bisher klare Zuständigkeiten erweitern oder sich überschneidende neue Bereiche auftauchen (wie im Falle von Inklusion),
- unterschiedliche Vorstellungen von Bildungs-, Lern-, Erziehungs- und Entwicklungsprozessen und deren Gestaltung, wenn zum Beispiel eine dezidiert stärkenorientierte Perspektive auf eine eher defizitorientierte und zu Erziehungs- und Ordnungsmaßnahmen greifende Perspektive trifft sowie
- potenzielle Konflikte im Zusammenhang mit Statusunterschieden, die sich beispielsweise in der unterschiedlichen Bezahlung von Schulsozialarbeiter*innen und Lehrkräften ausdrücken (→ FP2 Selbstverständnis).

Es zeigt sich, dass neben diesen professionsbezogenen Konflikten und Herausforderungen auch fehlende Ressourcen ein Problem für die Zusammenarbeit darstellen können. So fehlen häufig Räume und Zeitkorridore an Schulen, um koordiniert sowie gezielt und in Ruhe miteinander arbeiten zu können.

Zusammenfassend kann festgehalten werden, dass im Zuge der Gestaltung einer multiprofessionellen Kooperation im Kontext Schule – gleichgültig in welcher Konstellation – schulische Akteur*innen vor der Herausforderung stehen, miteinander Strukturen sowie Formen multiprofessioneller Kooperation zu entwickeln und umzusetzen, die über die bloße Anwesenheit unterschiedlicher Berufsgruppen im schulischen Alltag hinausgehen. Nur dann lassen sich die mit der multiprofessionellen Kooperation verbundenen Potenziale auch tatsächlich realisieren.

Ohne bestehende Defizite und unzureichende Rahmenbedingungen bagatellisieren zu wollen, muss jedoch auch gesehen werden, dass viele Beispiele aus der schulischen Praxis zeigen, dass es auch unter den derzeitigen Bedingungen und mit den vorhandenen Ressourcen gelingen kann, gemeinsam etwas anzugehen und zu schaffen. Als zentrale Voraussetzungen für gelingende multiprofessionelle Kooperationsprozesse gilt dabei die Reflexion der Spannungsfelder, um daraus resultierende Konflikte erkennen und bearbeiten sowie Zuständigkeiten gemeinsam klären und aushandeln zu können. Im Folgenden werden daher u. a. anhand von Praxiseindrücken aus dem Forschungsprojekt mögliche Problemlagen skizziert und Anregungen für deren Bearbeitung gegeben.

Beteiligte multiprofessioneller Zusammenarbeit

Es ist kaum möglich, allumfassende Anregungen bzw. Lösungen für die unterschiedlichen Gegebenheiten und demzufolge auch sehr unterschiedlichen Anforderungen an multiprofessionelle Zusammenarbeit in Schulen zu bieten. Zunächst kann es aber hilfreich sein, zu sehen, wer überhaupt die handelnden Akteur*innen im eigenen Arbeitsbereich sind. Wie auf der nachfolgenden NETZWERKKARTE (→ Abb. 4) zu sehen, haben wir in unserem Forschungsprojekt die befragten Schulsozialarbeiter*innen gebeten, Personen und Einrichtungen, mit denen sie kooperieren, aufzustellen.

> NETZWERKKARTEN werden in der Netzwerkforschung eingesetzt, um persönliche Beziehungsstrukturen bzw. soziale Netzwerke sichtbar zu machen. Zentrale Annahme ist dabei, dass sich das soziale Verhalten von Akteur*innen durch ihre Einbettung in Beziehungsstrukturen erklären lässt. Dabei kommen vielfach Visualisierungstechniken zum Einsatz, wie zum Beispiel Netzwerkkarten, die im Rahmen von Interviews erhoben werden. Auch im Rahmen von Praxisforschung oder Organisations- und Teamentwicklung können Techniken der Visualisierung von Netzwerken und Analysestrategien aus der Netzwerkforschung gewinnbringend aufgegriffen werden.

Wie auf dieser im Rahmen eines Einzelinterviews mit einer Schulsozialarbeiterin entstandenen Netzwerkkarte zu sehen ist, arbeitet diese mit vielen Personen und Ein-

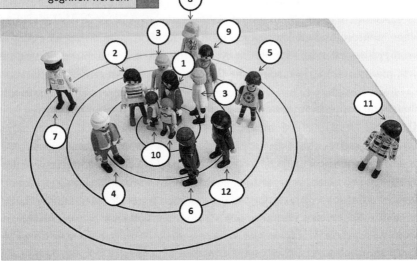

1 = Schulsozialarbeit	4 = Schulsozialarbeiter anderer Schulen	7 = Polizei	10 = Kinder
2 = Schulleiterin	5 = Jugendhilfestation	8 = Firmen	11 = Politiker
3 = Team	6 = Ortsvorsteher	9 = Eltern	12 = Arbeitsagentur

Abbildung 4: Netzwerkkarte mit der Aufstellung von Kooperationspartner*innen einer Schulsozialarbeiterin

richtungen zusammen, die mehr oder weniger intensiv und in unterschiedlichen Kontexten im Rahmen der Schule tätig sind. Deutlich wird, dass dies nicht nur, wie zu erwarten, die Schulleitung, das Lehrerkollegium, das Team sowie Kinder und deren Eltern sind, sondern dass auch außerschulische Akteur*innen und Einrichtungen in die Arbeit der Schulsozialarbeiterin mit eingebunden sind. In den Einzelinterviews haben wir darum gebeten, die Intensität der Zusammenarbeit mit Hilfe einer nahen (= enge Zusammenarbeit) bzw. entfernteren Positionierung der Figuren deutlich zu machen. Somit kann man sehen, dass die Schulsozialarbeiterin insbesondere mit innerschulischen Akteur*innen eng zusammenarbeitet. Bei außerschulischen Akteur*innen und Einrichtungen, wie der Arbeitsagentur oder Kolleg*innen aus der Schulsozialarbeit, kann ebenso von einer engeren Zusammenarbeit ausgegangen werden, während die Jugendhilfestation mit dem zweiten Kreisbereich schon eine etwas weniger intensive Zusammenarbeit andeutet, was sich für die Polizei und ansässige Firmen noch verstärkt. Mit der Politik scheint die befragte Schulsozialarbeiterin eine eher lose Zusammenarbeit zu verbinden, da hier eine große Distanz und eine Platzierung außerhalb der Kreise gewählt wurde.

> **Aufgabe 16: Netzwerkkarte erstellen – Mit wem kooperiere ich?**
>
> Erstellen Sie selbst eine solche Netzwerkkarte. Eine Vorlage hierfür finden Sie mit der → Abb. 5. Setzen Sie sich in das Zentrum der Netzwerkkarte und überlegen Sie, mit wem Sie kooperieren und in welcher Nähe oder Entfernung Sie diese Personen(-gruppen) und Einrichtungen je nach Intensität der Zusammenarbeit platzieren würden. Zeichnen Sie diese Personen und Einrichtungen ein und beschriften Sie diese jeweils.
>
> Sie können die Positionen Ihrer Kooperationspartner*innen und von sich auch mit Pfeilen verbinden, um z. B. die unterschiedlichen Kooperationsformen zu verdeutlichen.
>
> **Variante: Netzwerkkarte im Rahmen einer Fallbearbeitung erstellen**
> Erstellen Sie eine fallspezifische Aufstellung: Mit welchen Personen und Einrichtungen haben Sie im Fall von »X« zusammengearbeitet und wie eng war die Kooperation mit den verschiedenen Personen und Einrichtungen jeweils?

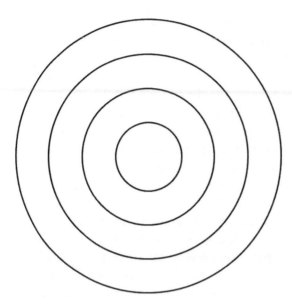

Abbildung 5: Vorlage für eine Netzwerkkarte

Es zeigt sich auf der Netzwerkkarte in → Abb. 4 (und vielleicht auch auf Ihrer), dass in deren Zentrum Kooperationsbeziehungen zu schulischen Akteur*innen stehen, aber durchaus auch außerschulische Personen und Einrichtungen genannt werden. Diese, aber auch andere denkbare Kooperationspartnerschaften, wie beispielsweise mit Jugendzentren, Vereinen oder kirchlichen Einrichtungen (die im Rahmen von weiteren Interviews im Forschungsprojekt benannt wurden), verweisen auf die große Relevanz außerschulischer Kooperationspartner*innen. Diese Relevanz ist nicht zu unterschätzen und dürfte wohl in Zukunft vor dem Hintergrund von Ganztagsschulen, inklusiven Bildungseinrichtungen, des Einbezugs der Lebenswelt der Kinder und Jugendlichen sowie generell dem Anspruch einer Öffnung von Schule noch zusätzlich an Bedeutung gewinnen.

Aufgabe 17: Kooperationsstrukturen unserer Schule betrachten

Nehmen Sie die Vorlage für eine Netzwerkkarte (→ Abb. 5) als Ausgangspunkt und bearbeiten Sie die folgenden Fragestellungen allein oder im Team:
- Mit welchen externen Partner*innen arbeite ich/arbeiten wir zusammen?
- Auf welcher Basis beruhen die bestehenden Kooperationen (z. B. Verträge, persönliche Beziehungen)? Wer ist Ansprechpartner*in an der Schule und hält die Kontakte aufrecht?

- Ist Bereitschaft für die Zusammenarbeit auf beiden Seiten vorhanden? W nein – woran liegt das?
- Welche unterschiedlichen Formen der Kooperation mit inner- und außerschulischen Partner*innen lassen sich ausmachen?
- Welche Kooperationspartner*innen wären noch denkbar? Welche wären noch wünschenswert?

Aufgabe 18: Die multiprofessionelle Schule gestalten

Sie alle bringen Erfahrungen aus Ihrer Schulzeit, aus Praktika oder aus der Berufspraxis mit. Bitte bearbeiten Sie vor diesem Hintergrund die folgenden Aufgaben- und Fragestellungen in der angegebenen Reihenfolge:

a) Sammeln Sie, mit wem Schulen kooperieren (können) und notieren Sie pro Karteikarte eine*n Akteur*in/eine Einrichtung.
b) Erarbeiten Sie gemeinsam eine Netzwerkkarte, indem Sie überlegen, wo Sie die einzelnen Akteur*innen und Einrichtungen – gemessen an deren Bedeutung – positionieren.
c) Entscheiden Sie, zu welchen Akteur*innen, Berufsgruppen und Einrichtungen Sie weitere Hinweise benötigen. Suchen Sie arbeitsteilig Informationen über diese einzelnen Akteur*innen, Berufsgruppen und Einrichtungen und klären Sie, inwieweit die Zusammenarbeit mit Schule jeweils rechtlich verankert ist, über welche Aufgaben und Zuständigkeiten die verschiedenen Personengruppen verfügen und wo Orte der Kooperation in und außerhalb der Schule sind.
d) Stellen Sie wichtige Aspekte je Akteurs-/Berufsgruppe bzw. Einrichtung auf einem Flipchart-Bogen zusammen und präsentieren Sie Ihre Ergebnisse im Plenum.

Eltern als Kooperationspartner*innen

Vielfach wird multiprofessionelle Kooperation im Kontext von Schule vor allem in Bezug auf pädagogische Fachkräfte oder andere Berufsgruppen gedacht. Aber auch Eltern können als wichtige Kooperationspartner*innen gesehen werden. Sind Eltern auf Ihrer Karte vorhanden? Wenn nein – warum nicht? In welcher Form findet Zusammenarbeit statt?

Aus Sicht der von uns befragten Schulsozialarbeiter*innen spielt Elternarbeit eine wichtige Rolle.

> Ich habe mir Elternarbeit auf die Fahne geschrieben, weil ich immer denke, je mehr Eltern wir im Boot haben, die ihre Kinder unterstützen können, umso mehr Kinder kommen gut ins Schulsystem rein und umso breiter sind wir letztendlich aufgestellt. (Schulsozialarbeiterin im Einzelinterview, Primarbereich)

> Einfach mal ausprobieren, Eltern mit reinholen. Es gibt genug Eltern, die einen pädagogischen Hintergrund haben, warum nicht? (Schulsozialarbeiter im Einzelinterview, Primarbereich)

> Und mein Verständnis von Inklusion war halt auch, wir holen die Eltern mit dazu und ich glaube, dass ich da die Einzige bin, die da vehement drauf pocht, dass wir die Eltern mit ins Boot holen. Also jetzt nicht nur als Eltern, die Kuchen backen oder die bei Veranstaltungen auch mit dabei sind, sondern auch als Experten für ihr Kind und ihre Familie. (Schulsozialarbeiterin im Einzelinterview, Primarbereich)

Gerade die letzten beiden Zitate verweisen auf ein Umdenken in der Arbeit mit Eltern. So kann es gewinnbringend sein, die Eltern jenseits ihrer klassischen Rolle als Erziehungsberechtigte wahrzunehmen und sie anders einzubeziehen und zwar im Sinne eines Nutzens elterlicher Ressourcen und Kompetenzen sowie einer Bereicherung und möglicherweise auch Entlastung des Schulteams.

Ein Umdenken in der Elternarbeit zeigt sich auch generell: Immer mehr Schulen verabschieden sich von einer klassischen Konzeption der Elternarbeit, die sich auf Klassenelternabende und Elternsprechtage beschränkt. Stattdessen sollen sich Lehrkräfte, andere pädagogische Fachkräfte und Eltern als Ko-Konstrukteure verstehen, die gemeinsam die Verantwortung für das Wohl der Kinder und Jugendlichen übernehmen und bei deren Betreuung, Erziehung und Bildung eng zusammenarbeiten. Dieses Kooperationsverständnis wird derzeit unter dem Label »Bildungs- und Erziehungspartnerschaft« gefasst und diskutiert. Vielfach zeigen sich jedoch überhöhte Erwartungen, wenn von einer Partnerschaft auf gleicher Augenhöhe ausgegangen wird. Unbestritten liegt in der Zusammenarbeit mit Eltern viel Potenzial, denn Eltern sollten nicht nur bei der Bildungs- und Erziehungsarbeit mit Blick auf das eigene Kind eingebunden werden, sondern können auch andere Aufgaben im Rahmen der Schulgemeinschaft, der Gremienarbeit und der Schulentwicklung übernehmen (vgl. Werthern 2017). Allerdings ist auch auf die Spannungsfelder und Herausforderungen hinzuweisen, auf die bei der Gestaltung von Kooperationsbeziehungen zwischen Schule und Eltern zu achten ist (vgl. Killus et al. 2017).

📖 Kritischer Blick

Eine kritische Auseinandersetzung mit dem Ideal der Bildungs- und Erziehungspartnerschaft finden Sie hier:
- Betz, Tanja (2015): Ideal der Bildungs- und Erziehungspartnerschaft. Kritische Fragen an eine verstärkte Zusammenarbeit zwischen Kindertageseinrichtungen, Grundschulen und Familien. Gütersloh: Bertelsmann Stiftung. Online verfügbar unter https://www.bertelsmann-stiftung.de/fileadmin/files/BSt/Publikationen/GrauePublikationen/Studie_WB__Bildungs-_und_Erziehungspartnerschaft_2015.pdf

Aufgabe 19: Die eigene Elternarbeit reflektieren

Betrachten Sie Ihre Elternarbeit:
- Welche unterschiedlichen Formen der Zusammenarbeit mit Eltern gibt es an Ihrer Schule? Bei welchen Aufgaben und Tätigkeiten werden Eltern mit einbezogen?
- Welche unterschiedlichen Formen der Zusammenarbeit mit Eltern gestalten Sie?
- Bei welchen Aufgaben und Tätigkeiten könnten Eltern darüber hinaus mitgedacht und einbezogen werden? Welche Schritte wären hierfür zu unternehmen?

Aufgabe 20: Mit Eltern zusammenarbeiten

Bitte bearbeiten Sie vor dem Hintergrund Ihrer persönlichen Erfahrungen die folgenden Aufgaben- und Fragestellungen in der angegebenen Reihenfolge (in Gruppenarbeit oder nach der Methode des Think-Pair-Share (vgl. https://wb-web.de/material/methoden/Think-Pair-Share.html):
a) Welche Formen der Zusammenarbeit mit Eltern an Schulen kennen Sie? Notieren Sie pro Karteikarte eine Form.
b) Clustern Sie gemeinsam die Karteikarten zu verschiedenen Feldern der Zusammenarbeit.
c) Positionieren Sie sich zu diesem Cluster: Welche Formen sind für Sie neu? Welche Potenziale und Chancen sehen Sie in den einzelnen Formen der Zusammenarbeit? Welche Hindernisse und Probleme gilt es möglicherweise zu überwinden? Was ist bei der Implementierung neuer Formen der Kooperation mit Eltern zu beachten und wie könnten Sie diesen Prozess (mit-)gestalten?

> **Aufgabe 21: Gelingensbedingungen für die Kooperation zwischen Schule und Eltern erarbeiten**
>
> Eine gute Zusammenarbeit zwischen Eltern und Schule hängt von vielen Bedingungen ab. Die Autorin Tanja Betz (2015) hat »Standards einer guten Zusammenarbeit und ihre nicht benannten Schwierigkeiten« in der oben benannten Expertise zusammengetragen:
> - Bilden Sie fünf Gruppen. Jede Gruppe bearbeitet eines der fünf Teilkapitel der Publikation (5.1–5.5).
> - Erarbeiten Sie die Hauptaussagen des Textes und stellen Sie die Ergebnisse im Plenum vor.

Mehrperspektivität – »Der geschulte Blick«

Die multiprofessionelle Kooperation stellt – vielleicht aufgrund der notwendigen Intensität der Zusammenarbeit – eine Herausforderung für die handelnden Akteur*innen innerhalb der Schule dar.

> Und ich bin für mich persönlich ja total froh, dass ich in dieser Konstellation bin, dass ich bei der Kommune angestellt bin, das ist mir näher, also weil ich, glaube ich, na ja, meine Vorgesetzten sind auch Sozialarbeiter, also es sind einfach auch unterschiedliche Berufe, und die stehen mir einfach auch ein ganzes Stück weit näher. Ich finde auch, Lehrer und Sozialarbeiter sprechen auch andere Sprachen. (Schulsozialarbeiterin in Gruppendiskussion, Sekundarstufe II)
>
> Na und eben zusätzlich, was ich vorhin schon sachte, mit dem, man wird da als Experte eingesetzt, aber in vielen Bereichen bin ich einfach kein Experte. Und dann muss ich natürlich auch gucken, wen kann ich fragen […]. Aber da sind viele eben auch schon ungehalten. Ja, wie jetzt? Das weißt du jetzt nicht? Ja, nee, weiß ich nicht. Ich habe Mathe nicht studiert. (allgemeines Gelächter) Hab nie Deutsch unterrichtet. (Förderlehrkraft in Gruppendiskussion, Primarbereich)

Wie in dieser Passage deutlich wird, bestehen berufliche Unterschiede sowohl in der Ausbildung als auch im professionellen Selbstverständnis zwischen Lehrkräften und Sozialpädagog*innen. Diese bergen in sich Konfliktpotenzial, wenn beispielsweise die Bereitschaft für einen Austausch oder einen Perspektivwechsel nicht vorhanden ist, einzelne Professionen und deren Sichtweisen abgewertet oder ausgeschlossen werden, die Schulleitung hier nicht unterstützend tätig wird und aufgrund von Hierarchiegeklüngel das gemeinsame Ziel aus dem Fokus gerät. Zudem müssen neben dem Einlassen auf andere Sichtweisen und Perspektiven ggf. auch alte Konflikte bearbeitet und das eigene Handlungsfeld bzw. die Arbeitszuteilung überdacht werden. So bedeutsam ein klares Bewusstmachen und Abstecken der eigenen Grenzen ist (→ FP2 Selbstverständnis), so ausschlaggebend ist es zugleich, nicht auf seinen (altbekannten) Aufgaben zu beharren. Dies kann dazu führen, dass neue Tätigkeiten im Rahmen der Gestaltung inklusiver Settings, die alle betreffen, vorwiegend für jene Professionen angedacht und (indirekt) zugeteilt werden, die neu in die Schule gekommen sind. Es sind gerade die unterschiedlichen Positionen, Wissensbestände, Kompetenzen und Blickwinkel, die eine große Chance in sich bergen, komplexe Herausforderungen durch Mehrperspektivität und das Aufeinander-beziehen der unterschiedlichen Expertisen gemeinsam zu bearbeiten.

Das Verfahren der KOLLEGIALEN FALLBERATUNG knüpft genau an dieses Prinzip der Mehrperspektivität an. Sich bei der Bewältigung beruflicher Schwierigkeiten durch kollegiale Beratung und Supervision Unterstützung zu holen, gehört bei den meisten Sozialpädagog*innen zum Berufsalltag.

Im Lehrerberuf ist diese Beratungsform weniger verbreitet. Inzwischen findet man in Kollegien an Schulen aber immer öfter Teams, die nach dem Verfahren der kollegialen Fallberatung arbeiten. So erzählt eine Schulsozialarbeiterin aus unserem Forschungsprojekt:

> Mit der Methode der KOLLEGIALEN FALLBERATUNG können berufliche Handlungsprobleme in Kleingruppen systematisch analysiert und reflektiert werden. Im Rahmen eines strukturierten Beratungsgesprächs wird die fallvorstellende Person von den übrigen Teilnehmer*innen nach einem feststehenden Ablauf mit verteilten Rollen beraten und zwar mit dem Ziel, gemeinsam vielfältige Deutungs- und Lösungsmöglichkeiten zu entwickeln (vgl. Tietze 2003).

> Die Vertrauenslehrerin, sie holt mich ins Boot, wenn sie zum Beispiel nicht weiterweiß in so einem Gespräch, dann gibt es sowas wie eine kollegiale Beratung, die wir dann machen. Und umgekehrt mache ich das auch, wenn ich das Gefühl habe, da müsste sich jetzt mal jemand einschalten mit Lehrerblick, dann bitte ich da auch um eine kollegiale Beratung. Und das ist aber auch eine Kollegin, die ganz häufig, wenn sie merkt, es gibt Störungen in ihrer Klasse, super gern mit Anfragen [kommt] und sagt, können wir noch mal ein Training machen oder so ein Soziogramm machen oder so. (Schulsozialarbeiter*in im Einzelinterview, Sekundarbereich II)

Unabhängig von der inter- oder multiprofessionellen Zusammensetzung der Teilnehmer*innen spielt Multiperspektivität beim Verfahren der kollegialen Fallberatung eine übergeordnete Rolle, denn die gemeinsame Fallrekonstruktion fordert die Teilnehmer*innen heraus, ihre Sicht auf den Fall zu schildern und macht damit die unterschiedlichen Perspektiven sichtbar. Darüber hinaus kann im Beratungsprozess durch die Aufforderung, einen aktiven Perspektivwechsel zu vollziehen (z. B. den Fall aus der Sicht einer beteiligten Schülerin zu beschreiben), Multiperspektivität erzeugt werden (vgl. Bennewitz/Grabosch 2017). Neben der Anzahl der Teilnehmer*innen kann das Prinzip der Multiperspektivität zudem durch die multiprofessionelle Zusammensetzung der Beratenden noch gesteigert werden, denn damit vervielfältigen sich in der Regel die Perspektiven sowie die Deutungs- und Lösungsansätze.

Aufgabe 22: Kollegiale Fallberatung im Team etablieren

- Führen Sie eine kollegiale Fallberatung entlang des abgebildeten Ablaufschemas (→ Tab. 2) nach Bennewitz und Grabosch (2017) durch. Hierfür müssen Sie bereits im Vorfeld festlegen, wer einen Fall – also ein Handlungsproblem, eine schwierige Situation etc. – einbringt. Planen Sie für die kollegiale Fallberatung mindestens eine Zeitstunde ein.
- Bestimmen sie in der Runde eine*n Moderator*in, der bzw. die die Sitzung eröffnet, moderiert und beendet sowie insbesondere auch auf die Einhaltung des Zeitrahmens und des Ablaufschemas achtet.

Tabelle 2: Ablaufschema für eine kollegiale Fallberatung nach Bennewitz/Grabosch (2017, S. 50)

Min.	Phase	Fallvorstellende*r	Fallberater*innen
5	Rollenverteilung Wer bringt den Fall ein? Wer berät? Wer moderiert?		
5	Vorstellung des Falls, keine Nachfragen	beschreibt Situation, formuliert Fragestellung	hören zu machen sich Notizen
15	Befragung keine Entwicklung von Hypothesen	antwortet differenziert	stellen Verständnis- und Informationsfragen machen sich Notizen
10	Probleminterpretation keine Diskussion keine Lösungsvorschläge	hört zu macht sich Notizen	äußern Hypothesen, Vermutungen und Eindrücke wechseln Perspektive
5	Stellungnahme, keine Diskussion	ergänzt und korrigiert Interpretationen	hören zu
10	Entwicklung von Lösungsvorschlägen keine Diskussion	hört zu macht sich Notizen	machen Handlungsvorschläge

Min.	Phase	Fallvorstellende*r	Fallberater*innen
10	Entscheidung, keine Diskussion	begründet Annahme von Lösungsvorschlägen	hören zu
5	Reflexion der Fallsitzung, Anregungen/ Kritikpunkte	äußert, wie es ihm/ihr geht und was aus dem Gespräch mitgenommen wird	äußern sich, was sie aus dem Gespräch mitnehmen

An der Universität Münster wird seit über zehn Jahren kollegiale Fallberatung angeboten und evaluiert und zwar für Studierende aus unterschiedlichen erziehungs- und bildungswissenschaftlichen Studiengängen, die dort Fälle aus ihrem Praktikum, Studium oder ihren nebenberuflichen Tätigkeiten besprechen können. Diese kollegialen Fallberatungen bieten einen ersten Erfahrungsraum für multiprofessionelle Kooperationsbeziehungen. Denn in multiprofessionell zusammengesetzten Beratungsgruppen nehmen die Studierenden Differenzen im Hinblick auf ihr bereits jeweils erworbenes pädagogisches Wissen und die berufsfeldspezifische Kontextualisierung der Fälle wahr. Die Dozent*innen gehen davon aus, dass damit eine wichtige Ausgangsbasis geschaffen wird und zwar für eine Professionalisierung des pädagogischen Handelns und die Bereitschaft, in multiprofessionellen Teams zu arbeiten (vgl. Bennewitz/Daneshmand 2010; Bennewitz/Grabosch 2017). Sie bieten konkrete Einblicke in den Ablauf kollegialer Fallberatung im Studium, sodass das Verfahren leicht in der eigenen Lehre erprobt werden kann.

Aufgabe 23: Kollegiale Fallberatung im Studium erproben

Führen Sie eine kollegiale Fallberatung entlang des abgebildeten Ablaufschemas (→ Tab. 2) nach Bennewitz und Grabosch (2017) durch. Planen Sie hierfür mindestens eine Zeitstunde ein.
- Wählen Sie einen Fall aus, der sich als Einstieg eignet, oder bringen Sie selbst einen Fall ein.
- Starten Sie mit der Festlegung der Moderatorenrolle – das muss nicht zwingend die Lehrkraft übernehmen.

Eine gemeinsame Zielsetzung finden

Während die Institution Schule ihren Erziehungs-, vor allem aber Bildungsauftrag verfolgt und vielfach Abweichungen als Störungen empfindet, interessiert sich die Schulsozialarbeit im Besonderen für diese »Störungen« und die Motivation der daran beteiligten Schüler*innen. So folgern L'Espine/Tölle (2012), dass für die Schulsozialarbeit in erster Linie Adressatenbezug und Prozessorientierung wichtig sind, während Lehrkräfte vor allem auf die Kompetenzentwicklung von Kindern und Jugendlichen und auf den Output schauen. Demnach treffen zwei unterschiedliche Sichtweisen aufeinander. Schulsozialarbeiter*innen wird es im Betrieb Schule, der eben vor allem daran orientiert ist, diesen weitestgehend störungsfrei aufrechtzuerhalten, nur bedingt gelingen, die eigene umfassende Sichtweise – einer an gelingenden Bildungsprozessen orientierten Zielperspektive – erfolgreich einzubringen. In diesem Kontext kann auch der Umstand erklärt werden, dass das Verständnis der Lehrerschaft von Schulsozialarbeit vielfach nach wie vor darin besteht, diese als Entlastung bzw. Zuständige zu sehen, die durch das Sich-Kümmern um ›Problemschüler*innen‹ den Betrieb Schule aufrechterhalten (vgl. Hollenstein/Iser/Nieslony 2012).

Dieser Blickwinkel steht einem inklusiven Blick auf alle eher entgegen, und es zeigt sich, dass eine inklusive Grundhaltung der Sozialen Arbeit, die sich als Anwalt aller am Schulleben Beteiligten sieht und vor allem präventiv arbeiten will, in der Realität (noch) auf eine größtenteils zugeschriebene »Feuerwehrfunktion« trifft. Damit ist die Ausrichtung auf sogenannte auffällige Kinder oder Jugendliche gemeint, die in der Regel mit erheblich zu geringen Kapazitäten angedacht ist, um eine umfassende inklusiv-präventive Förderung aller Kinder und Jugendlichen wahrzunehmen. Nur bedingt können damit bestimmte Ziele verfolgt werden, wie vorhandene Kräfte und Kompetenzen der Kinder und Jugendlichen weiter auszubauen, Anwält*innen und Unterstützer*innen dieser zu sein und den Blick auf ihre Ressourcen und individuellen Realitäten zu richten. Schulsozialarbeiter*innen sehen für die Arbeit in der Schule zu geringe zeitliche Kapazitäten. Zugleich werden Gelder seitens der Jugendhilfe nach wie vor eher defizit- denn präventionsorientiert vergeben.

> Also Anti-Gewalt-Trainings von ausgebildeten Trainern anbieten zu können, das kostet Geld und da kann ich nicht ständig beim Jugendamt anklopfen und sagen, hier, wie wär's denn mal? Und die sehen das leider auch nicht als präventive Maßnahme, sondern ich muss dann riesige Datensätze da hinschicken und irgendwie klarmachen, warum das sein muss. Und das darf dann immer nur die Ausnahme sein, weil dann doch oft die Frage aufkommt, denke ich, auf Seiten der Geldgeber, was passiert da an der Schule, läuft da was falsch, dass die Sozialkompetenz-Trainings machen wollen oder Anti-Gewalt-Trainings? Und das ist manchmal, glaube ich, auch noch so was, wo man noch dran arbeiten muss, dass das für alle Kinder sinnvoll sein kann und, [dass es] vielleicht auch

sinnvoll ist, nicht erst einzugreifen, wenn das Kind schon in den Brunnen gefallen ist. (Schulsozialarbeiterin im Einzelinterview, Sekundarbereich I)

Eine Ausrichtung auf alle Kinder und Jugendlichen ist aufgrund der Ressourcen und Kapazitäten von einer Person (egal von welcher Profession oder Berufsgruppe) nicht leistbar. Die Hoffnung bzw. Anforderung, durch das Zusammenwirken die gemeinsamen Ressourcen nutzen zu können, bringt – wie bereits erwähnt – auch hohe Herausforderungen mit sich. Diese können weder wegdiskutiert werden noch sollten sie einfach übergangen werden. Aber es liegt eine Chance darin, die Ebene der Differenzen zu verlassen und sich auf eine gemeinsame übergeordnete Zielsetzung an der Schule zu verständigen. Auf diese Weise können die jeweiligen Kompetenzen mit Blick auf das gemeinsame Ziel gegenseitig wahrgenommen und wertgeschätzt sowie die Kräfte gebündelt auf dieses Ziel hin ausgerichtet werden. Eine Schulsozialarbeiterin aus dem Forschungsprojekt schildert einen derartigen Prozess des Findens einer gemeinsamen Zielsetzung:

Und dann haben wir versucht, Lehrer mit ins Boot zu holen bei den Projekten, also wir haben viel zum Thema Ernährung gemacht, damals ist hier die erste Cafeteria auch entstanden [...] und wir haben so gemerkt, das ist ganz schön chaotisch und schlecht, was so angeboten wird. Also haben wir dann externe Menschen, die zum Thema Ernährung auch gute Ideen hatten, wie Krankenkassen, Ernährungsberatung, Ökohof reingeholt, [...] und haben versucht, Lehrer zu gewinnen. [...] Und dann hat sich das so ganz langsam erweitert, das ganze Konzept, ist immer größer geworden. Bis dann irgendwann so dieses Schlagwort Prävention im Raum stand und wir dann eben geguckt haben, worauf müssen wir reagieren, was hat sich gesellschaftlich verändert, was macht das mit unsern Kindern und daraufhin hat sich sozusagen das Konzept immer mehr erweitert. [...] Es sind fast alle Kollegen sehr, sehr wertschätzend und finden das klasse und viele gehen so richtig mit, dass es auch weitere gemeinsame Konzepte gibt. [...] Zum Beispiel unsere Beratungslehrerin, wir bilden unsere Schülermediatoren aus, wir fahren einmal im Jahr für eine Woche weg und machen richtig eine umfassende Ausbildung und lassen die Schüler dann hier sozusagen über ein Jahr als Schülermediator [von uns begleitet] arbeiten, also die müssen richtig Praxis machen. (Schulsozialarbeiterin im Einzelinterview, Sekundarbereich II)

Klare Ziele, Aufgaben- und Verantwortungsklärung sind das Kernstück auch schulischer Teamarbeit, da nichts nervenaufreibender ist, als die Unklarheit darüber, was überhaupt zu tun ist und wohin das Ganze führen soll. Zielvereinbarungen müssen von allen Beteiligten gewollt und akzeptiert werden. Multiprofessionelle Zusammenarbeit kann nur funktionieren, wenn sich die Beteiligten im Verlauf der Arbeit immer wieder auf die gemeinsamen Ziele verständigen und klar ist, woran und wozu man eigentlich arbeitet.

> **Aufgabe 24: Sich über gemeinsame Zielsetzungen verständigen**
>
> Haben Sie als Team gemeinsame Zielsetzungen? Und wie würden Sie diese formulieren?
> - Fassen Sie das übergeordnete Ziel oder ihre Teilziele zunächst für sich in Worte – kurz, prägnant und klar! Halten Sie im zweiten Schritt die Unterziele schriftlich fest und vielleicht auch Dinge, die unbedingt zu vermeiden sind! Formulieren Sie klar und kurz!
> - Diskutieren Sie nun die Ergebnisse in der Gruppe und verständigen Sie sich auf das übergeordnete Ziel sowie Unterziele! Halten Sie diese schriftlich fest!
> - Überlegen Sie gemeinsam, wie Sie prüfen und woran Sie festmachen könnten, dass die Unterziele erreicht wurden.

> **Aufgabe 25: Sich über die gemeinsame Zielsetzung verständigen**
>
> Was denken Sie, könnte das gemeinsame Ziel eines multiprofessionellen Teams an einer inklusiven Schule sein? Ordnen Sie jedem in Ihrer Arbeitsgruppe eine Professionsrolle zu und bearbeiten Sie die Aufgabe aus deren Sicht:
> a) Fassen Sie das übergeordnete Ziel zunächst für sich auf einem Papier in Worte und zwar kurz, prägnant und klar. Halten Sie im zweiten Schritt die Unterziele schriftlich fest und vielleicht auch Dinge, die unbedingt zu vermeiden sind! Formulieren Sie klar und kurz!
> b) Diskutieren Sie nun die Ergebnisse in der Gruppe und verständigen Sie sich auf ein übergeordnetes Ziel sowie nachprüfbare Unterziele! Halten Sie diese schriftlich fest!
> c) Überlegen Sie gemeinsam, wie Sie prüfen und woran Sie festmachen könnten, dass die Unterziele erreicht wurden.

Zuständigkeiten klären

Im Zuge der zunehmenden Beteiligung mehrerer Professionen bzw. Berufsgruppen an Schulen verschieben sich die Grenzen zwischen den Bildungs-, Erziehungs- und Betreuungsinstitutionen und verlieren »die gewachsenen Zuständigkeiten an strukturierender Kraft« (Thiersch 2006, S. 29). Die Überlagerung und Vermischung bisher etablierter Zuständigkeitsbereiche der verschiedenen pädagogischen Berufsgruppen am Ort Schule führt dazu, dass die pädagogischen Fachkräfte ihre Zuständigkeitsbereiche neu und fortwährend aushandeln müssen (vgl. Kunze 2016). Die Einführung der inklusiven Schule führt genau dazu, dass sich die Grenzen der Zuständigkeit und die Aufgaben verschieben und Lehrkräfte, Schulsozialarbeiter*innen und neu an die Schule kommende Professionen und Berufsgruppen sich über diese verständigen müssen. Dies bringt eine Lehrkraft aus dem Forschungsprojekt sehr klar auf den Punkt:

> Ja, und auch wir mussten ja erstmal herausfinden, was ist eigentlich wessen Aufgabe? Was mache ich, was machst du, was macht ihr? War ja alles noch gar nicht so klar. (Lehrkraft in Gruppendiskussion, Primarbereich)

Neben einer Bestimmung der eigenen Tätigkeit und des eigenen Selbstverständnisses (→ FP2 Selbstverständnis) sowie der gemeinsamen Zielfindung stellt sich nun die Frage, wie die Klärungsprozesse über Zuständigkeiten, Aufgaben und Verantwortlichkeiten erreicht und wie die einzelnen Stärken der beteiligten Akteur*innen und ihre Tätigkeitsfelder auf die Erreichung gemeinsamer Zielsetzungen hin ausgerichtet werden können. Wenn bereits Teamstrukturen an Ihrer Schule existieren, dann sollten Teamsitzungen dafür genutzt werden, um Zuständigkeiten und Aufgaben zu klären und darüber die gemeinsame Arbeit und die Arbeitsprozesse zu optimieren.

Aufgabe 26: Den gemeinsamen Arbeitsprozess organisieren

Als Hilfe zur Gestaltung Ihres Arbeitsprozesses bietet es sich an, gemeinsam im Team Folgendes festzulegen:
- Was soll konkret bis wann erreicht werden?
- Welche Zwischenziele sind sinnvoll?
- Welche Aufgabenbereiche lassen sich daraus ableiten?
- Über welche aufgabenbezogenen Fähigkeiten, Kenntnisse und produktiven Eigenschaften verfügen die einzelnen Teammitglieder?
- Wer soll welche Aufgabe übernehmen?

- Welche sinnvolle Arbeitsteilung ergibt sich aus dieser Analyse?
- Wie werden die einzelnen Aufgaben und Schritte wieder zusammengeführt?
- Welche Rollen innerhalb des Teams sind vorgegeben bzw. neu zu definieren?
- Welche inhaltliche und strukturelle Gestaltung ist sinnvoll, um den Arbeitsprozess angesichts der situativen Gegebenheiten flexibel bzw. anpassungsfähig gestalten zu können?

Selbstredend müssen gemeinsam getroffene Absprachen eingehalten werden, weswegen diese für die Rückversicherung aller auch schriftlich festgehalten werden sollten. Nehmen einzelne Kooperationspartner*innen diese nicht ernst, führt dies – wie im nachfolgenden Beispiel – schnell zu Unzufriedenheit und hat im Rahmen einer größeren Kooperationsgemeinschaft maßgebliche Auswirkungen auf das gesamte Gelingen.

> Und ich finde das aber ganz, ganz wichtig, dass das geklärt ist im Vorfeld und dass sich dann auch alle dran halten. Also ich weiß, wir hatten mal in ganz großer Runde einen Fall bei Lisa Laufer, da saßen wir mit verschiedensten Akteuren, hatten genau festgelegt, wer macht was, und es war dann auch gesagt, ich habe in dem Fall den Hut auf. [...] Also unter anderem sollte ich den Kontakt mit den Eltern pflegen, weil ich einfach einen guten Zugang zu denen hatte. Und daraufhin hat die Schulleitung am nächsten Tag die Eltern zu sich eingeladen. Und das sind so Sachen, das geht dann nicht, ne? Also, das muss halt einfach ganz klargemacht werden, und dann müssen sich auch alle dran halten. (Schulsozialarbeiterin in Gruppendiskussion, verschiedene Schulformen)

Im geschilderten Fall werden die Eltern von der Schulleitung und nicht – wie festgelegt – von der Schulsozialarbeiterin angesprochen. Dies kann dazu führen, dass den Eltern nicht das Gefühl klarer Strukturen und Ansprechpartner*innen vermittelt wird und damit die Vertrauensarbeit untergraben wird. Insofern scheint es sinnvoll, dass gemeinsame Absprachen eingehalten und zugewiesene Aufgaben anerkannt werden! Dringende Veränderungen der gemeinsamen Absprachen sollten dem Team zeitnah und begründet zurückgemeldet werden.

Aufgabe 27: Konflikte im gemeinsamen Arbeitsprozess bearbeiten

Nehmen Sie das Fallbeispiel zu Beginn des Fokuspunktes 3 als Ausgangspunkt.
- Was könnten aus Ihrer Sicht Spannungen und Konflikte bei einem Treffen

> verschiedener Akteur*innen an dieser Schule sein, das die oben genannten Fragen hinsichtlich der Gestaltung des Arbeitsprozesses thematisiert?
> - Wie können diese Spannungen und Konflikte vermieden bzw. bearbeitet werden?
> - Setzen Sie die möglichen Spannungen und Konflikte szenisch um, und entwickeln Sie ein Rollenspiel, in dem unterschiedliche Akteur*innen involviert sind.

Ebenso wichtig, wie sich an getroffene Absprachen zu halten, ist aber auch, sich nicht auf den festgelegten Aufgaben und Zielen auszuruhen, sondern in einem regelmäßigen Turnus zusammenzukommen, um sich zum einen der weiterhin gemeinsamen Zielsetzung und Aufgabenverteilung zu verständigen, deren Sinnhaftigkeit zu evaluieren, aber auch um sich der Erreichung der gemeinsam bestimmten Ziele zu versichern. Legen Sie dabei viel Wert auf die Klärung der Rollen, die Strukturierung von Arbeitsabläufen und die schriftliche Fixierung.

📖 Umsetzung von Organisations- und Teamentwicklung

In der Literatur zur Organisations- und Teamentwicklung finden Sie hierzu viele Anregungen:
- Philipp, Elmar (2014): Multiprofessionelle Teamentwicklung: Erfolgsfaktoren für die Zusammenarbeit in der Schule. Weinheim: Beltz.
- Gellert, Manfred/Nowak, Claus (2010): Teamarbeit, Teamentwicklung, Teamberatung. Ein Praxisbuch für die Arbeit in und mit Teams (4. erw. Aufl.). Meezen: Limmer.

Die Strukturierung von Arbeitsabläufen, die Klärung von Zuständigkeiten und regelmäßige Reflexionsphasen in Teamsitzungen tragen zur Förderung von zielorientiertem, konfliktarmen Arbeiten und effektiven, wertschätzenden Arbeitsstilen bei. Für die Reflexionsphasen in Teamarbeitsprozessen bieten sich folgende Aspekte an:
- Kontroverse Vorstellungen bzgl. der Ziele, Aufgaben und Arbeitsstile im Team abgleichen und dabei die Unterschiedlichkeit nutzen.
- Rollen im Team klären.
- Ablauforganisation und Zuständigkeiten effektiv gestalten.
- Strategien einer effektiven und zielgerichteten Entscheidungsfindung entwickeln.
- Hierarchien klären und im Sinn vereinbarter Ziele nutzen.

Formen der Kooperation

Kooperation und Austausch im Kontext Schule findet zwischen unterschiedlichen Akteur*innen und in vielen Formen statt, wie beispielsweise in Tür- und Angelgesprächen, gemeinsamen Mappen, zu festgelegten Gesprächsterminen, in regelmäßigen Teamsitzungen etc. Hier muss natürlich jede Einrichtung die für sie geeigneten Formen und Methoden entwickeln bzw. hat es bereits getan. Ein »besser« oder »schlechter« gibt es dabei nicht. Dennoch bedeutet dies weder, dass diese festgeschrieben sind, noch, dass diese für alle beteiligten Personen gleichermaßen zufriedenstellend sind. Ja, es bedeutet nicht einmal, dass sie tatsächlich gewinnbringend oder zielführend sein müssen!

> **Aufgabe 28: Formen der Kooperation reflektieren**
>
> - Listen Sie zunächst auf, welche Formen und Methoden für Kooperation und Austausch an Ihrer Einrichtung praktiziert werden. (Wo, wann und wie wird sich ausgetauscht?)
> - Prüfen Sie in einem nächsten Schritt, inwieweit die Formen und Methoden der Kooperation aus Ihrer Sicht sinnvoll und zielführend erscheinen.

Ein Sammeln der Kooperationsformen und Methoden kann helfen, auch die unbewussten bzw. nach und nach etablierten Formen zu identifizieren. Ein Hinterfragen des Sinns und Nutzens hingegen macht es möglich, eingefahrene Muster zu hinterfragen und gegebenenfalls durch neue zu ersetzen oder sich Verbesserungen für bereits bestehende zu überlegen. Im Folgenden ein Beispiel hierfür aus dem Forschungsprojekt:

> Also eine Weile ist mir das zu viel gewesen mit den Tür- und Angelgesprächen, wo ich dachte, mir rutscht hier zu viel durch. Und dann habe ich mir halt eine Möglichkeit überlegt, wie man die Tür- und Angelgespräche trotzdem festhalten kann, damit man weiß, okay, wo hake ich nach, und wo müssen wir noch mehr machen. Aber ich glaube, Tür- und Angelgespräche [zu] unterbinden, wäre ganz blöd, bis man dann einen Termin hat, rutscht zu viel durch, dann lieber so. (Schulsozialarbeiterin im Einzelinterview, Primarbereich)

💡 Mögliche unterstützende Methoden für Kooperation:
- Räume und Möglichkeiten für einen Austausch schaffen.
- Mehr Absprachen, um den Überblick zu behalten, weil das Aufgabenfeld diffuser wird.
- Regelmäßige verbindliche Termine festlegen.
- Ergebnisse von Austausch und Absprachen transparent für alle festhalten.
- Auch Tür- und Angelgespräche wertschätzen und festhalten (Notizbuch in der Tasche).
- Kollegiale Beratung anhand von Fallgeschichten durchführen.
- Unterstützung ggf. durch externe Beratung/Supervision zulassen.

Schulsozialarbeit als zentrale Schnittstelle multiprofessioneller Kooperation

Schulsozialarbeit stellt für die multiprofessionelle Kooperation an Schulen eine wichtige und zentrale Schnittstelle dar. Hier laufen die Beratung von Kindern und Jugendlichen, Eltern sowie anderen Professionen zusammen. Eine Stärke der Schulsozialarbeit ist die wertschätzende Ausgangsposition und die Orientierung an Chancen und Potenzialen. Weiterhin verfügen Schulsozialarbeiter*innen vielfach über Kompetenzen zur Gestaltung von Teamarbeit (vgl. Fabel-Lamla/Reinecke-Terner 2014). Durch die Kooperation mit außerschulischen Institutionen sind Schulsozialarbeiter*innen zudem in der Lage, gegebenenfalls notwendige passende Hilfen oder Professionen zusätzlich mit ins Boot zu holen. Sie sind also zentrale Akteur*innen schulischer Kooperation und sollten hier besonders gesehen und eingesetzt werden.

> 💬 **Aufgabe 29: Bedeutung von Schulsozialarbeit reflektieren**
>
> »Schulsozialarbeit ist eine zentrale Schnittstelle multiprofessioneller Kooperation.«
> Stimmen Sie dieser Aussage zu, oder würden Sie dem eher widersprechen? Halten Sie hierzu schriftlich einige Aspekte/Beispiele aus Ihrer Praxis fest.

Derzeit liegen in erster Linie Erfahrungsberichte und programmatische Texte zur Frage der Rolle der Schulsozialarbeit bei der Gestaltung multiprofessioneller Zusammenarbeit sowie Gelingensbedingungen von Kooperationen zwischen verschiedenen Professionen bzw. Berufsgruppen an Schulen vor – belastbare empirische Befunde hingegen noch nicht. Dennoch haben wir einige Standards für eine gute multiprofessionelle Zusammenarbeit formuliert, die in der Kooperationsliteratur immer wieder auftauchen und wichtig erscheinen:

> Gelingende multiprofessionelle Kooperation braucht:
- Regelmäßigen Austausch
- Anerkennung, Wertschätzung und Vertrauen als Grundprinzipien der Kooperation
- Bereitschaft und Offenheit möglichst aller Beteiligten
- Ein Erkennen der Grenzen der eigenen Professionszuständigkeit, die Akzeptanz der Grenzen anderer und die Bereitschaft über die eigenen Grenzen hinauszuwachsen
- Offenheit kritischen Einschätzungen der eigenen Arbeit gegenüber
- Eine nicht-hierarchische und nicht von schulischen Aufgabendefinitionen dominierte Arbeitsteilung bzw. Zusammenarbeit
- Unterstützung durch die Schulleitung
- Eine gemeinsame Zielsetzung, die das Beste für alle Kinder und Jugendlichen zu erreichen versucht

Fokuspunkt 4:
Gestaltung inklusiver Settings: Werkzeuge und Räume

Abbildung 6: Werkzeuge in der Schule

Es ist überraschend, wie viele Gegenstände, Instrumente und Verfahren die Beziehungen zwischen schulischen Akteur*innen und die Zusammenarbeit (mit-)gestalten und unterstützen. In der Schule ist hier jenseits von Lernmaterialien und Medien im Unterricht etwa an Diagnosebögen, Elternhefte, Klassenbücher, Zeugnisse, Risikolisten, Förderpläne, Berufswahlpässe, Protokolle, aber auch an räumliche Settings, wie z. B. den Schüler*innenclub oder die Lerninsel, sowie an technische Geräte und neue Technologien zu denken. Aber auch Verfahren und Konzepte wie Sozialtrainings, eine Gewaltpräventionsmaßnahme, der Klassenrat oder die kollegiale Fallberatung zählen dazu und tragen dazu bei, die Kommunikation und pädagogische Arbeit zu strukturieren, zu organisieren, zu unterstützen bzw. überhaupt erst zu ermöglichen. Solche Gegenstände, Instrumente und Verfahren – im Folgenden sprechen wir von »Werkzeugen« – und ihre Bedeutung für die Gestaltung inklusiver Settings sollen im Folgenden im Mittelpunkt stehen.

In der sozialwissenschaftlichen Forschung wird den Dingen, Räumen und materiellen Aspekten sozialer Praxis erst in den letzten Jahren mehr Aufmerksamkeit geschenkt. Dabei werden diese nicht mehr als neutrale oder objektive soziale Gegenstände angesehen, sondern als Koproduzenten sozialer Praxis (vgl. Bijker/Law 1997), welche die Tätigkeiten und die Beziehungen zwischen den Akteur*innen ermöglichen und mitgestalten sowie Arbeitsbeziehungen und Wissen strukturieren (vgl. Akrich 1997).

Die Schulsozialarbeit bringt vielfach eigene Werkzeuge in die Schule mit ein, sie gestaltet die ihr zur Verfügung stehenden Räume unter sozialpädagogischen Prämissen und entwickelt möglicherweise einen spezifischen Umgang mit schulischen Dingen und Räumen. Es ist beispielsweise aufgrund der Anforderung von gleichberechtigter Teilhabe davon auszugehen, dass bei der Gestaltung inklusiver Settings in Schule und bei der Arbeit in (multiprofessionellen) Teams neue Gegenstände, Instrumente und Verfahren in die Schule getragen bzw. entwickelt werden, für Schüler*innen spezielle Arbeitsmittel oder technische Hilfsmittel zur Verfügung stehen oder aber vorhandene Werkzeuge und Räume modifiziert und weiterentwickelt werden müssen.

Zunächst stellen wir verschiedene Werkzeuge aus der Praxis vor, die zum einen in der Arbeit mit Kindern und Jugendlichen Anwendung finden und zum anderen in der multiprofessionellen Zusammenarbeit, aber auch in der Arbeit mit Eltern oder anderen außerschulischen Akteur*innen zum Einsatz kommen und die eigene Arbeit unterstützen.

Instrumente und Verfahren im pädagogischen Handeln

Wir haben in den vorangegangenen Abschnitten vielfältige Herausforderungen in der (inklusiven) Arbeit mit Kindern und Jugendlichen herausgestellt. Heranwachsende sind in Hinblick auf ihre Lernvoraussetzungen, Fähigkeiten und Stärken sehr verschieden, worauf spezifisch eingegangen werden sollte. Gerade im Umfeld Schule können vielfältige Hilfsmittel, Instrumente bzw. Werkzeuge genutzt werden, um die gemeinsame Gestaltung einer Pädagogik der Vielfalt zu ermöglichen.

Unterrichtsbezogene Werkzeuge – eine Aufgabe für Schulsozialarbeiter*innen?

Bei der Frage nach der Gestaltung inklusiver Settings bei der Arbeit mit Kindern und Jugendlichen richtet sich der Blick zunächst auf Lernwerkzeuge, wie differenzierende Materialien sowie Medien, und pädagogische Maßnahmen und Verfahren, die an vielen Schulen bereits mehr oder weniger genutzt werden. Beispielsweise differenzierende Arbeitsblätter bzw. vielfältige Lernmaterialien für den inklusiven Unterricht, die unterschiedliche Voraussetzungen berücksichtigen, verschiedene Zugänge und Unterstützungen bieten und auf diese Weise allen Kindern und Jugendlichen Entdeckungen und Lernprozesse ermöglichen sollen. Als Beispiele für etablierte Verfahren können verschiedene individuelle Lernformen und offene Arbeitsformen, wie Wochenplanarbeit oder auch Patenmodelle, genannt werden, bei denen etwa leistungsstärkere bzw. ältere Kinder Verantwortung übernehmen und anderen Kindern helfen.

Es sind vorrangig Lehrkräfte, die angesichts der Forderungen nach der Berücksichtigung verschiedener Ausgangslagen der Kinder und Jugendlichen und nach einer Individualisierung des Unterrichts vor der Aufgabe stehen, Unterrichtsmaterialien und Bewertungsinstrumente zu modifizieren bzw. umzugestalten. Doch zeigt sich in der Praxis an Schulen, dass diese (unterrichtsbezogenen) Aspekte auch die Arbeit von sozialpädagogischen Fachkräften berühren. Nicht nur Kinder und Jugendliche, sondern auch Lehrkräfte wenden sich bei unterrichtsspezifischen Herausforderungen an Schulsozialarbeiter*innen, damit diese sie z. B. bei der Suche nach differenzierenden Lernmaterialien und individuellen Vermittlungs-, Bewertungs- oder Ausgleichsmöglichkeiten (→ FP3 Kooperation) unterstützen und hier zwischen Lehrkräften und Schüler*innen vermitteln. So berichtete eine Schulsozialarbeiterin im Interview:

> Wir nehmen uns schon immer wieder bei Dienstbesprechungen richtig lange Zeit, um Dinge zu besprechen, wie Lerndifferenzierung, innere Differenzierung,

äußere Differenzierung, aber auch, was ist mit Notengebung? Zum Beispiel bei einem autistischen Kind? Kann man dem im Sozialverhalten ein D geben, ist das gerechtfertigt? Denn eigentlich im Rahmen seiner Möglichkeiten, ist die Frage, was können wir erwarten und wie können wir das bewerten? Mit einem Buchstaben oder einer Zahl? (Schulsozialarbeiterin im Einzelinterview, Sekundarbereich I)

In diesem Ausschnitt wird deutlich, dass mit der inklusiven Schule und Fragen der Bewertungen von Schüler*innenleistungen sowie Arbeits- und Sozialverhalten neue komplexe Anforderungen an die Pädagog*innen gestellt werden. Es müssen Instrumente und Verfahren entwickelt werden, die einerseits dafür Sorge tragen, dass Kindern und Jugendlichen mit Beeinträchtigungen oder Behinderungen beim schulischen Lernen, bei Prüfungen und Leistungsermittlungen kein Nachteil erwächst. Der Forderung nach Chancengerechtigkeit folgend muss ihnen ein Ausgleich ihrer Benachteiligungen sowie eine angemessene Unterstützung und Erleichterung z. B. bei Prüfungen ermöglicht werden. Vor dem Hintergrund der Zuweisungs- und Berechtigungsfunktionen der Institution Schule dürfen diese Schüler*innen andererseits aber auch gegenüber anderen nicht bevorteilt werden (vgl. Zimmermann/Wachtel 2013).

Die Schilderungen verweisen darauf, dass die Fachkräfte der Schulsozialarbeit in diese Aushandlungsprozesse bei Dienstbesprechungen und Zeugniskonferenzen eingebunden sind und sich nicht nur im Bereich des Arbeits- und Sozialverhaltens mit ihren Einschätzungen einbringen, sondern auch mit Fragen der »Lerndifferenzierung« befasst sind. Darin lässt sich zum einen an dieser Schule eine enge Zusammenarbeit zwischen Lehrkräften und Schulsozialarbeiter*in erkennen, die gemeinsam an Fragen des Lernens, Unterrichtens und Erziehens arbeiten. Zum anderen stellt sich die Frage, inwieweit die vorzufindende enge Einbindung des*r Schulsozialarbeiter*in in Fragen der Lerndifferenzierung tatsächlich (auch noch eine) Aufgabe von Schulsozialarbeit sein sollte, handelt es sich doch hierbei um den Kernbereich der Lehrprofession, Lerninhalte didaktisch-methodisch so aufzubereiten, dass sie an die zuvor diagnostizierten Lernvoraussetzungen der Kinder und Jugendlichen optimal anschließen. Es besteht die Gefahr, dass die Zuständigkeiten und Aufgabenfelder der Professionen verschwimmen, was zur Deprofessionalisierung auf beiden Seiten führen kann. Andererseits besteht in einer gemeinsamen bzw. multiprofessionellen Zusammenarbeit das Potenzial, mit dem vielfältigen vorhandenen Wissen die (inklusiven) Herausforderungen besser angehen zu können (→ FP3 Kooperation).

Schulsozialarbeitsbezogene Werkzeuge

In der Praxis der Schulsozialarbeit sind eine Vielzahl eigener Gegenstände, Instrumente und Verfahren anzutreffen. Zu denken ist hier an Streitschlichterprojekte, Materialien im Kontext von Ganztagsangeboten, verschiedene Präventions- und Interventionsprogramme der Konfliktlösung, Projekte zum Klassen- oder Schulklima, um nur einige wenige zu nennen. Aber auch Objekte und Gegenstände sind Teil der Schulsozialarbeit und damit Werkzeuge ihrer Tätigkeit, wie der Billardtisch oder das Sofa im Aufenthaltsraum, die Spielausleihe oder auch verschiedene Dinge für die Pausengestaltung. Mit Blick auf die unterschiedlichen Tätigkeitsfelder und Projekte ergibt sich eine Vielfalt an Werkzeugen. Bleiben die Fragen, inwieweit durch Inklusion für die Schulsozialarbeit erstens neue Werkzeuge hinzukommen und zweitens bestehende Verfahren, Gegenstände und Instrumente modifiziert werden müssen.

Die Gestaltung inklusiver Settings an Schulen sollte als Anlass genommen werden, um die etablierten Werkzeuge und Praktiken – auch der Schulsozialarbeit – dahingehend zu hinterfragen und zu reflektieren, inwieweit sie Teilhabemöglichkeiten für alle Kinder und Jugendlichen bieten.

Aufgabe 30: Eigenes Material reflektieren

Fragen Sie sich, ausgehend von bei Ihnen vorhandenen Werkzeugen und Praktiken:
- Ist das Material barrierefrei gestaltet?
- Könnten Abläufe oder Beschreibungen eventuell in leichterer Sprache verfasst und/oder illustriert werden?
- Wie kann beispielsweise ein Manual für Kinder mit einer Sehbehinderung oder andere in Ihrem Arbeitsfeld vorzufindende Besonderheiten aufbereitet werden?

Aufgabe 31: Fallbezogene Maßnahmen erarbeiten

Überlegen Sie für folgende Fälle, welche Maßnahmen Sie hier beispielhaft ergreifen würden, bzw. wie eine mögliche Umsetzung aussehen könnte.
- Welche Unterstützung braucht Max, der autistische Züge aufweist, in seiner Rolle als Streitschlichter?
- Wie kann ich das Manual für Sophie mit ihrer Sehbehinderung aufbereiten lassen?
- Überlegen Sie sich weitere mögliche »Fälle« und bearbeiten Sie diese.

Werkzeuge der Zusammenarbeit mit Kolleg*innen, Eltern sowie Kindern und Jugendlichen

Welche Werkzeuge nutzen Sie in Ihrer Praxis? Der Einsatz dieser Materialien und Verfahren erfolgt oft so routiniert in der alltäglichen Praxis, dass wir uns die Vielzahl an Gegenständen und Praktiken erst bewusst machen müssen. Betrachtet man die Formen der Zusammenarbeit von Schulsozialarbeiter*innen und Lehrkräften an Schulen, kommt das »Tür-und-Angel-Gespräch« am häufigsten zum Einsatz. Dieser informelle Austausch findet oft in Eile in der Schulpause oder vor Unterrichtsbeginn bzw. nach Schulschluss statt und ist in der Regel nicht geplant. Im Schulalltag und in der kooperativen Zusammenarbeit spielt diese Form des Informationsaustauschs eine wichtige Rolle.

Allerdings wird dieser informelle Austausch kaum systematisch genutzt und vielfach drohen die Informationen und Ergebnisse verloren zu gehen. Hier kann ein Notizbuch eine Lösung sein, um sich wichtige Punkte aus den Tür-und-Angel-Gesprächen zu notieren, aber auch das Smartphone (mit seinen unterschiedlichsten Funktionen wie Sprachaufnahme, Notiz- oder Kalenderfunktion) kann hierbei gut für die persönliche Protokollierung genutzt werden.

So haben solche Tür-und-Angel-Gespräche und informelle Formen der Zusammenarbeit durchaus ihre Funktion und Berechtigung – sie können bei Bedarf und spontan erfolgen und halten das Alltagsgeschäft am Laufen. Daneben sollten aber auch Räume und Zeiten eingeplant werden, in denen die Zusammenarbeit zwischen den Kolleg*innen systematisch und verbindlich erfolgen kann. In diesen Kontexten, z. B. in Team- oder Steuergruppensitzungen, zeigen sich eine ganze Reihe von Instrumenten und Verfahren, die die Zusammenarbeit strukturieren und unterstützen. Wenn diese systematisch eingesetzt werden, dann kommt ihnen eine wichtige Rolle für die Sicherstellung des Informationsflusses, das Festhalten von Übereinkünften, die Planung des Arbeitsprozesses und die Zusammenführung der vielfach arbeitsteilig erfolgenden Schritte zu.

Werkzeuge der Zusammenarbeit zwischen Lehrkräften bzw. zwischen Lehrkräften, Schulsozialarbeiter*innen und anderen Berufsgruppen innerhalb der Schule, die in den von uns geführten Interviews und Gruppendiskussionen benannt wurden, sind beispielsweise:
- Zeitmanagement-Computer-Systeme, um Termine zu vereinbaren.
- Schulkonzept bzw. -programm und andere interne Papiere wie Protokolle, in denen geplante Ziele und Maßnahmen fixiert werden.
- Intranet, zentrale USB-Sticks oder Ordner als schulinterne Austauschmöglichkeiten für Lernmaterialien, Spiele, Protokolle etc.

- Berichtshefte als (multiprofessionelles) Austauschmittel von Lehrkräften, Schulsozialarbeiter*innen, Erzieher*innen etc.
- Gemeinsam erarbeitete Fallskizzen (im Rahmen kollegialer Beratung) oder Förderpläne.
- Dokumentationen der Arbeit von Schulsozialarbeiter*innen als Einblicks- bzw. Informationsmaterial für deren Aufgabenbereiche.
- Gesprächsstrukturen für Dienst- und Teambesprechungen, nach denen z. B. wechselseitig berufliche Fragen oder Themen gemeinsam betrachtet werden.

Die Gestaltung und Dokumentation von Teamsitzungen ist für die gelungene Zusammenarbeit von besonderer Relevanz. Hierzu gehören die Festlegung, wer die Sitzung moderiert und protokolliert, die Erstellung einer Tagesordnung und die regelmäßige Reflexion der Arbeit im Team.

📖 Gestaltung der Zusammenarbeit

Zur Gestaltung (multi-)professioneller Zusammenarbeit sowie von Teamentwicklungsprozessen gibt es inzwischen eine Reihe von Publikationen mit vielen nützlichen Hinweisen und Arbeitsmaterialien.
- Mays, Daniel (2016): Wir sind ein Team! Multiprofessionelle Kooperation in der inklusiven Schule. München: Ernst Reinhardt.
- Philipp, Elmar (2014): Multiprofessionelle Teamentwicklung: Erfolgsfaktoren für die Zusammenarbeit in der Schule. Weinheim: Beltz.

Werkzeuge spielen auch auf der Ebene der Zusammenarbeit mit Eltern und Erziehungsberechtigten eine wichtige Rolle. Sie sichern den Informationsfluss und können helfen, klare und hilfreiche Strukturen sowie Transparenz für alle Beteiligten zu schaffen. Gerade an inklusiven Schulen wird den Teilhabemöglichkeiten und der Partizipation aller schulischen Akteur*innen eine wichtige Bedeutung beigemessen (vgl. Werthern 2017). Im Kontext neuer Konzepte der Elternarbeit, z. B. im Rahmen der Gestaltung von Erziehungs- und Bildungspartnerschaften, etablieren sich neue Formate der Teilhabe. Zu den (klassischen) Instrumenten und Verfahren der Kontaktpflege und Zusammenarbeit mit Eltern gehören:
- Schulplaner für Hausaufgaben und Notizen, die die Erziehungsberechtigten wöchentlich unterschreiben
- Verträge bzw. schriftliche Vereinbarungen zwischen Schule und Eltern, die die jeweiligen Pflichten ins Bewusstsein rücken
- Elternrundschreiben bzw. Brief- und Mailverkehr mit Eltern
- Elternsprechtage, Elternabende, Einzelgespräche, Sprechstunden für Eltern oder zwanglose Treffen beim Eltern-Lehrer-Stammtisch (im Schulcafé)

- Schulbesuchstage oder Elternbildungsangebote
- Fahrten, Projekte oder Ganztagsangebote unter Einbezug von Eltern
- Elterngremien (z. B. Elternräte oder -foren, Förderverein)
- Umfragen zur Erhebung von Bedürfnissen und Zufriedenheiten
- Webseite der Schule (ggf. mit Homepagebereich für Eltern), Medienmitteilungen, Aushänge im Schulgebäude

Wie in dieser Aufzählung deutlich wird, handelt es sich vor allem um Werkzeuge zur Schaffung von persönlichem Kontakt und von Transparenz, also im engeren Sinne um »Informationsmaterialien«. Durch die Vielzahl der Kontakt-, Kooperations- oder Gestaltungswege von Elternarbeit ist es ratsam, ebenfalls Informationsmaterial über die jeweiligen Beratungs- und Kooperationsmöglichkeiten zu erarbeiten und zu verteilen bzw. zu kommunizieren.

Denkbar als Werkzeug wäre dabei eine Übersicht über das Mitgestaltungs- und Beratungskonzept der Schule (→ **FP6** Teilhabe/Partizipation) für die Eltern- und Schüler*innenschaft.

In einer der von uns besuchten Schulen wird mit einer Übersicht über das bestehende (multiprofessionelle) Beratungsangebot gearbeitet, die in erster Linie die Schüler*innenschaft informieren soll, in ähnlicher Form aber gleichermaßen auch für die Elternschaft denkbar wäre:

> Und in den Klassen hängt immer so eine Übersicht, [...] dann gibt es immer so eine Erklärung dazu und ein Symbol. Und da steht dann Schulsozialarbeit berät bei schulischen Problemen, familiären Problemen, Beziehungsproblemen, und dann steht da bei Beratungslehrer, [berät] bei Konflikten zwischen Lehrern und Schülern oder so. Und dann kann man als Schüler sehen, das ist Frau Soundso, da kann ich sie finden, dann kann ich sie erreichen, das ist ihre Telefonnummer [...]. Also es gibt so Schwerpunkte und trotzdem haben die Schüler die Freiheit, die Person zu wählen. (Schulsozialarbeiterin im Einzelinterview, Sekundarbereich II)

In diesem Beispiel haben die Kinder und Jugendlichen immer vor Augen, dass es Ansprechpartner*innen für ihre Fragen und Probleme gibt, welche diese sind und auch wo diese zu finden bzw. zu erreichen sind. Neben der schriftlichen Darstellung (Info-Blatt/Plakat, Prospekte, Broschüre, Homepage) von Ansprechpartner*innen sowie Beratungsangeboten bzw. -personen bietet sich auch eine mündliche bzw. persönliche Weitergabe (in Informationsveranstaltungen oder bei Klassenbesuchen) an.

Schließlich sind auch in der Arbeit mit Kindern und Jugendlichen nicht nur Informations- und Arbeitsmaterialien (beispielsweise Arbeitsblätter, Folien,

Videos/Filme, Tafel, Flipchart, Zeugnisse und Lernberichte) und damit Werkzeuge der Information und Vermittlung zentral, sondern auch Werkzeuge der Kooperation, Kommunikation und Partizipation, wie z. B. spezielle Homepageseiten für Schüler*innen, Lerntagebücher, Schüler*innenportfolios, Evaluationsbögen, Umfragen zu Interessen auf Medien wie Twitter etc. denkbar.

Aufgabe 32: Eigene Werkzeuge betrachten

Betrachten Sie Ihren Arbeitsplatz in der Schule, werfen Sie einen Blick in Ihre Tasche und beobachten Sie sich im Schulalltag.
- Mit welchen Dingen arbeite ich im Schulalltag?
- Welche Funktion kommt diesen Dingen in meiner Arbeit zu? Wozu nutze ich sie?

Aufgabe 33: Werkzeuge der Zusammenarbeit überdenken

Besprechen Sie im Team die folgenden Fragen:
- Welche Dinge und Verfahren nutzen wir im Rahmen unserer Teamsitzung? Dienen diese noch dem Zweck oder sollten diese an Veränderungen angepasst werden?
- Was hilft uns bei der (innerschulischen) Kooperation, die Zusammenarbeit zu strukturieren und den Informationsfluss sicherzustellen?
- Welche Werkzeuge nutzen wir in der Zusammenarbeit mit Eltern oder außerschulischen Partner*innen? Könnten diese noch optimiert werden? Gibt es vielleicht noch Lücken, für die ein Werkzeug Abhilfe schaffen könnte?

Aufgabe 34: Informationsmaterial prüfen

Betrachten Sie die Werkzeuge der Zusammenarbeit an Ihrer Schule oder einer ausgewählten Ausbildungsschule unter folgenden Gesichtspunkten:
- Welche Informationen lassen sich im Schulgebäude und/oder auf der Homepage finden? Sind wichtige Informationen schnell zu finden und leicht zu verstehen?
- Wie sehen Informationsmaterialien oder Formulare aus? Welche Zielgruppe(n) sprechen diese mit welcher Sprache (z. B. Bildsprache, leichte Sprache, Fremdsprache) an?

Technische Hilfsmittel und neue Medien

Zu den Werkzeugen in der inklusiven Schule zählt ebenfalls die technische Ausstattung, z. B. mediale Installationen in den Räumen, Fahrstühle oder andere Einrichtungen, um BARRIEREFREIHEIT zu ermöglichen.

Mit unterstützenden Techniken, wie beispielsweise Mikrofonanlagen für Menschen mit beeinträchtigter Hörleistung etc., geht natürlich auch das Erlernen bzw. die Fähigkeit der Bedienung dieser einher. In Bezug auf den Gedanken von Chancengleichheit und Inklusion rücken u. a. diese räumlich sowie technischen Aspekte in den Mittelpunkt der angemessenen Vorkehrungen für Gleichberechtigung und Teilhabe (→ FP5 Zugänge). Auf die Anschaffung, Finanzierung oder den Einbau solcher technischen oder räumlichen angemessenen Vorkehrungen werden schulische Akteur*innen nur bedingt Einfluss nehmen können. An diesen Stellen können Sie als Lehrkraft, Schulsozialarbeiter*in etc. nur die Beantragung bei externen Stellen (unterstützend) angehen und/oder sich den Umgang mit diesen Hilfsmitteln aneignen.

> Laut des Behinderungsgleichstellungsgesetz wird BARRIEREFREIHEIT wie folgt definiert:
> »Barrierefrei sind bauliche und sonstige Anlagen, Verkehrsmittel, technische Gebrauchsgegenstände, Systeme der Informationsverarbeitung, akustische und visuelle Informationsquellen und Kommunikationseinrichtungen sowie andere gestaltete Lebensbereiche, wenn sie für Menschen mit Behinderungen in der allgemein üblichen Weise, ohne besondere Erschwernis und grundsätzlich ohne fremde Hilfe auffindbar, zugänglich und nutzbar sind. Hierbei ist die Nutzung behinderungsbedingt notwendiger Hilfsmittel zulässig.«
> (§ 4 BGG)

Zu technischen Umbauten und Hilfsmitteln kommen aber auch technische Entwicklungen (Smartphone, Tablet, digitale Uhr, interaktives Whiteboard etc.) im Kontext der Digitalisierung. Diese haben auch unter dem Aspekt von Inklusion an Bedeutung gewonnen, eröffnen sie doch völlig neue Partizipations- und Gestaltungsräume. Hier ist beispielsweise an die Vergrößerungsfunktion von Buchstaben auf Readern oder an Übersetzungsfunktionen zur Unterstützung der Kommunikation zu denken. Auch darüber hinaus ist die Integration neuer technisch-digitaler Möglichkeiten denkbar, beispielsweise indem Apps – die die Kinder und Jugendlichen täglich nutzen – in das Schul- und Unterrichtsgeschehen eingebunden werden.

Lernapps für Kindergarten und Schule

Verschiedene Lernapps für den Einsatz im Kindergarten bis zur Sekundarstufe 2 finden Sie online unter
- www.schule-apps.de oder
- www.bestekinderapps.de/

Apps für Lehrer*innen dagegen beziehen sich meist auf organisationale Aspekte, für den Unterricht findet sich hier bisher nur wenig. Allerdings sind Programme vorhanden, die sogenannte »Boxen« als (digitale) Räume oder Ordner für die Teamarbeit bereitstellen, wie »Paper.li«, mit welchem die gesamte Klasse Nachrichten sammeln und eine Art Online-Zeitung erstellen kann. Bisher sind für die Arbeit der Sozialarbeit noch keine Programme zu finden. Denkbar ist es, soziale Spiele – die durchaus verfügbar sind – aufzugreifen oder eben für Projekte entsprechende Lern- oder Spiele-Apps zu nutzen.

Medienumgang

Mehrere Studien über den Medienumgang von Kleinkindern (miniKIM), Kindern (KIM-Studie), Jugendlichen (JIM-Studie) und in Familien (FIM-Studie) finden Sie auf der Seite des Medienpädagogischen Forschungsverbundes Südwest. Online verfügbar unter:
- www.mpfs.de/startseite

Neben der Thematisierung der Gefahren im Medium Internet (wie Cybermobbing, Preisgabe persönlicher Daten, Verletzung von Urheberrechten etc.), sind (mit Blick auf einen erleichterten Alltag für Kinder und Jugendliche) auch dessen Möglichkeiten und Potenziale als Werkzeug zu beachten. Ein Potenzial von sozialen Netzwerken besteht darin, einen Zugang zu anderen Personen zu haben und Möglichkeiten der Partizipation zu nutzen, dies unter anderem im Rahmen einer niedrigschwelligen Mitmach-Kultur. Aber auch im virtuellen Raum zeigt sich eine Ungleichheit im Nutzungsverhalten, welches sich je nach Bildungsstand, Alter und Geschlecht unterscheidet (vgl. Wittke 2013). Beispielsweise sind nicht alle Kinder und Jugendlichen, aber auch Erwachsene gleichermaßen imstande, sich Informationen, die in erster Linie schriftlich und unter Umständen in komplexerer Sprache im Internet bereitgestellt sind, anzueignen.

Demgegenüber können durch sogenannte barrierefreie Webseiten, die sich einer vereinfachten Sprache bedienen oder in denen Texte vorgelesen werden, erklärende Videos zu finden sind, ein*e Sprecher*in in Gebärdensprache eingeblendet wird (wie Jobbörse der Bundesagentur für Arbeit, Gib AIDS keine Chance, Zeit Online, Tagesschau.de etc.), Partizipations- und Bildungsmöglichkeiten erhöht werden, da sie als barrierefreies Lern- oder Informationsmittel für alle Kinder und Jugendliche im Unterricht, in außerunterrichtlichen Angeboten oder auch in (Berufs-)Beratungsgesprächen genutzt werden können. Neben der Nutzung solcher barrierefreien Webseiten und deren ggf. barrierefreien Lernmaterialien, können diese auch als anregendes Hilfsmittel bei der Umgestaltung alter oder der Erstellung neuer, alle einbeziehende Vermittlungsmaterialien dienen.

Weiterhin können und sollten die Möglichkeiten der eigenen digitalen Räume (wie Schulhomepage, Facebook-Seite) und deren Synergieeffekte genutzt werden. Macht man sich auf den Weg, eine barrierefreie Schulhomepage zu gestalten, können zumeist die entwickelten digitalen Materialien (Infoschreiben in unterschiedlichen Sprachen, Audio- und Videodateien) ebenso in den Schulräumlichkeiten genutzt werden. So könnten beispielsweise die erarbeiteten Infoschreiben den Kindern und Jugendlichen noch einmal ausgehändigt werden mit Verweis auf die Homepage. Auch möglich wäre es, über Audioaufnahmen oder einen für die Homepage erarbeiteten visuell vereinfachten (Trick-)Film zu schulischen Beratungsangeboten zu Beginn eines Schuljahres die Kinder und Jugendlichen über die Ansprechpartner*innen für ihre Fragen und Probleme zu informieren.

> **Aufgabe 35: Barrierefreie Webseite gestalten**
>
> Besuchen Sie eine barrierefreie Webseite und vergleichen Sie diese hinsichtlich der Barrierefreiheit mit Ihrer eigenen Schulhomepage.

> **Aufgabe 36: Digitale Plattformen einbeziehen**
>
> Welche Plattformen nutzen Sie?
> - Diskutieren Sie, welche Zugangshürden diese haben und wie man diesen begegnen könnte.
> - Welche Chancen und Möglichkeiten eröffnet deren Einbezug für die Schule und die Schulsozialarbeit Ihrer Meinung nach?

Fokuspunkt 5:
Differenzieren ohne auszusondern – Zugänge für alle schaffen

> Es sagt ja niemand: Nee, wir nehmen keine behinderten Kinder auf. An der Stelle müssen wir nicht mehr diskutieren. Diskutieren müssen wir, wo es reingeht. Stellt euch mal vor, wir haben jetzt ein geistig behindertes Kind hier. Im Moment haben wir Kinder mit Lernschwierigkeiten, Kinder mit emotional-sozialer Entwicklung und so weiter. Wir haben kein einziges. Wir haben einen Jungen von der Schule von E-Dorf hierher gekriegt, was ja eine (G-)Schule ist. Den haben wir allerdings als lernbehindert umdiagnostizieren lassen. Und da merken wir, wir kommen an unsere Grenzen. (Schulsozialarbeiterin im Einzelinterview, Sekundarbereich I)

> Und da habe ich dann erlebt, dass Herr Müller das damals mit Engelszungen ausgeredet hat, dass das Kind zu uns kommt, weil er gesagt hat, wir haben überhaupt nicht die Ressourcen, um ihn so zu fördern, wie das in dem Kindergarten möglich war. (Schulsozialarbeiter in Gruppendiskussion, Primarbereich)

> Wobei es am Gymnasium ad absurdum geführt wird, ne? Weil unser Auftrag ist ja, nur bestimmte Leute mitzunehmen, das ist nicht das, was wir unbedingt wollen würden, aber das ist unser Auftrag. Und parallel dazu sollen wir jetzt Leute mitnehmen, die sich noch weniger eignen in Anführungsstrichen als die, die wir wegschicken müssen. (Lehrkraft in Gruppendiskussion, Sekundarbereich II)

> Also nach den Anfangsschwierigkeiten, das waren halt viele Befürchtungen auch von den unterrichtenden Lehrern – Wie gehe ich denn mit dem Kind um! Oh Gott, oh Gott, ich weiß es gar nicht, ich habe das nicht gelernt! – ist es jetzt so, dass ich sagen würde, es läuft eigentlich ganz gut. Trotzdem könnte man den Anfang sicherlich runder gestalten, als das war. (Schulsozialarbeiterin im Einzelinterview, Sekundarbereich I+II)

> Also, ich habe jetzt beispielsweise grade ein Kind mit einer geistigen Beeinträchtigung in meiner Klasse, das war uns vor der Einschulung nicht bekannt, das kam jetzt im Zuge der Einschulung raus. Das Kind hat jetzt den Status, aber es gibt einfach keine Lehrer, die kommen können, also keine Förderschullehrer. Die braucht völlig andere Materialien als die, die wir hier an der Schule haben, die braucht ganz andere Hilfestellung, deswegen bin ich diesem ganzen Melden im Moment sehr zwiegespalten zugewandt.
> (Lehrkraft in Gruppendiskussion, Primarbereich)

All diese Interviewauszüge zeigen die vielfältigen Problematiken, Bedenken und Herausforderungen, aber auch Perspektiven, die mit der Umsetzung der hohen Ansprüche von Inklusion in Schule und dem nun möglichen Zugang in die Regelschule für alle verbunden sind. So kann es sich um Ablehnung seitens der Schule mangels Ressourcen, den Ausschlüssen aufgrund struktureller Maßgaben handeln, aber auch die Problematik betreffen, dass aus Unsicherheit alte (Zugangs-)Verfahren beibehalten werden. Vielleicht konnte Ihre Schule bereits die Frage klären, inwieweit die Zugangsbedingungen im Rahmen von Inklusion verändert werden müssten. Und vielleicht ist Ihre Schule auch bereits bei der Umsetzung der Barrierefreiheit darauf gestoßen, dass dabei nicht nur räumliche Aspekte wichtig sind, sondern ein barrierefreier und gleichberechtigter Zugang vielfältige Facetten und gesetzliche Grundlagen (wie UN-BRK, SGB XIII, BGG, AGG etc.) hat. Vielleicht arbeiten Sie auch an einem Gymnasium und stehen vor den (im vorherigen Beispiel benannten) gegensätzlichen Ansprüchen, einerseits nur bestimmte Kinder und Jugendliche mitnehmen zu sollen und nun zugleich für alle zugänglich zu sein. Gerade jenes Beispiel verdeutlicht, dass das deutsche Bildungssystem derzeit gegenläufige Tendenzen aufweist. Einerseits wird beispielsweise noch nach Schularten getrennt und gesondert gefördert, andererseits werden gleichberechtigte Teilhabe und gemeinsame Beschulung verlangt.

Gleichberechtigter Zugang oder selektive Aufteilung?

Die Frage, wie gleichberechtigt der Zugang zu und die Teilhabe an Bildungseinrichtungen sind, stellt nicht nur einzelne Schulen vor Herausforderungen, sondern rüttelt zudem an den Grundstrukturen des Bildungssystems. Der Ausschluss von Kindern mit Behinderung von regulären Schulen und die gesonderte Förderung dieser Kinder im deutschen Bildungssystem sind durch die Ratifizierung der Behindertenkonvention (UN-BRK) stark in die (internationale) Kritik geraten. Im aktuellen Bildungsreformversuch ist dabei Inklusion zum Schlagwort für eine heterogene(re) und gemeinsame(re) Bildung geworden, in der das WIR gestärkt und Separation minimiert werden soll. Auf der anderen Seite bestehen im Bildungssystem jedoch nach wie vor selektierende und separierende Routinen und Strukturen.

Besuchen in Deutschland zwar immer mehr Kinder und Jugendliche (mit und ohne Behinderungen) gemeinsam Kindertageseinrichtungen und Schulen, nimmt der Anteil der gemeinsamen Bildung aber mit zunehmendem Alter deutlich ab (→ Kap. 1.3). Und auch wenn sich bundesweit in den letzten Jahren die Anzahl der integrierten Gesamtschulen mehr als verdoppelt hat, bleiben die Zahlen der differenzierenden Schularten, d. h. vor allem der Gymnasien und Förderschulen weitgehend stabil (vgl. Autorengruppe Bildungsberichterstattung 2014; → Kap. 1.3). Gemäß dieser (statistischen) Betrachtung des Bildungssystem sollte man anstatt von »Vielfalt in der Schule« wohl momentan noch von einer »Vielfalt der Schulen« (Wocken 2014, S. 51) sprechen.

Die (statistisch erkennbaren) vorherrschenden separierenden Strukturen bzw. Routinen im Bildungssystem stehen dabei nicht nur im Widerspruch zu inklusiven Forderungen, sondern hemmen auch pädagogische Fachkräfte in der Schule inklusive Anforderungen umsetzen zu können. Vereinfacht gesprochen, könnte man das (alte) Bildungssystem mit einem Korsett gleichsetzen, das für Inklusion zu eng und zu starr ist. Spezifischer formuliert wird die Umsetzung des Inklusionsgedankens im Schulsystem deutlich durch eine äußere Differenzierung der Schüler*innen nach Schularten (interschulisch) oder nach alters- oder leistungsspezifischen Klassen (intraschulisch) eingeschränkt.

So zeigt sich bei den besuchten Schulen, dass Inklusion nicht per se abgelehnt wird, aber Lehrkräfte und andere pädagogische Fachkräfte entsprechende Bedingungen benötigen, um mehr inklusiv arbeiten zu können und sie bei der inklusiven Arbeit häufig noch an Grenzen stoßen. Sei es, weil sie nicht die Ressourcen haben, um sich der Aufgabe gewachsen zu sehen. Oder weil (wie im folgenden Beispiel) eine zielgerichtete Beschulung auf ein gemeinsames Klassenziel hin und eine gemeinsame Beschulung aller nur bedingt miteinander vereinbar sind.

> Also meine Empfehlung war, das habe ich der Mutter auch gesagt, auf jeden Fall das Kind an eine Förderschule zu geben. Man kann dann ja auch wieder zurückschulen irgendwann. Also ich habe gesagt, das Kind muss erstmal wirklich lernen sein Verhalten irgendwie auszubauen und hinzukriegen, also das ist wichtiger als jetzt fachlich zu lernen. Das kann grad kein Mathe lernen, schon gar nicht mit diesem familiären Hintergrund, wo da wirklich der Punk abging, auf gut Deutsch. (Schulsozialarbeiterin im Einzelinterview, Sekundarbereich II)

In diesem Beispiel wurde individuell abgewogen, was das Kind, aber auch was die Fachkräfte in der jeweiligen Struktur leisten können. Es zeigt sich dabei, dass die Beschulung des Kindes nicht per se abgelehnt wird, aber es (noch) nicht als fähig gesehen wird, einem fächer- bzw. lehrplanorientierten Unterricht in der Art und Weise zu folgen, wie es die bisherige Schulstruktur notwendig macht. Vielleicht stehen Sie oder andere an Ihrer Schule Tätigen ebenso vor der herausfordernden Frage, ob Sie einem Kind bzw. dessen Eltern eine entsprechende separate Beschulung empfehlen.

Dabei rüttelt nun Inklusion an den (alten) strukturellen Gegebenheiten und verweist auf grundlegende Fragen: Soll weiterhin die Gruppe der leistungsstarken Kinder und Jugendlichen gefördert oder doch eine Schule für alle gestaltet werden (Homogenisierung versus Vielfalt)? Und ist Letzteres das Ziel, wie soll mit der bisherigen Homogenität von Bildungszielen und Abschlüssen umgegangen werden?

Vielleicht arbeiten Sie auch an einer Schule, die sich angesichts der Forderung nach inklusiver Beschulung mit Ihren bisherigen Zugangsroutinen und -strukturen auseinandersetzt und dabei bemerkt hat, dass damit immer auch die Frage verbunden ist, wo die Grenze des Leistbaren gezogen werden soll.

Denn die Frage des gleichberechtigten Zugangs vor Ort wird auch von äußeren Faktoren mitbestimmt, wie beispielsweise bildungspolitischen Bestimmungen, die zuweilen ein enges Inklusionsverständnis beinhalten und demzufolge den Zugang und die Teilhabe nur von bestimmten Gruppen fördern.

Damit bestehen im Schulsystem somit weiter (alte) gegenläufige Dynamiken: Auf der einen Seite Tendenzen hin zur individuellen Betrachtung und Auflösung defizitorientierter Kategorisierungen, auf der anderen Seite herkömmliche Tendenzen der Sortierung der Vielfalt in z. B. »homogenen« Klassen, in denen alle das Gleiche leisten müssen (vgl. Schmidt 2015).

Gleichberechtigter Zugang nur für Kinder und Jugendliche mit Behinderung?

Die im Anfangsbeispiel und zumeist im Schulkontext vorgenommene Reduktion von Inklusion auf eine bestimmte Gruppe, meist auf Kinder und Jugendliche mit körperlichen Behinderungen, ist leider nach wie vor gängig, weicht aber zunehmend einem WEITEN VERSTÄNDNIS VON INKLUSION, auch an Schulen. Dies zeigt sich auch in unseren Interviews, da ein Blick rein auf Behinderung auch von unseren Gesprächspartner*in-

> Ein WEITES VERSTÄNDNIS VON INKLUSION bezieht sich gerade nicht nur auf Kinder und Jugendliche mit Behinderungen, sondern bezieht alle Menschen mit ihren vielfältigen, jeweils spezifischen Besonderheiten ein.

nen kritisch betrachtet wurde und damit einhergehende (neue) ausklammernde Tendenzen deutlich wurden:

> Also es gibt ja so eine klassische Zuordnung eigentlich, ne? Oder so eine feste Zuordnung, die wir hier auch haben, ne? Nämlich die Schüler, die kommen mit klassischen Behinderungshintergründen, wie nicht richtig sehen können oder nicht richtig hören können. Die werden tatsächlich inklusiv begleitet mit entsprechenden Fachleuten von außen und diesem Team, worüber wir gesprochen haben. Aus meiner Sicht ist aber diese Inklusionsidee viel früher anzusetzen. Also wir haben ja recht viele Kinder, die sogenannte ADHS- und ADS-Auffälligkeiten haben oder auch Kinder mit emotional-sozialen Störungen. Und ich sage, diese Kinder brauchen den inklusiven Gedanken mindestens genauso, wenn nicht sogar noch stärker. (Schulsozialarbeiterin im Einzelinterview, Sekundarbereich II)

Wie in diesem beispielhaften Ausschnitt deutlich wird, betreffen die Thematiken Zugang und Teilhabe in der Praxis deutlich mehr Unterschiede und Besonderheiten von Menschen als lediglich Behinderung. Vielmehr ist die Gruppe von Kindern und Jugendlichen mit Behinderung gegenüber anderen Besonderheiten in der Minderheit. So verständlich die Konzentration auf einen – vermeintlich offensichtlichen – Bereich wie Behinderung vor anderen Bedarfslagen wie sozial-emotionalen, migrationsbedingten, geschlechtlichen oder anderen Hintergründen ist, so kann dies zur weiteren Verstärkung von Stereotypen und Ausgrenzungen führen. Zudem birgt die Fokussierung auf einen Bereich wie Behinderung die Gefahr in sich, Inklusion und die Ermöglichung von Zugang auf die Beseitigung rein baulicher Hürden (wie die Installation von Fahrstühlen) zu reduzieren, während Sie sich als Schulsozialarbeiter*innen, Lehrer*innen und pädagogische Fachkräfte doch mit erheblich breiteren und weniger klar zu bearbeitenden Herausforderungen konfrontiert sehen.

Der Anspruch eines weiten Inklusionsverständnisses, das sich auf alle Menschen und deren Vielseitigkeit bezieht, stellt dabei alle Beteiligten in Schule vor eine enorme Herausforderung und Pädagog*innen – als durchzuführende Instanz – vor eine (beunruhigende) Mammutaufgabe. So befürchtet eine Gesprächspartnerin als Resultat einer Öffnung und des erweiterten Zugangs:

> Die Menge, die vielleicht kommt. Also das ist noch mal auch so ein bisschen so ein Gespenst. Das, was jetzt gerade so ist, das geht, das kriegen wir relativ gut hin, relativ gut. Das was wir jetzt haben, Hören, Sehen, das ist, glaube ich, für viele Kollegen noch nicht so schwer auszuhalten. Wir hatten eine Schülerin, die

> hatte hier ihr Abitur auch bei uns gemacht, die hatte ganz starke Krampfanfälle, die hat im Rollstuhl gesessen, und die hat hier supertoll durchgezogen bis dreizehn und hat so ganz besondere Bedingungen gehabt. Das war schon für die Kollegen, die in dieser Klasse gearbeitet haben, eine echte Herausforderung. Und diese Vorstellung, dass mehr von solchen Behinderungshintergründen auftauchen und mehr Mühe mit Konferenzen, mehr Mühe mit Elterngesprächen, mit diesen ganzen Sonderbedingungen. Ich glaube, das kann noch mal zu Unmut und Störungen führen. Also das ist so ein bisschen meine Befürchtung. (Schulsozialarbeiterin im Einzelinterview, Sekundarbereich II)

Es zeigt sich hier eine Angst und Befürchtung, die viele Schulsozialarbeiter*innen, Lehrkräfte und andere pädagogische Fachkräfte teilen, dass sie den kommenden vielfältigen Bedürfnissen nicht gewachsen sein könnten. Somit stellt sich für einige Schulen gar nicht mehr die Frage, ob Kinder und Jugendliche mit (körperlichen) Behinderungen aufgenommen werden sollten, sondern ob sie deren Bedürfnissen nachkommen können, die in den bisherigen üblichen Schulstrukturen und -routinen als sogenannte Sonderbedingungen bemerkbar wurden.

Für Schulen gilt es, auch das eigene Schulkorsett immer mehr zu lockern bzw. die Schulstrukturen dahin zu verändern, dass benannte Sonderbedingungen »normaler« werden. Dafür muss gegebenenfalls von bislang gewohnten Gestaltungen und Standards abgerückt, müssen neue Maßstäbe für die Vermittlung von Inhalten erarbeitet, aber auch neue Maßgaben für die Bewertung individueller Leistung gefunden werden.

Pädagogische Fachkräfte in Schulen benötigen dabei Unterstützung in Form spezifischer Information sowie vermehrtem Informationsaustausch mit anderen (pädagogischen) Akteur*innen, auch über die Grenzen der Schule hinaus.

Aufgabe 37: Sonderbedingungen normalisieren

Überlegen Sie für sich:
- Mit welchen Aufgaben außerhalb der Reihe bzw. Sonderbedingungen haben Sie sich in dieser Woche (oder in diesem Monat) beschäftigt?
- Wie haben Sie diese Aufgaben bearbeitet?
- Haben Sie sich kompetent im Umgang gefühlt?
- Wenn nicht, was wäre dafür notwendig gewesen?

Aufgabe 38: Sonderbedingungen normalisieren

Diskutieren Sie die Ergebnisse von Aufgabe 37 in der Gruppe:
- Finden Sie gemeinsame Aspekte?
- Welche Unterschiede finden sich?

Lassen sich daraus gemeinsame Maßnahmen ableiten, die Ihnen zumindest einen Teil der gesammelten Aufgaben außerhalb der Reihe bzw. Sonderbedingungen erleichtern?

Zugang schaffen – nur für Kinder und Jugendliche?

Der Blick der Fachkräfte in der inklusiven Schule sollte nicht nur auf die Kinder und Jugendlichen hinsichtlich Zugang und Teilhabe gerichtet werden, sondern auch auf andere (außer-)schulische Beteiligte. Bei dieser Personengruppe handelt es sich keineswegs um eine homogene Masse – auch hier bildet sich Vielfalt ab, die zu Barrieren im Zugang und dabei zur Ausgrenzung führen kann, sofern sie nicht beachtet wird.

Im Kontext der Menschenrechte wird ein inklusives Bestreben auf der gesamtgesellschaftlichen Ebene gedacht. Inklusion sollte somit nicht auf einzelne Gruppen, aber auch nicht auf einzelne Bereiche oder Zeitfenster (in Schule) reduziert werden. Die hohe inklusive Anforderung, individuelle Begabungen, Interessen, Fähigkeiten etc. anzuerkennen, sollte entsprechend für alle Beteiligten gelten. Neben Kindern und Jugendlichen mit anderen als einem sonderpädagogischen Förderbedarf (wie ADHS etc.) treten somit auch Eltern oder Mitarbeiter*innen in den Fokus der Anerkennung von Vielfalt:

> Und ich würde soweit auch gehen, dass ich von Inklusion in der Schule sprechen würde, wenn es schon Eltern beträfe. Also jetzt gerade aus Jahrgang Drei, Vier haben wir eine Mutter im Rollstuhl sitzen. Da ging es auch wieder um den Klassenraum. Wie erreicht diese Mutter, weil das wollte sie gerne, die Elternabende und so weiter? Dass halt der Klassenraum dann auch so gelegt wurde, dass die Mutter daran teilnehmen kann. (Lehrkraft in Gruppendiskussion, Primarbereich)

Gerade bei solchen Beispielen sollte Sensibilität dafür vorhanden sein, ob Eltern überhaupt teilhaben möchten. Im dargestellten Beispiel weist die Lehrerin explizit darauf hin, dass die Mutter teilnehmen wollte. Abgesehen von diesem Beispiel für bauliche Barrieren beim Zugang zu schulischen Veranstaltungen seitens der Eltern gibt es weitere Hindernisse, wie beispielsweise Schwierigkeiten beim Lesen oder Verstehen von Schulinformationen aufgrund anderer Sprachkenntnisse etc. (→ FP6 Teilhabe/Partizipation). Aber ebenso wie es wichtig ist, zu reflektieren, dass Nicht-Teilnahmen von Eltern nicht zwangsläufig auf Desinteresse zurückzuführen sind, ist zugleich zu bedenken, dass nicht jede Abwesenheit eine Barriere des Zugangs seitens der Schule als Ursache haben muss. Das Ziel ist demzufolge nicht, alle in das Schulhaus zu bekommen, sondern Schule so zu gestalten, dass allen der gleichberechtigte Zugang möglich ist.

Geht man von einem »weiten durch die Behindertenrechtskonvention der Vereinten Nationen gedeckten Verständnis von Inklusion aus und verbindet damit den Abbau von Teilhabebarrieren in der gesamten Bildungsbiografie eines Menschen, so gilt es, nicht nur den Blick auf Kinder und Jugendliche mit einem diagnostizierten ›Sonderpädagogischen Förderbedarf‹ zu richten« (Lau/Boller 2015, S. 19). Vielmehr sind gleichberechtigte Teilhabe und damit vor allem auch Zugänge übergreifende Ansprüche, die die Umgebung des Kindes als dessen Lebenswelt einbeziehen, was bedeutet, dass auch Eltern selbst sowie die Mitarbeiter*innen der Organisation in ihren Besonderheiten beachtet werden müssen. In Bezug auf die vielfältigen an Schule tätigen Professionen sind dabei nicht nur persönliche Belange zu betrachten, sondern vor allem auch Fragen bezüglich der (bisherigen) Arbeitsbedingungen sowie -strukturen zu stellen.

> Ja, und die Geschichte mit dem Sozialarbeiter im Rollstuhl ist natürlich Inklusion weitergedacht. Also wenn die Kinder nicht mehr in der Schule inklusiv beschult werden, sondern nachher im Arbeitsleben sind, soll das natürlich auch greifen. Aber das ist ja wie in einem anderen, allgemeinen Arbeitsprozess ja auch, wenn jemand in der Stadtverwaltung arbeitet und Rollstuhl fährt, dann müssten letztendlich da auch die baulichen Maßnahmen so sein, dass er

da arbeiten kann. Aber ich würde erstmal unter inklusiver Schule auch noch nicht so weit gedacht haben. (Schulsozialarbeiterin in Gruppendiskussion, Primarbereich)

Das angeführte Beispiel verweist darauf, dass bereits in der Auswahl der Mitarbeiter*innen auf Vielfalt geachtet werden sollte. Nicht nur, um Zugänge zu schaffen und Teilhabe zu ermöglichen, sondern auch, um Vielfalt abzubilden und bei den Kindern und Jugendlichen Offenheit, Toleranz und Umgang zu schulen. Zugleich aber muss auch bei Mitarbeiter*innen auf deren individuelle Voraussetzungen und Besonderheiten eingegangen und diese ge- und beachtet werden, um möglichst allen (nicht nur räumliche!) Zugänge zu ermöglichen.

Trotz bestehender Kategorisierungen bzw. Gruppenzuschreibungen (z. B. bei Klassen, Professionen, Adressat*innenkreisen etc.) ist es wichtig, durch pädagogische und organisatorische Maßnahmen für alle und in allen Einrichtungsbereichen einen gleichberechtigten Zugang auszubauen. Dabei geht es nicht um den Ausbau von individuellem Komfort oder darum, dass alle alles machen können oder sollen. Vielmehr geht es um die Zielsetzung und das grundsätzliche Bewusstsein, dass alle kommen, mitmachen und einbezogen werden könn(t)en. Dabei kann es hilfreich sein, seinen Blickwinkel einmal zu verändern, um Hürden (im Schullalltag für Schüler*innen oder Mitarbeitende oder in der Schulbürokratie für Eltern) zu erkennen, wie eine Sozialarbeiterin anregt:

> Wobei ich auch glaube, wenn erstmal improvisiert wird, dass das auch hilft, wirklich mitzudenken. Also wenn man so und so oft schon mal den Rollstuhl hochgetragen hat. Also ich glaube, dass man sich dann viel leichter noch mal reindenkt, wie viele Hürden tatsächlich da sind, die man sonst nicht mitkriegt, wenn alles schon eben ist. […] Man könnte sich ja auch mal ein paar Rollis beim DRK ausleihen und dann die Schüler mal fahren lassen. Mal gucken, wie das ist. Oder die Lehrkräfte. (Schulsozialarbeiterin in Gruppendiskussion, Primarbereich)

Aus menschenrechtlicher Perspektive geht es um den Grundsatz, Barrieren (im Gebäude und im Kopf) abzubauen, um Menschen (auch mit Behinderung bzw. Einschränkungen) eine unabhängige Lebensführung und Teilhabe – und dies beinhaltet zunächst vor allem den Zugang – in allen Lebensbereichen zu ermöglichen (vgl. UN-BRK Artikel 9 Abs. 1). Anerkennung von Vielfalt bedeutet damit nicht, es allen Recht machen zu wollen oder zu müssen, sondern, dass alle zu ihrem Recht (auf Bildung, Nichtdiskriminierung, Beteiligung etc.) kommen (→ **FP6** Teilhabe/Partizipation).

Mit Schulsozialarbeit als einem Handlungsfeld der Sozialen Arbeit, die unter anderem durch ein Interesse an sozialer Gerechtigkeit geprägt ist oder auch als Menschenrechtsprofession umschrieben wird (vgl. Baier 2016), kann am Ort Schule nicht nur die Einlösung der Menschen- und Kinderrechte gefördert werden. Vielmehr bietet sich auch in der gemeinsamen Diskussion über menschenrechtliche Bildung im Lebensraum Schule – auch über den Unterricht hinaus – die Möglichkeit, über ein umfassendes Bildungsverständnis sowie die Zusammenarbeit von Schule und Schulsozialarbeit nachzudenken und diese zu gestalten (vgl. Baier 2016).

Zugänge schaffen durch weniger Aussonderung?

Inklusion zielt aus menschenrechtlicher Perspektive auf einen allumgreifenden Paradigmenwechsel, um gleichberechtigte Zugänge für alle Menschen möglich zu machen. Damit sind pädagogische Fachkräfte gefordert, in der Praxis mit den Herausforderungen von Auflösungs- bzw. Neudefinierungsprozessen umzugehen. Zugleich aber verbindet sich damit auch ein Anspruch an die Ausbildungsinstitutionen, nachfolgende Fachkräfte auf diese Prozesse vorzubereiten und diese bzw. den Umgang mit diesen ergänzend zu ihrem bestehenden Curriculum aufzunehmen. Es gilt nicht nur, eine neue Perspektive einzunehmen, sondern auch mit (stetigen) Findungsprozessen von gleichberechtigten und anerkennenden Maßstäben in der Zusammenarbeit umzugehen. Gerade auf schulischer Ebene sind diesbezüglich noch einige Veränderungen notwendig, denn Forderungen von Inklusion stoßen auf strukturelle Hindernisse. Die angeführten Dilemmata und Irritationen können pädagogische Fachkräfte – gleichgültig welcher Berufsgruppe sie angehören – in der Schulpraxis nicht allein auflösen. Tatsächlich sind viele der benannten Problematiken auf übergeordneten Ebenen angesiedelt und erfordern ein Handeln mindestens der ganzen Schule, häufig aber auch der Politik, um äußere Differenzierung zu minimieren. Aber: Was ist vor Ort/im Rahmen von Schule machbar?

Auch Maßnahmen von innen/unten können bereits zu einer Umsetzung in Richtung einer inklusiven Schule beitragen – und vermutlich müssen sie das. Denn, wie sich zeigt, ist gerade die Umsetzung von Inklusion – also die umfassende Beteiligung und Teilhabe – auf ein verändertes Denken und Handeln sowie auf neue Sichtweisen angewiesen. Aspekte, die eben gerade nicht »von oben« befohlen werden können.

So regen Lau und Boller (2015, S. 33) beispielsweise für Gymnasien an, die in der Oberstufe erreichten qualifizierenden Abschlüsse (wie den Erwerb des schulischen Teils der Fachhochschulreife) ebenso wertzuschätzen und als Qualifikation zu betonen wie den Erwerb des Abiturs. Dieser Idee liegt der Gedanke zugrunde, Kinder und Jugendliche vor Ort, die vielleicht das Abitur nicht schaffen, zu ermutigen und an der Schule halten zu können.

Im »Index für Inklusion« (vgl. Booth und Ainscow 2002) wird weiterhin empfohlen, den AUSSONDERUNGSDRUCK zu minimieren. Eine Minimierung dieses Drucks kann dabei durch einen Abbau von Vergleichs- und Selektionsmaßnahmen geschehen, indem z. B. in der Schule das Sitzenbleiben abgeschafft, die Notenspiegel nicht herausgegeben werden oder die standardisierte Notengebung abgebaut wird (vgl. Wocken 2014). Weitere Möglichkeiten sind das »Führerscheinprinzip« und die »Zweite Chance« (Wocken 2014, S. 230). Beim »Führerscheinprinzip« melden Kinder und Jugendliche sich zu Arbeiten an, müssen diese allerdings nicht alle zur gleichen Zeit schreiben. Die »Zweite Chance« räumt Kindern und Jugendlichen die Möglichkeit ein, eine (verpasste) Arbeit zu wiederholen (vgl. Wocken 2014).

> AUSSONDERUNGSDRUCK wird in einem weiten Sinne verstanden und »bezieht sich auf alle zeitweiligen oder längerfristigen Drucksituationen, die an voller Teilhabe hindern. Schwierigkeiten, die zu Aussonderungsdruck führen, können auf der Beziehungsebene liegen, mit Unterrichtsgegenständen zu tun haben und aus dem Gefühl entstehen, nicht wertgeschätzt zu werden« (Boban/Hinz 2003, S. 11).

Maßnahmen wie das »Führerscheinprinzip« oder die »Zweite Chance« könnten dabei Möglichkeiten sein, in einem entwicklungsbereiten Kollegium beispielsweise erste Maßnahmen in einzelnen Fächern zu ergreifen und sich, wie es eine unserer Gesprächspartner*innen darstellt, grundsätzlich die Frage nach der Differenzierung von Leistung zu stellen. Jene Gesprächspartnerin führte dabei auch die (bekannte) Frage an, ob eine Notengebung nach gleichen Standards bei ungleichen Ausgangsbedingungen gerechtfertigt ist, und ob man denn nicht im Rahmen der jeweiligen Möglichkeiten der Kinder und Jugendlichen die Bewertung ansetzen muss (→ FP4 Werkzeuge).

> Was ist mit Notengebung? Zum Beispiel bei einem autistischen Kind? Kann man dem im Sozialverhalten ein D geben, ist das gerechtfertigt? Denn eigentlich im Rahmen seiner Möglichkeiten, ist die Frage, was können wir erwarten und wie können wir das bewerten? Mit einem Buchstaben oder einer Zahl? (Schulsozialarbeiterin im Einzelinterview, Sekundarbereich I)

Insbesondere können Schulsozialarbeiter*innen beim Vorhaben, Aussonderungsdruck zu minimieren und auf anderen Wegen Leistungen zu beurteilen, eine besondere Ressource darstellen bzw. Rolle einnehmen, da diese – im Gegensatz zur Lehrerschaft – vom Prinzip der Leistungsbeurteilung entlastet sind. So hält eine Lehrkraft fest:

> Ich halte Schulsozialarbeit für unverzichtbar, weil wir jemand brauchen, der nicht unter diesem inhaltlichen Druck steht. Dass jemand außerhalb des Systems ist, der genau diese Dinge auch abfangen kann und auch die Zeit hat und auch aus diesem Benotungssystem raus ist und auch für die Kinder eine gewisse Neutralität hat. (Lehrkraft in Gruppendiskussion, Sekundarbereich I)

So können Schulsozialarbeiter*innen, entlastet vom Leistungsdruck, viele Maßnahmen anbieten, wie AGs und Projekte, in denen sich Kinder und Jugendliche, aber auch Eltern und Mitarbeiter*innen ganz ihren Fähigkeiten nach einbringen können, wie beispielsweise Theater- oder Zirkusprojekte (→ **FP6** Teilhabe/Partizipation). Ein weiteres Beispiel für eine Maßnahme ist, dass dem Ankommen in schulische Routinen oder Strukturen (nach Bedarf) mehr Raum gegeben wird. So beschreibt eine Schulsozialarbeiterin:

> Da denke ich wieder, was wir oft probieren, den Druck rauszunehmen bei diesen Kindern, egal ob das jetzt sprachliche Probleme oder sozial-emotionale Probleme sind. Dass man da den Druck rausnimmt und ihn erstmal ankommen lässt […]. Dass da der Schwerpunkt liegen würde und wenn er angekommen ist und durch spielerische Situationen mit anderen Kindern und so weiter, das System kennengelernt hat, dass man dann an die Noten oder an fachliche Inhalte gehen kann. (Schulsozialarbeiterin in Gruppendiskussion, Primarbereich)

Und natürlich können Schulsozialarbeiter*innen gerade im Bereich des sozialen Miteinanders in besonders vielfältiger Weise tätig werden, so in Streitschlichterausbildungen, Mediator*innenschulungen oder Sozialtrainings (→ **FP6** Teilhabe/Partizipation):

> Ich biete vor Schulstart auch ein Sozialtraining an. Das heißt ›Mit der kleinen Raupe den Gefühlen auf der Spur‹, bei dem es eigentlich darum geht, die Kinder kennenzulernen, die Kinder lernen mich kennen. Wir machen dieses Training, bei dem sie nach und nach die Grundgefühle kennenlernen an der Geschichte einer kleinen Raupe, und dann gibt es halt auch immer Aufgaben dazu. Und das dient auch dazu, dass ich ein bisschen einen Blick dafür habe, wie gehen die an Aufgaben ran, lassen die sich was sagen, lassen sie sich überhaupt darauf ein, wie gehen sie miteinander um, muss man da vielleicht noch mal ein bisschen nachbessern? (Schulsozialarbeiterin im Einzelinterview, Primarbereich)

Wie das Beispiel zeigt, können Schulsozialarbeiter*innen bezogen auf Zugänge auch für einen besseren oder erleichterten Übergang zwischen Kindergarten und Schule eine große Hilfe für alle Beteiligten darstellen. Schulsozialarbeiter*innen können dabei helfen, dass Kinder persönlich, frei von Einordnungen durch Atteste oder Gutachten kennengelernt und hinsichtlich ihrer jeweiligen Besonderheiten eingeschätzt werden können.

Der Übergang zu einer inklusiven bzw. für alle offenen Schule stellt eine Herausforderung dar, die Schulen noch lange beschäftigen wird. Welche Herausforderungen solch ein Paradigmenwechsel (hin zur Schule für alle) mit sich bringt, haben wir in Teilen aufgezeigt (→ Kap. 2) und dennoch stellt dies nur einen kleinen Auszug dessen dar, womit sich Akteur*innen in der Praxis konfrontiert sehen (werden). Die gegenläufigen Tendenzen im Bildungssystem – also einerseits Separation, Standardisierung oder Homogenisierung und andererseits die Anerkennung von Vielfalt, Individualität und Teilhaberechten – werden Beteiligte in Schule wohl noch länger vor widersprüchliche Anforderungen stellen. Und obwohl die einzelne Schule verschiedene Möglichkeiten hat, äußere Differenzierung zu minimieren, wie beispielsweise durch
- Reduzierung von Aussonderungsdruck (im Unterricht, auf der Beziehungs- oder Gefühlsebene),
- Erarbeitung von flexiblen und partizipativeren Lerninhalten und Bewertungsmöglichkeiten,
- Erkennung und Minimierung von Selektionsmechanismen (Noten, Zurückstufung, Etikettierung etc.),
- Umgestaltung zur Gesamtschule und die Wertschätzung der bestehenden Abschlüsse,

sollen diese Beispiele nicht darüber hinwegtäuschen, dass auch ein von oben vorgenommener Abbau äußerer Differenzierungen unabdingbar ist.

Welche Herausforderungen eine Entwicklung hin zu einem inklusiven Bildungssystem mit sich bringen, ist kaum überschaubar, sie werden jedoch Beteiligte an Schule vor Grundsatzfragen stellen, die nicht im Nebenbei geklärt oder verändert werden können.

Versteht man einen gleichberechtigten Zugang und ein gleichberechtigtes Miteinander im Kontext von Schule mit der Anerkennung von individueller Vielfalt und dem Abbau von Selektion, sind vor allem folgende Auswirkungen denkbar. In einer Entwicklung hin zu einem inklusiven Bildungssystem
- verliert die spezielle Förderung von bestimmten benachteiligten Gruppen ihre Berechtigung.
- verlieren leistungs- und altersspezifische Klassen die Funktion der Homogenisierung und gleichgeschalteten Zielorientierung.

- verlieren standardisierte Lernvorgaben und Methodenanwendung an Bedeutung.
- verlieren standardisierte Abschlussbelege und zielgleiche Lernkontrollen ihre Vergleichsberechtigung.
- vervielfältigen sich Organisationsstrukturen.
- verlieren standardisierte Prognosen der Schulkarriere ihre Wichtigkeit.
- verlieren bestimmte Schularten ihre separierende Funktion bzw. spezifischen Zielgruppen.

All diese Veränderungen führen in der Folge dazu, dass pädagogische Fachkräfte in unterschiedlichen Schularten einerseits mit Veränderungs- und Auflösungsprozessen konfrontiert werden, sich andererseits aber zugleich den Herausforderungen von Neudefinierungs- und Findungsprozessen stellen müssen – als Person und als Organisation (→ **FP8** Organisationsentwicklung).

> **Aufgabe 39: Offenheit und Aussonderung betrachten**
>
> Überlegen Sie für sich:
> - Welche Personen können nicht in Ihre Schule kommen, auch wenn sie wollten? Wo sehen Sie Problematiken des Zugangs an Ihrer Schule (für Kinder, Jugendliche, Eltern, Mitarbeiter*innen etc.)?
> - Schreiben Sie bitte auf, nach welchen Maßstäben Sie Menschen einsortieren (müssen). Mit welchen Vergleichs- und Selektionsinstrumenten arbeiten Sie? Wie würden Sie diese gern ändern?
> - Wenn Ihre Schule eine Schule für alle werden soll, welche (neuen) Aufgaben müsste Ihre Schule angehen? Welche Konsequenzen hätten diese auf Ihre Arbeitsaufgaben und -weise?

Aufgabe 40: Eine Schule für alle erdenken

Beantworten Sie im Team die folgenden Fragen. Arbeiten Sie dabei zunächst die vielfältigen Sichtweisen heraus. Im zweiten Schritt können sie ggf. gemeinsame (Teil-)Zielsetzungen erarbeiten oder Ihre individuellen Bestrebungen festhalten. Wenn Ihre Schule eine Schule für alle werden soll:
- Welche anerkennenden Zugangskriterien bräuchten Sie? Wie, wann und von wem könnten Sie die dazu nötigen Informationen erhalten?
- Welche umfassenden anerkennenden Unterscheidungsmerkmale und -bezeichnungen bräuchte Ihre Schule?
- Welchen (neuen) Aufgaben sollte Ihrer Meinung nach Ihre Schule nachkommen?
- Welche Konsequenzen hätte dieses (neue) Aufgabenverständnis Ihrer Schule für Ihre Arbeitsaufgaben und -weisen?

Tragen Sie gern auch undenkbare oder unrealisierbare Antwortideen zusammen, manchmal entstehen dadurch die innovativsten (Zukunfts-)Ideen!

Aufgabe 41: Hindernisse des Zugangs reflektieren

- Überlegen Sie sich je ein mögliches Hindernis für den Zugang von Kindern und Jugendlichen, Erwachsenen und Angestellten.
- Betrachten Sie Ihre Beispiele und überlegen Sie sich mögliche Lösungsansätze.
- Diskutieren Sie die Ergebnisse in der Gruppe!

Sehen Sie sich nun die von Ihnen angeführten Aspekte an. Haben Sie beispielsweise »Klassen« als Beispiel für homogene Gruppen, die Zugänge erschweren können, notiert? Hinterfragen Sie diese Aspekte im Kontext »Eine Schule für alle«. Natürlich ist es nicht möglich, alle Kinder gemeinsam in einem großen Lehrer*innenteam in der Turnhalle zu unterrichten, aber vielleicht gibt es Zeitfenster/Fächer, in denen zumindest zeitweise diese Struktur aufgebrochen werden kann ...?

Fokuspunkt 6:
Teilhabe und Partizipation ausbauen

> Elternbeteiligung ist noch ein großer Punkt, der dann dazukam. (Schulsozialarbeiter im Einzelinterview, Primarbereich)

> Teilhabe und Partizipation aller! – Ein wirklich toller Slogan und grundsätzlich haben wir da im Kollegium sicher alle nichts dagegen. Aber es stellen sich dabei doch einige Fragen, wie das im Fall unserer Schülerschaft und sowieso in Bezug auf ihre Eltern auszusehen hat. Irgendwie ist mir gar nicht klar, was wir da noch mehr machen sollen. Schließlich sind die Kinder und Jugendlichen doch automatisch mit einbezogen und was die Eltern angeht, haben wir einen gewählten Elternrat, der sich je nach Wunsch und Bedarf einbringen kann, und bei Festen machen die Eltern auch mal ein paar Stände oder backen Kuchen. Und dann hatten wir ja letztes Jahr auch einen Flohmarkt auf dem Schulgelände. Also sind sie ja einbezogen. – Gut, es sind zwar immer die gleichen Eltern, die mitmachen und sicher würde man gerade die anderen Eltern gern öfter zu Gesicht bekommen. Aber so ist das nun einmal. Wir können ja auch niemanden zwingen, da zu sein oder mitzumachen.
> Also Partizipation der Eltern und Partizipation der Kinder wird natürlich auch großgeschrieben. (Schulsozialarbeiter im Einzelinterview, Primarbereich)

So oder ähnlich könnte die Reaktion auf eine Forderung nach mehr Teilhabe und Partizipation von Schüler*innen, vor allem aber auch Eltern aussehen. Sicher ist niemand daran interessiert, Kindern das Gefühl zu geben, sie hätten nichts zu sagen. Und auch den Wunsch nach mehr Teilhabe und Präsenz von Eltern als wichtig(st)en Teil des Lebens von Kindern äußern die meisten befragten Pädagog*innen.

Was heißt das in Bezug auf die Schüler*innenschaft? Und welche Rechte haben eigentlich Schüler*innen und Eltern? Bedeutet Partizipation nur, dass Schüler*innen Klassensprecher*innen wählen, Eltern an Elternabenden teilnehmen, sich vielleicht als Elternvertretung und in Schulgremien wählen lassen sowie bei Schulfesten Kuchen backen und Schüler*innen bei der Schulhofgestaltung Mitspracherechte haben? Oder geht es um mehr? Die UN-Kinderrechtskonvention legt z. B. ein umfassendes Modell von Partizipation und Teilhabe vor, das sich auch auf Bildungsinstitutionen bezieht und deutlich weitreichender ist.

📖 Welche Rechte und Pflichten für Beteiligung und Partizipation an Schule für Schüler*innen und Eltern jeweils bestehen, ist in den verschiedenen Schulgesetzen der Länder nachzulesen. Für Berlin sind dies für die Schüler*innenschaft beispielsweise § 4 Grundsätze für die Verwirklichung, § 46 Rechte und Pflichten der Schülerinnen und Schüler, § 47 Informationsrechte der Schülerinnen und Schüler und der Erziehungsberechtigten, § 48 Veröffentlichungen, Meinungsfreiheit der Schülerinnen und Schüler, Werbung zu politischen Zwecken, § 49 Gruppen von Schülerinnen und Schülern, § 83 Aufgaben der Schülervertretung, § 84 Sprecherinnen und Sprecher der Schülerinnen und Schüler, § 85 Gesamtschülervertretung, Schülerversammlungen. Daneben gelten aber für alle Bundesländer gleichermaßen die bürgerlichen Grundrechte der Gleichbehandlung nach Art. 3 GG, der freien Meinungsäußerung nach Art. 5 GG, der Versammlungs- und Koalitionsfreiheit nach Art. 8 GG und der Bestimmungsrechte von Erziehungsberechtigten in Art. 6 GG und 7 GG.

Drei-P-Model der Kinderrechtskonvention der Vereinten Nationen (UN) (Fegert/Schröer/Wolff 2017, S. 16)

»Die Konvention über die Rechte des Kindes wurde am 20.11.1989 von der UN-Generalversammlung beschlossen. Sie enthält insgesamt 54 Artikel, die völkerrechtlich verbindliche Mindeststandards zum Wohle von Kindern und Jugendlichen im Alter von 0 bis 18 Jahren festlegen. Die Artikel werden in drei Gruppen von Kinderrechten untergliedert: Protection, Provision und Participation, was auch als Drei-P-Model bezeichnet wird (vgl. dazu: http://www.national-coalition.de/).

Schutzrechte = Protektion: Schutzrechte vor Gewalt, Missbrauch und Vernachlässigung, das Recht auf Kenntnis der eigenen Abstammung und das Recht auf Leben – bspw. Art. 6, 8, 19, 32, 33, 34 etc.

Förderrechte = Provision: Förderrechte auf bestmögliche Gesundheit und soziale Sicherung, auf Bildung und Freizeit – bspw. Art. 24, 25, 26, 27, 28 etc.

Beteiligungsrechte = Partizipation: Rechte, die die Subjektstellung des Kindes betonen, wie Informations-, Mitwirkungs-, Anhörungs- und Beteiligungsrechte in allen Kinder betreffenden Angelegenheiten – [sic] bspw. Art. 12, 13 etc.«

Diese Kinderrechtskonvention macht deutlich, dass es um mehr geht als nur Beteiligungsrechte, sondern auch Förderrechte und insbesondere Schutzrechte, wie sie beispielsweise in Schutzkonzepten gegen sexualisierte Gewalt zum Ausdruck kommen.

📖 Schutzkonzepte
Weitere Informationen zu Schutzkonzepten, welche Faktoren für deren Gelingen entscheidend sind und welche sich in der Praxis bewährt haben, finden Sie hier:
- Wolff, Mechthild/Schröer, Wolfgang/Fegert, Jörg M. (2017) (Hrsg.): Schutzkonzepte in Theorie und Praxis. Weinheim: Beltz Juventa.

Rechtliche Verankerungen sind aber nur die eine Seite, Teilhabe und Partizipation müssen auch ermöglicht werden. Kinder und Jugendliche haben ein Recht darauf und dafür bedarf es nicht nur gemeinsamer Feste, sondern auch Zugänge, zudem einer Klärung über Teilhabe- und Partizipationsrechte sowie einer gemeinsamen Gesprächskultur und eines gemeinsamen Verständnisses auf unterschiedlichsten Ebenen, wie wir im Folgenden zeigen werden.

Teilhabe und Partizipation im Kontext von Inklusion

> Wir haben so eine Kultur [...]. [Das Thema] geht jetzt in eine Arbeitsgruppe [...] und diese Arbeitsgruppe stellt dann der Schulgemeinschaft was vor, und dann wird das diskutiert bei den Schülern und bei den Lehrern und bei den Eltern, und dann geht es erst in eine pädagogisch-didaktische Konferenz und von da aus erst auf die Gesamtkonferenz. (Schulsozialarbeiter in Gruppendiskussion, Sekundarbereich I+II)

Folgt man einem solchen Verständnis von Teilhabe und Partizipation, wird noch einmal mehr deutlich, dass es um mehr geht als – plakativ gesagt – Klassenabstimmungen und Kuchen backen. Es geht um eine tatsächliche Gestaltung von (inklusiver) Schule unter Einbezug aller Beteiligten.

Zu den Beteiligungsformen, in denen sich ein Klima der Beteiligung etablieren kann, gehören die folgenden (vgl. angelehnt an Wolff/Hartig 2013):
- *Individuelle Beteiligungsformen:* Das sind Dinge, die den/die einzelne*n Schüler*in ganz persönlich betreffen, wie z. B. Information und Beratung, schulische oder berufliche Planung, Beeinträchtigung oder Behinderung, Freizeit- und Ausgangsregelungen, Beschwerden etc.
- *Alltägliche Beteiligungsformen:* Hier geht es um die Beteiligung in Gruppen, wie z. B. regelmäßige oder spontane Gespräche oder Diskussionen, gemein-

same Absprachen zu Gruppenregeln, Arbeits- oder Essensplänen, Freizeitplanung etc.
- *Punktuelle Beteiligungsformen:* Hiermit sind auf einen kurzen Zeitpunkt angelegte Beteiligungsformen oder Aktionen gemeint, wie z. B. schriftliche Befragungen von Eltern und Schüler*innen, Wahlen, Sprechstunden, Kinder- und Jugendfragestunden etc.
- *Projektbezogene Beteiligungsformen:* Hierunter fallen alle Aktionen, an denen sich Schüler*innen und Eltern für eine bestimmte Sache für einen begrenzten Projektzeitraum von der Planung bis hin zur Umsetzung beteiligen können, wie z. B. ein Wettbewerb, ein Turnier, eine Kunstaktion, die Raum- und Außengestaltung etc.
- *Offene Beteiligungsformen:* Dazu gehören Schüler*innen- und Elternversammlungen, Runde Tische oder Planungsversammlungen zu einem bestimmten Thema etc.
- *Repräsentative Beteiligungsformen:* Hierzu zählen die Beteiligung von Schüler*innen in und durch gewählte Vertreter*innen in Gremien, wie z. B. Schüler*innenrat, Klassensprecher*innen, Elternvertretungen etc.
- *Medienorientierte Beteiligungsformen:* Hier wirken Schüler*innen und Eltern z. B. an der Gestaltung von Publikationen, wie Schulzeitungen, Internetseiten, Videofilmen etc. mit.

Darüber hinaus ist grundlegend, dass die unterschiedlichen Beteiligungsformen durch ein gemeinsames Verständnis von Inklusion gerahmt werden, das schriftlich und vertraglich festzuhalten ist. Grundlegende Regeln bzw. Prinzipien können Schüler*innen z. B. in adressat*innengerechter Form zur Verfügung gestellt werden. Auch für Eltern sind eine umfangreiche Information und die Schaffung einer Verständnisgrundlage für eine zielführende Zusammenarbeit – gerade in Bezug auf Inklusion – enorm wichtig (→ **FP3** Kooperation).

Ergänzend kann für die Eltern eine Bestimmung in Form eines gemeinsamen »Vertrages« eine Lösung sein, auf den sich beide Seiten bei Bedarf berufen können:

> Elterngespräche finden mit den Lehrkräften fast täglich auf dem Flur unten statt. Manchmal auch unten da im Foyer, wenn man ein bisschen mehr Ruhe haben möchte. […] Elternsprechtage machen wir zwar auch, ist eigentlich überflüssig, eine Viertelstunde da mal was zu erzählen. Aber das ist auf jeden Fall hier so Usus und auch gewünscht, also das unterschreiben mir auch die Eltern quasi im Schulvertrag. Ein gehöriges Maß an Engagement, da gehört das auch mit

zu. [...] Ist eine sehr offene Atmosphäre, die auch mal erlaubt zu sagen, wir verstehen das eigentlich nicht, wie Sie das machen, erklären Sie uns das doch mal. (Schulsozialarbeiter im Einzelinterview, Primarbereich)

Allerdings zeigt sich am Beispiel dieser – als inklusive Schule ausgewiesenen – Privatschule, dass auch mit Schulvertrag und vermeintlicher Klärung eines gemeinsamen Verständnisses von »inklusiver« Schule und dessen, was dies für den oder die Einzelne*n sowie das gemeinschaftliche Arbeiten daran bedeuten kann, dennoch Irritationen und Probleme im Schulalltag auftreten können.

Es fühlt sich dann immer anders an, wenn man das erlebt, als wenn man's vorher unterschrieben hat – Sie betreten jetzt eine Inklusive Schule. So nach dem Motto, ich habe hier die und die Verpflichtungen, oder ich möchte mich da gern engagieren. Wenn man das dann zwei-, dreimal erlebt hat, auch mal jemand festhalten zu müssen, weil es nicht anders geht, bevor er sich was antut, dann sieht das ein bisschen anders aus. Da leiten sich dann auch für mich wieder Aufträge ab, ich habe da auch schon Elternseminare gegeben zu solchen Thematiken. (Schulsozialarbeiter im Einzelinterview, Primarbereich)

Ohne hier auf die angesprochene Problematik eines derartig »tätig werdenden« Einbezugs der Eltern einzugehen, zeigt sich doch deutlich, wie bedeutsam nicht nur eine anfängliche Klärung, sondern auch eine fortlaufende Abstimmung des gemeinsamen Verständnisses und dessen, was dies für den oder die einzelne auch im eventuellen Fallgeschehen bedeutet oder bedeuten kann, ist.

Daher ist es keine Lösung – so schön dies wäre – die Eltern über die Menschenrechtsabkommen der Vereinten Nationen, im Speziellen die UN-Behindertenrechtskonvention zu informieren, einmal zu erklären, was Inklusion bedeutet, sich auf deren Verständnis und Einsicht zu verlassen und zu glauben, mit einer Unterschrift des Einverständnisses einer Zusammenarbeit in diesem Sinne sei alles getan.

Sicher haben Sie den meisten Eltern gegenüber einen gewissen Expert*innenvorsprung, was das Thema Inklusion angeht, dennoch haben auch Expert*innen blinde Flecken. Es sollte in jedem Fall Offenheit herrschen, die Grundlagen (auch wiederholt) zu erklären und gemeinsam zu erarbeiten, aber auch sich als Expert*in irritieren zu lassen und flexibel auf Kinder, Eltern und die jeweiligen Bedürfnisse vor Ort zu reagieren. Denn klar ist: Keine Schule ist gleich, kein Kollegium, keine Elternschaft und auch keine Schüler*innenschaft!

Partizipation und Teilhabe bedeuten ein gemeinsames Agieren und Weiterentwickeln auf Augenhöhe unter Einbezug möglichst vieler Beteiligter. Es geht darum, ein gemeinsames Verständnis einer Schule von und durch alle zu schaffen. Elterliches Engagement ist dabei ein unverzichtbarer Bestandteil, beispielsweise in Form eines Schulelternrates, der auch aktiv mitgestaltet und in seinem Wirken ernst genommen wird:

> Wir haben einen sehr aktiven Schulelternrat und die sind natürlich auch in der Gesamtkonferenz sogar stimmberechtigt. Auch deutlich mehr als an Schulen üblich. (Schulsozialarbeiterin in Gruppendiskussion, Sekundarbereich I+II)

Allerdings verweisen gerade Gremien wie ein Schulelternrat auf einen Aspekt, der häufig beklagt wird: Es sind aus Sicht der Schule in der Regel immer die gleichen Eltern, die sich engagieren, während man manche Eltern gern sehen würde, die sich aber vermeintlich nicht beteiligen möchten.

Partizipation und Teilhabe von Eltern – »Manche wollen ja nicht«

> Ich finde ja immer gut, wenn man die Eltern mit ins Boot holt. Und zum Beispiel Angebote hier in der Schule macht, für die Eltern auch zum Ankommen. Aber das ist mein Wunsch – ich weiß überhaupt nicht, ob das machbar wäre so oder gewollt ist – aber ich finde [wichtig], dass man die Schule ein bisschen öffnet und die Eltern auch mit teilhaben […], weil es in ganz vielen andern Kulturen ganz unüblich ist, dass sich Eltern einmischen oder überhaupt in die Schule gehen, sondern die geben ihre Kinder da ab, und die sollen dann machen und kümmern sich nicht weiter darum. Also in der Hoffnung, die Eltern auch mehr miteinzubeziehen und eventuelle Schulängste abbauen zu können oder gar nicht erst aufkommen zu lassen, sondern die mit reinzunehmen, durch zum Beispiel Sachen wie Elterncafés oder Deutsch als Zweitsprache hier direkt in der Schule. (Schulsozialarbeiterin in Gruppendiskussion, Primarbereich)

Häufig wird unter Lehrer*innen, aber auch anderen pädagogischen Fachkräften die Klage laut, dass gerade jene Eltern, mit denen der Kontakt zum Wohl des Kindes wichtig wäre, eher selten den Weg in die Schule finden und der Austausch sich schwer gestaltet oder gar nicht erst zustande kommt. Daher gibt es oft auch keine Kenntnisse darüber, was der Grund für die vermeintlich fehlende Motivation auf Elternseite ist. Wie im Eingangsbeispiel kann es sich unter Umständen auch um kulturell bedingte, unterschiedliche Verständnisse oder unterschiedlichste Ängste handeln. Dabei können vielfältige Gründe vorliegen, wobei ein Teil derer auch in unzureichend geschaffenen Zugängen für Eltern liegen und Lehrer*innen, Schulsozialarbeiter*innen sowie andere Fachkräfte sich immer bewusst machen müssen, dass inklusive Schule nicht nur die Schüler*innen betrifft, sondern bei den Eltern beginnt.

Erschwernisse sind z. B. in Bezug auf räumliche Zugänge oder körperliche Einschränkungen denkbar, die hier zu Hindernissen führen. Ohne diese Einschränkungen und die damit verbundenen Erschwernisse bagatellisieren zu wollen, sind diese jedoch in gegenseitigem Austausch von Eltern und pädagogischen Kräften noch verhältnismäßig einfach lösbar, indem beispielsweise der Elternsprechtag in einen anderen Raum verlegt oder bei einem taubstummen Elternteil ein*e Übersetzer*in hinzugeholt wird. Wichtig aber ist überhaupt erst einmal die Kommunikation und gerade hier hakt es häufig.

Nicht immer liegt es an der fehlenden Motivation der Eltern oder daran, dass sie sich nicht beteiligen möchten, wenn sie den Kontakt mit der Schule scheuen. So sind Eltern vielleicht gehemmt, Einschränkungen zum Thema zu machen und sich damit an die Schule bzw. eine Lehrkraft zu wenden. Ebenso kann sich dieses Problem auf die Sprache beziehen, wenn Eltern oder das Elternteil, das sich vor allem um die Kinder kümmert, nicht der in der Einrichtung gängigen Sprache mächtig sind. Hürden dieser Art können sich sogar summieren.

Umso wichtiger ist eine Schulkultur, die den Eltern von Anfang an signalisiert, wie sehr alle willkommen sind, und die Lösungsmöglichkeiten für eventuelle Hürden bereits aufzeigt, ohne dass diese von den Eltern an die Schule herangetragen werden müssen. Es braucht niedrigschwellige Möglichkeiten der Kontaktaufnahme, sodass Eltern auch alltäglich einen Platz in der Schule finden.

Natürlich können dabei nicht sämtliche eventuell auftretenden Problematiken angesprochen werden, aber unterschiedliche Szenarien von Seiten der Schule aufgezeigt werden. Dabei kann das Kollegium auf seinen Erfahrungsschatz zurückgreifen, aber auch die Elternschaft kann einbezogen werden, um elterliche Bedürfnisse und Anliegen einzubeziehen und so eine erste – aber sicher wachsende – Grundlage zu schaffen.

> **Aufgabe 42: Partizipation und Teilhabe von Eltern betrachten**
>
> Diskutieren Sie über die Partizipation und Teilhabe von Eltern an Ihrer Schule! Leitende Fragen dabei können sein:
> - Welche Anlässe und Formen der Begegnung zwischen Eltern und Schule existieren bei uns bzw. sind generell denkbar?
> - Welche strukturellen oder anderweitigen Hürden und Hemmnisse können wir uns denken oder sind uns für unsere Schule bereits bekannt?
> - Wie können wir den Eltern von Beginn an signalisieren, dass alle angespro-

> chen und willkommen sind? Was wären Bausteine für die Schaffung einer »Willkommenskultur«?
> - Wie können wir Eltern transparent über Inklusion informieren und gemeinsam in Richtung »Inklusive Schule« gehen?
> - Wie könnte eine Feedback-Kultur für beide Seiten aussehen und wie wollen wir diese erarbeiten?

Ein paar erste Ideen für Lösungsangebote könnten sein:
- Eine transparent gestaltete Internetseite mit Fotos des Kollegiums (mit Namen), damit Interessierte die Personen bereits vorher sehen und zuordnen können
- Informationen (sowohl im Internet als auch in Papierform) nach Möglichkeit in mehreren Sprachen
- Zeit zu Beginn des Schuljahres, um mit allen Eltern ins Gespräch zu kommen und diese kennenzulernen, bevor Probleme auftreten
- Online-Sprechtage und Kontaktforen
- Einrichtung eines Elternstammtisches

Kritik sollte nicht nur erlaubt, vielmehr sogar erwünscht sein. Nur auf diese Weise fühlen sich Eltern in der Zusammenarbeit auch tatsächlich einbezogen und wertgeschätzt. So sollten diese nicht nur als Expert*innen für ihr Kind gesehen werden, sondern auch als Partner*innen in der gemeinsamen Gestaltung der Erziehungs- und Bildungspraxis, die durchaus auch kritisches Feedback geben dürfen und können.

> Je nachdem, was da nicht so klar ist, sind die Eltern ja diejenigen, die am besten Bescheid wissen und die darüber erzählen können, was ihr Kind kann und welche Probleme es gibt. (Lehrkraft in Gruppendiskussion, Primarbereich)

> Wo wollen wir hin, auch mit den Eltern zusammen. Was wünschen die sich, was das Kind innerhalb von vier Jahren lernen soll. (Förderlehrkraft in Gruppendiskussion, Primarbereich)

Die befragten Personen im Forschungsprojekt verweisen darauf, dass viele Möglichkeiten im Alltag des Unterrichtens häufig nicht wahrgenommen werden und die Elternbeteiligung vielfach auf den Freizeitbereich reduziert wird:

> Ja, also Inklusion war die ersten Jahre eben gar kein Thema, das fing an 1990/91, da gab es die Schule ja schon fünfzehn Jahre, und in den ersten fünfzehn Jahren

war der Schwerpunkt eigentlich der Freizeitbereich, also wirklich Betreuung in den Pausen, in den Mittagsfreizeiten, so Wahlangebote am Nachmittag. Und ja, da gibt es eben ganz unterschiedliche Angebote, Sport, Kreativangebote, ausgefallener Sprachunterricht oder weiß der Teufel. Also war sehr viel von den Eltern mitbetreut, anfangs sowieso, weil die Elternmitarbeit an der Schule sehr, sehr viel mehr [war] als es jetzt ist, aber dieser Bereich war eigentlich der wesentliche sozialpädagogische Bereich. (Schulsozialarbeiterin im Einzelinterview, Sekundarbereich I+II)

Daneben ist die Einbindung der Eltern im Rahmen von Schulfeiern ein gängiges Modell bzw. der meistgenutzte Ansatz, Eltern an Schule partizipieren zu lassen:

Dass wir die Eltern mit ins Boot holen müssen, also über, was weiß ich, vielleicht auch Schulfeiern. Also jetzt keine Adventsfeier natürlich, aber ein Sommerfest, ein Frühlingsfest, ein Flohmarkt. (Lehrkraft in Gruppendiskussion, Primarbereich)

Dabei sollte gerade im Kontext von Inklusion und der Idee einer gemeinsam gestalteten inklusiven Schule darüber hinausgedacht werden. Hierfür finden sich in den von uns betrachteten Schulteams durchaus Ideen für Möglichkeiten einer deutlich über den Freizeitbereich und die Schulfeiern hinausreichenden Beteiligung von Eltern:

Mal zu zweit in eine Klasse gehen, so was, ja? Einfach mal ausprobieren, Eltern mit reinholen. Es gibt genug Eltern, die einen pädagogischen Hintergrund haben, warum nicht? (Schulsozialarbeiter im Einzelinterview, Primarbereich)

Die pädagogische Qualifikation von Eltern zu nutzen, wie im Beispiel angeführt, wird nicht überall möglich und sinnvoll sein. Das erfordert einen sensiblen Umgang, aber auch Grenzsetzung seitens der Fachkräfte.

Aufgabe 43: Eltern mit Besonderheiten einbeziehen

Lesen Sie die folgende Fallschilderung einer Schulsozialarbeiterin:
»Wobei ich unter uns dann noch spannend finde, wie weit wären wir für Inklusion bereit, die Leute einzustellen, zum Beispiel wenn sich eine Mutter bereit erklärt, zum Beispiel bei der Bücherei hier auszuhelfen, die aber selber vielleicht auch ein bisschen eingeschränkt ist und die Bücher vielleicht gar nicht selber alle lesen könnte, aber den Ausleihprozess vielleicht hinbekommen würde.« (Schulsozialarbeiterin in Gruppendiskussion, Primarbereich)

Ganz spontan: Würden Sie die Mutter mit dieser Aufgabe betrauen?
- Welche Bedingungen müssten Ihrer Meinung nach für eine Einstellung erfüllt sein?
- Finden sich in Ihrer Berufs- oder Ausbildungspraxis ähnliche Fälle? Wenn ja, wie wurde in diesen gehandelt? Was könnte besser/anders laufen?

Aufgabe 44: Eltern mit Besonderheiten einbeziehen

a) Überlegen Sie sich jeweils zu zweit einen Fall wie in Aufgabe 43 und stellen Sie diesen den anderen vor.
b) Diskutieren Sie in der Gruppe/im Plenum notwendige Bedingungen sowie ein mögliches Vorgehen in den einzelnen Fällen!

Partizipation und Teilhabe von Schüler*innen

> Ich kann den aber keine Streitschlichtung führen lassen, das ist so ein abstraktes Vorgehen, das ist ganz schwierig, und ich sitze jetzt da und überlege, wo kann ich den, wo kann ich den da gebrauchen, sodass er das Gefühl hat, da bin ich auch wichtig? Ich kann ihn nicht Schriftführer machen lassen, weil er ganz dolle Probleme beim Schreiben hat, und das sind aber, glaube ich, die Sachen, die Herausforderungen, vor denen man steht, sich da auch ein bisschen von wegzubewegen. (Schulsozialarbeiterin im Einzelinterview, Sekundarbereich I)

In diesem Beispiel zeigt sich, dass auch bei der Beteiligung von Kindern und Jugendlichen eine Balance gefunden werden muss zwischen dem, was geleistet werden kann, und dem, was der- oder diejenige gern einbringen möchte. Nicht jede*r kann alles gleichermaßen leisten, zugleich besteht aber auch die Gefahr zu unter- oder überschätzen und den- oder diejenige/n seiner oder ihrer Motivation, sich zu beteiligen, zu berauben. So ist gerade hier wichtig, die Ziele der Schule auch den Schüler*innen von Beginn an transparent zu machen und ihnen ihrem Alter und/oder ihren Fähigkeiten entsprechend Partizipation und Teilhabe zu ermöglichen. Zunächst ist zu prüfen, welche Form und Stufe von Beteiligung ermöglicht wird (→ Abb. 9).

Die Beteiligung von Kindern und Jugendlichen findet nach Wolff und Hartig (2013) – je nach Themenfeld – auf unterschiedlichen Stufen statt. Dies ist aber je nach Umsetzung deutlich variabel. So ist die Gestaltung von Projekttagen beispielsweise von der Stufe der reinen Teilhabe bis hin zur Stufe der Selbstbestimmung denkbar.

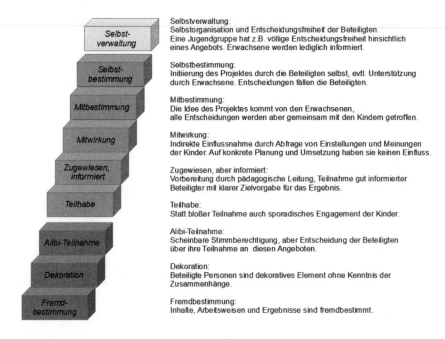

Abbildung 7: Stufen der Beteiligung nach Wolff/Hartig 2013, S. 21 f.

Aufgabe 45: Beteiligung von Schüler*innen ermöglichen

- Betrachten Sie unterschiedliche Kontexte an Ihrer bzw. generell in Schule, an denen Schüler*innen sich beteiligen und einbringen können, und prüfen Sie, welcher Stufe der Beteiligung nach Wolff und Hartig (2013) diese Möglichkeiten der Schüler*innen jeweils zuzuordnen sind.
- Diskutieren Sie, inwieweit es möglich wäre, hier jeweils höhere Stufen der Beteiligung zu erzielen.

In den Einzel- und Gruppeninterviews ergaben sich unterschiedlichste Vorschläge zur Partizipation und Teilhabe von Kindern und Jugendlichen an Schule, von denen wir hier ein paar als Inspiration aufgreifen möchten. Gerade die Ganztagsschule, die mehr zum Lebensraum für die Schüler*innen werden soll, kann Formen der aktiven Beteiligung anbieten, die zugleich zu einer größeren Identifikation mit der Schule führen können. So ist je nach Schule eine gemeinsame Planung und Gestaltung von Räumen, aber auch von »Events« denkbar. Disco, Teeraum, Spielezentrale etc. Vor allem Schüler*innen werden hier vermutlich spannende Dinge einfallen, die gemeinsam besprochen, abgestimmt und gegebenenfalls umgesetzt werden können.

> Dann gibt es eine Disco, die wird in den Mittagsfreizeiten aufgemacht, von Schülern betreut. Also Schüler können dann bei uns so eine Schulung kriegen, und da gibt es immer welche, die das total klasse finden und dann da den DJ machen. Und es gibt noch eine Teestube, da können wir vielleicht nachher einfach auch nochmal reingucken, das sind beides recht große Räume. Also Teestube ist eben ein ganz ruhiger Raum mit Sofas und Sesseln. Eher so ein Rückzugsraum, wo auch für die Schüler, die da reinkommen, klar ist: Hier wird nicht getobt. Und dann gibt es das Café, wo wir gerade waren und davor die Spielezentrale, wo eben alle möglichen Spiele ausgeliehen werden können. (Schulsozialarbeiterin im Einzelinterview, Sekundarbereich I+II)

Aber auch im Unterricht oder im Rahmen außerunterrichtlicher Angebote ist es möglich, mehr auf individuelle Stärken und Bedürfnisse von Schüler*innen einzugehen und ihnen Mitspracherecht und Gestaltungsräume einzuräumen. So beschreibt eine von uns interviewte Schulsozialarbeiterin unterschiedliche Formen von AGs, die sie betreut, die es den Schüler*innen ermöglichen, ihre jeweiligen Fähigkeiten und Fertigkeiten einzubringen und sich in anderen Bereichen auszuprobieren:

> Ich selber mache Impro-Theater und Schwarzlichttheater. Also Impro-Theater im Wahlunterricht und Schwarzlichttheater als AG, und für mich ist das auch so ein Raum, den ich Schülern gebe, die sich nicht so richtig trauen. Also grad Schwarzlichttheater, auf die Bühne zu gehen, weil sie, ja, einfach Scheu haben gesehen zu werden und auch sich auszudrücken, sich sprachlich auszudrücken und die so im wahrsten Sinne des Wortes im Dunkeln arbeiten können, und die aber ganz großen Spaß haben an der Kreativität, also so ein Stück mitzugestalten, ein Bühnenbild zu entwickeln und auch zu spielen und hinterher dann, wenn das Licht angeht, sich auch zu zeigen, in der Gruppe geschützt, und das ist ganz toll. (Schulsozialarbeiterin im Einzelinterview, Sekundarbereich II)

> Zirkus ist auch so ein Bereich, wo auch genauso wieder einfach Nischen entstehen für Kinder, die sich gern ausprobieren wollen, die auch bewegungsmäßig was machen möchten, aber meinen, sie sind im Sport eigentlich gar nicht gut, die da aber plötzlich merken, ich kann tatsächlich auf so einer Laufrolle laufen,

und ich kriege das hin, und ich kriege sogar gute Rückmeldungen, und Zirkus hat ja echt so vieles, ne? Also da gibt es diese Geschicklichkeitsdinge, die da abgefragt sind, man kann irgendwie was Clowneskes machen, man kann stark in Akrobatik sein, man kann einfach auch in der Entwicklung eines Bühnenprogramms ganz stark auch mitarbeiten, man kann, wenn man merkt, okay, das ist doch nicht so toll, sich als Techniker irgendwo herausstellen und sagen: Ich mache hier euer Licht, und ich mache die Musik. Also ganz ganz viel Nischen, die sich da entwickeln, und die meisten Kinder, die das machen, bleiben auch echt eine Weile dabei und das stärkt auf jeden Fall auch das Selbstwertgefühl. (Schulsozialarbeiterin im Einzelinterview, Sekundarbereich II)

Wichtig für (inklusive) Schule, aktive Beteiligung und ein bedeutsames Ziel ist aber auch, dass Schüler*innen im Schulalltag lernen, füreinander Verantwortung zu übernehmen. Auch hier finden sich im Forschungsprojekt eine Reihe von Anregungen, insbesondere im Rahmen von durchgeführten Projekten für höhere Jahrgänge, wie die Mediator*innen-Ausbildung oder die Patenschüler*innen-Konzepte.

Wir machen richtig eine umfassende Ausbildung und lassen die Schüler dann über ein Jahr als Schülermediator arbeiten. Also die müssen richtig Praxis machen, die müssen mediieren, auch an unseren Reflexionstagen teilnehmen, wo dann darüber gesprochen wird, was haben sie für Erfahrungen gemacht in der Mediation. Aber was haben sie auch für Erfahrungen gemacht überhaupt im Umgang mit den Klassen, wie haben sie Ideen umgesetzt, die wir mit ihnen erarbeiten, zum Beispiel zum Thema »faires Miteinander«. Da machen wir mit den Mediatoren so ein kleines Training, und sie sollen sozusagen ihre eigenen Trainingserfahrungen und die Übungen mit ihren Klassen auch umsetzen und gucken, also wie ist die Wirkung, was passiert. (Schulsozialarbeiterin im Einzelinterview, Sekundarbereich II)

Auf diese Weise agieren die Schüler*innen nach einer ersten Anleitung in verantwortlicher Position. Darüber hinaus sind erweiterte Formen der Beteiligung in Form demokratischer Partizipation je nach Jahrgang denkbar: Kinderkonferenzen, deren Beschlüsse oder Vorschläge auch Eingang in die Gesamtkonferenz finden, sowie weitere Gremien der Schüler*innenschaft, beispielsweise für Jahrgänge, die sich dann für ihre Bedarfe und Jahrgänge eigene Regeln erarbeiten können.

Und ja ein zweiter ist eben, dass jeder Jahrgang eigentlich sehr viel Autonomie hat. Es gibt tatsächlich auch diesen Begriff Jahrgangsautonomie, also jeder

Jahrgang kann sich innerhalb der Schulregeln auch eigene Regeln geben. Zum Beispiel, in der ersten Pause müssen alle raus. Das kann ein Jahrgang beschließen, und dann ist das so, und da redet auch keiner rein. (Schulsozialarbeiterin im Einzelinterview, Sekundarbereich I+II)

Natürlich gibt es ganz klar Bereiche, in denen die demokratische Beteiligung von Kindern und Jugendlichen in Schule an ihre Grenzen stößt. Es kann jedoch Raum geschaffen werden, um bis zu einem gewissen Maß selbstbestimmtes Lernen und Arbeiten zu ermöglichen. Möglich wären beispielsweise Arbeitsraumkonzepte, in die sich Schüler*innen bei Bedarf zurückziehen können, wie dies in einem Interview beispielhaft thematisiert wurde:

In meiner alten Schule gab es so einen Raum […] zwischen zwei Klassenräumen […] da konnte man sich auch hin zurückziehen, wenn man extra arbeiten wollte. Also auch die Kleinen. Wenn es mir zu laut ist, kann ich mal eben da weiterarbeiten. Kein Problem, weil es war alles super verglast, die ganze Front, man konnte also von dahinten sehen, der sitzt da noch und arbeitet oder so. (Schulsozialarbeiterin im Einzelinterview, Sekundarbereich II)

Haben Schüler*innen die Freiheit, selbst zu entscheiden, wann sie diesen Raum für konzentriertes Arbeiten benötigen, werden sie dennoch in ihrem Tun kontrolliert und die mitgenommene Arbeit ist in der Regel an den Inhalten der Bildungspläne und Curricula orientiert. Dies verweist auf die Grenzen der demokratischen Partizipation von Kindern und Jugendlichen an Schule, da diese nach wie vor einen Erziehungs- und Bildungsauftrag verfolgt, welcher bestimmten Vorgaben folgt.

Er hat sich hingesetzt und gesagt, also er braucht kein Französisch […], weil er wird ja später mal das und das werden, dafür braucht man kein Französisch, er macht jetzt einfach mal keinen Französischunterricht, und da kann man lange drüber diskutieren dann. Also so, ne? Also das ist ja klar, das können Sie sich ja vorstellen, wenn Sie dann, siebenundzwanzig Schüler waren es, glaube ich, oder achtundzwanzig in der Klasse haben, da ist keine Zeit dann so lange solche Gespräche zu führen. (Schulsozialarbeiterin im Einzelinterview, Sekundarbereich II)

Bestimmte ungeliebte Unterrichtsfächer müssen besucht werden. Bei Lehrplan und Fächerauswahl stößt Partizipation an ihre Grenzen. Doch finden sich zahlreiche weitere Bereiche, bei denen Schüler*innen beteiligt werden, ihnen Raum zur eigenen Gestaltung und damit zum Üben von Mitbestimmung und Mitverantwortung gegeben werden können.

Die besondere Rolle des/der Schulsozialarbeiter*in

Zusammenfassend bleibt festzuhalten, dass der Schulsozialarbeit bei der Elternbeteiligung eine grundlegende Rolle zugewiesen werden kann (vgl. Werthern 2017). Während die Lehrkraft in erster Linie über das Kind mit den Eltern kommuniziert und häufig leistungs- und verhaltensbezogen informiert und argumentiert, können Schulsozialarbeiter*innen losgelöst vom Leistungsdruck mit den Eltern ins Gespräch kommen. Gerade Eltern, die aus unterschiedlichen Gründen selten die Schule besuchen und nur bei problematischem Verhalten oder Auffälligkeiten des Kindes mit der Lehrkraft in Kontakt kommen, könnten durch Schulsozialarbeiter*innen anders angesprochen werden. Während die Lehrkraft für Eltern mitunter negativ besetzt ist, als jene Person mit der man nur über Konflikte und Probleme ins Gespräch kommt, können Schulsozialarbeiter*innen jene Personen sein, die die Eltern auf der Ebene der gemeinsamen Tätigkeit ansprechen oder auf deren Mithilfe oder Kompetenzen rekurrieren.

Zudem können über Elternabende hinaus gemeinsam gestaltete offenere Räume – wie z. B. ein Elterncafé – Möglichkeiten geschaffen werden, noch einmal anders in Gespräch zu kommen und sich abseits von problembehafteten Settings zu begegnen. Hierfür braucht es Transparenz der Arbeit und Informationen über Beteiligungsmöglichkeiten für Eltern. Neben dem generellen Vorhandensein eines Konzeptes, kann die eigene Arbeit beispielsweise auf der Homepage für Eltern und andere aktuell und einsehbar gehalten werden.

> Das ist also auch für Eltern zum Beispiel ganz interessant, da nachzulesen, an wen sie sich so wenden können. (Schulsozialarbeiterin im Einzelinterview, Sekundarbereich I+II)

Neben dem Interesse und der Beteiligung der Eltern kann auch dies unterstützend für den Zugang zu Schule generell wirken (→ FP5 Zugänge). Eltern erfahren, welche Aufgaben Schulsozialarbeiter*innen haben, und bei welchen Anliegen sie sich an welche Ansprechpartner*innen wenden können. Somit können Schulsozialarbeiter*innen unter Umständen Türöffner für Eltern sein, die sich gern an die Schule wenden würden, bisher aber noch nicht den oder die richtige/n Ansprechpartner*in gefunden haben.

Auf der Ebene der Kinder und Jugendlichen können Schulsozialarbeiter*innen ebenfalls Zugänge finden. Zum einen können sie Angebote schaffen oder bei der Schaffung unterstützend tätig sein, die es Kindern und Jugendlichen ermöglichen, teilzuhaben und ihre Fähigkeiten ganz nach persönlichem Wunsch, Können und Selbstvertrauen einzubringen. Zum anderen können sie Projekte initiieren, die eine demokratische Partizipation von Schüler*innen ermöglichen, indem diese entweder füreinander Verantwortung übernehmen und/oder sich in Konferenzen/Gremien engagieren. Darüber hinaus können sie Ansprechpartner*in und Mittler*in sein und so entweder Bedarfe von Schüler*innen direkt bearbeiten oder diese gegebenenfalls weitervermitteln.

Aufgabe 46: Als Schulsozialarbeiter*in konkret tätig werden

Aus den Interviewauszügen lassen sich zusammenfassend die folgenden Aspekte festhalten, bei denen Schulsozialarbeit als »Entwicklungshelfer*in« für die Beteiligung von Eltern und Schüler*innen aktiv werden kann:
- Kontaktaufbau und Arbeit mit Eltern, losgelöst von Problemen und eventuell auch vom einzelnen Kind
- Angebote für Kinder, losgelöst von Leistungsorientierung
- Ansprache und Bestärkung der Kinder bzgl. ihrer (Mit-)Verantwortung für Schule
- Stärkung und Sicherung persönlicher Rechte und Beteiligungsrechte von Schüler*innen
- Anwaltschaft von Kindern, Eltern und Lehrer*innen

a) Je nach Schule und der dortigen Rolle der Schulsozialarbeit – fallen Ihnen noch weitere Bereiche ein, in denen Schulsozialarbeit für die Beteiligung von Schüler*innen und Eltern tätig werden kann?
b) Diskutieren Sie, neben den im Fließtext benannten Beispielen, weitere konkrete Umsetzungsmöglichkeiten, die sich unter den fünf benannten Punkten finden lassen.

Fokuspunkt 7:
Klima der Anerkennung schaffen

> Ja, und eben ganz wichtig der Punkt, wie offen ist die Klassenlehrerin, wie offen ist sie, so jemanden zu übernehmen und die Mehrarbeit, die da dranhängt. Das kann genauso innerhalb kürzester Zeit den Bach runtergehen, wenn das jemand ist, die sagt, ich will das nicht. [...] Ich möchte, dass dieses Kind aus dem Unterricht rausgeht und eben nur auf dem Flur sitzt, das stört unseren Ablauf, der macht komische Geräusche, der knirscht mit den Zähnen oder weiß der Geier was. Also selbst wenn jetzt die Rahmenbedingungen stimmen, die Klassenlehrer müssen zum Teil einfach ihre innere Haltung ändern. Und so sehr wie wir das alle zum Teil doof finden, dass es sich nun geändert hat, es hat sich nun mal geändert, und man kann sich längerfristig nicht dagegen wehren. (Förderlehrkraft in Gruppendiskussion, Primarbereich)

> Haltung ist wichtig, das wäre für mich die inklusive Schule oder Inklusionsschule, wo eine Haltung einfach da ist, wo klar ist, wir gehören hier alle zusammen, egal ob der eine nur ein Bein hat oder eine andere Sprache spricht, oder was weiß ich nicht was. (Schulsozialarbeiterin in Gruppendiskussion, verschiedener Schulformen)

Die beiden Auszüge aus Gruppendiskussionen unseres Forschungsprojekts zeigen: Schulsozialarbeiter*innen machen in der Praxis die Erfahrung, dass eine inklusive Schule nur gelingen kann, wenn bei den Akteur*innen eine positive Einstellung gegenüber Inklusion und der Öffnung von Schule für alle Schüler*innen vorherrscht. »Auf die Haltung kommt es an!« – so das Credo der beiden zitierten Schulsozialarbeiter*innen. Selbst wenn die »Rahmenbedingungen stimmen«, die Gestaltung einer Schule nach dem Leitbild der Inklusion steht und fällt mit der Einstellung und Haltung der Lehrkräfte sowie anderer schulischer Akteur*innen. Dies unterstreicht, dass die derzeit in der öffentlichen Diskussion deutlich im Vordergrund stehende Ressourcenfrage nicht die einzige Gelingensbedingung für die Realisierung einer inklusiven Schule ist. Alle schulischen Akteur*innen sind im Austausch und in der Eigenreflexion angehalten

- positive Einstellungsveränderungen gegenüber Inklusion bei Lehrkräften, Schulsozialarbeiter*innen und anderen an der Schule tätigen Berufsgruppen anzuregen,
- bei Studierenden die Herausbildung einer offenen Haltung gegenüber dem Umgang mit Heterogenität zu unterstützen,
- Schulen so zu gestalten, dass ein Klima der Anerkennung herrscht.

Einstellungen, Werte und Überzeugungen sind mit persönlichen Erfahrungen verknüpft und sind somit tief verwurzelt und nur langfristig veränderbar. Heyl und Seifried (2014) konnten nachweisen, dass das Vorhandensein von beruflichen und/oder privaten Erfahrungen mit Menschen mit Behinderung einen positiven Einfluss auf die Einstellung zu Inklusion hat und zwar sowohl bei Lehrkräften als auch bei Eltern (vgl. Heyl/Seifried 2014). Vorbehalte bei den Akteur*innen (insbesondere bei den Lehrenden) sind dennoch nachvollziehbar, denn sie verweisen auf zentrale Herausforderungen und offene Fragen (vgl. Greve et al. 2014): Kann ich das als Lehrkraft überhaupt leisten? Woher bekomme ich die Informationen, um zu wissen, wie ich die verschiedenen Schüler*innen bestmöglich unterstützen kann? Ist die Klassengemeinschaft darauf vorbereitet, unterschiedlichste Formen von Einschränkungen und Förderbedarf zu integrieren? Wie können Kinder mit Einschränkungen bzw. Förderbedarf akzeptieren und verarbeiten, dass anscheinend alle anderen Kinder fast alles besser können als sie selbst? Ist die inklusive Schule tatsächlich für alle Kinder förderlich? Lernen Kinder an Regelschulen besser? Wie kann eine gerechte Bewertung, die sich nicht an gleichen Kriterien orientiert, umgesetzt werden? Wie schaffen wir es, dass sich alle Kinder an der Schule wohlfühlen? Diese Fragen sind sicherlich zentral und die darin mitschwingende Skepsis hat möglicherweise auch ihre Berechtigung, denn vielfach liegen hier noch keine Antworten auf der Basis belastbarer empirischer Befunde vor.

Für das Gelingen des (bildungs-)politischen Projekts Inklusion scheinen eine positive Haltung gegenüber Inklusion und die Überzeugung, dass Inklusion gelingen kann, zentral zu sein, nur dann sind Pädagog*innen bereit sich zu engagieren und bei der Umsetzung in ihren Organisationen mitzuwirken. Zugleich müssen aber auch Antworten auf die oben aufgeworfenen Fragen auf der Grundlage eigener Erfahrungen gefunden werden. Aber auch dies geht nur, wenn man sich auf das Experiment zunächst einlässt und praktische Erfahrungen macht, die zu positiven Einstellungsveränderungen bei den beteiligten Akteur*innen beitragen können.

Sich auf das Experiment ›Gestaltung inklusiver Bildungsinstitutionen‹ einlassen, bedeutet aber auch, dass von Anfang an bestimmte Rahmen- und Realisierungsbedingungen sowie Unterstützungsstrukturen geschaffen werden müssen, um das Projekt Inklusion nicht zu gefährden. Auf der Grundlage von Studien aus England macht Werning (2014) auf einen zentralen Aspekt aufmerksam, der inklusive Schule auszeichnet: Hier zeige sich eine Schulkultur, in der auf den Aufbau einer Gemeinschaft Wert gelegt wird, man sich gegenseitig respektiert und wertschätzt und ein Klima der Anerkennung herrscht. Dies gelte sowohl für Lernende und Lehrende als auch für Eltern und andere schulische Akteur*innen. Vor dem Hintergrund dieser Erkenntnisse wurde von Booth und Ainscow (2002) der *Index for inclusion* (→ Kap. 1) entwickelt, der auf drei Ebenen bei der Gestaltung eines Entwicklungsprozesses zur inklusiven Schule ansetzt: inklusive *Kulturen* schaffen, inklusive *Strukturen* etablieren und inklusive *Praktiken* entwickeln. Da Fragen der Anerkennung insbesondere die vorhandene Kultur in einer Bildungseinrichtung betreffen, wird hier die Dimension »Inklusive Kulturen schaffen« von Boban und Hinz (2003) aus dem Index für Inklusion dargestellt:

Index für Inklusion

»Dimension A: Inklusive KULTUREN schaffen
Bereich A.1: Gemeinschaft bilden
Bereich A.2: Inklusive Werte verankern
Diese Dimension zielt darauf, eine sichere, akzeptierende, zusammenarbeitende und anregende Gemeinschaft zu schaffen, in der jede(r) geschätzt und respektiert wird – als Grundlage für die bestmöglichen Leistungen aller. Hier sollen gemeinsame inklusive Werte entwickelt und an alle neuen KollegInnen, SchülerInnen, Eltern und Mitglieder der schulischen Gremien vermittelt werden. Diese Prinzipien und Werte innerhalb inklusiver Schulkulturen sind leitend für alle Entscheidungen über Strukturen und Alltagspraktiken, so dass das Lernen aller durch einen kontinuierlichen Prozess der Schulentwicklung verbessert wird. Eine inklusive Schulkultur wird getragen von dem Vertrauen in die Entwicklungskräfte aller Beteiligter und dem Wunsch, niemanden je zu beschämen« (Boban/Hinz 2003, S. 15).

Ein Klima der Anerkennung erhöht das Wohlbefinden aller an der inklusiven Schule Beteiligten und fördert zudem die kognitive und soziale Entwicklung bei allen Schüler*innen – so lassen sich die derzeitigen Befunde zur Frage nach den Wirkungen inklusiver Bildung nach Horstkemper und Tillmann (2016) zusammenfassen.

Inklusionsbezogene Einstellungen

In der aktuellen Inklusionsforschung ist die Bedeutung einer positiven Einstellung von Lehrkräften gegenüber Inklusion wiederholt nachgewiesen worden (vgl. Heinrich/Urban/Werning 2013). So zeigt sich, dass jene Lehrkräfte einen qualitativ höherwertigen und effektiveren Unterricht in inklusiven Lerngruppen realisieren können, die das Unterrichten von Kindern und Jugendlichen mit besonderem Förderbedarf als Teil ihrer professionellen Rolle ansehen (vgl. Rix et al. 2006). Vermutlich trifft das auch auf andere pädagogische Berufsgruppen zu: Wenn ich den Umgang mit Heterogenität als zentrale Bedingung und Zielsetzung meines beruflichen Handelns akzeptiere und positiv wertschätze, dann bin ich möglicherweise auch erfolgreicher bei der Gestaltung inklusiver Settings.

Auch bei den befragten Schulsozialarbeiter*innen wird wiederholt darauf aufmerksam gemacht, dass für das Gelingen von Inklusion und die Gestaltung einer Schule für alle Kinder die Einstellung bzw. Haltung maßgeblich ist:

> Als Inklusive Schule muss man das machbar machen, und das ist mir auch total wichtig, dass klar ist, [dass] auch ein Kind, das Schwierigkeiten in dem Bereich hat, hier total willkommen [ist], und auch dieses Kind wollen wir hier aufnehmen und unterrichten und fördern. (Schulsozialarbeiterin im Einzelinterview, Sekundarbereich I)

Natürlich müssen Schulen, wie bereits unter **FP1** diskutiert, sehen, in welchem Verhältnis sie Schüler*innen aufnehmen und Klassen zusammensetzen können, um sowohl den Kindern und Jugendlichen als auch ihrem Auftrag gerecht zu werden (→ **FP5** Zugänge). Vielmehr handelt es sich hier um die grundsätzliche Einstellung, hinzukommenden und bereits anwesenden Kindern und Jugendlichen gegenüber, dass jede und jeder in seiner Eigenheit willkommen ist und dass diese Haltung auch entsprechend transportiert wird.

> **Aufgabe 47: Eine positive Haltung gegenüber Inklusion entwickeln**
>
> Und das Witzige bei Inklusion ist halt, dass es diese Supertheorie und den Index für Inklusion gibt, viele so wirkliche *hard facts,* dass Inklusion aber eigentlich diese Einstellung ist und diese Haltung. Und ich denke, im Studium gibt es das Modul Professionelle Identitätsbildung, da muss Inklusion rein, und da muss man ganz klar sagen, ihr müsst diese Haltung für euch entwickeln. (Schulsozialarbeiterin im Einzelinterview, Sekundarbereich I)

- Stimmen Sie mit den Aussagen der Schulsozialarbeiterin überein? Kommt es auf die Einstellung bzw. Haltung an?
- Wie ließe sich aus Ihrer Sicht »diese Haltung« bereits im Studium vermitteln?
- Wenn Sie Ihre Einstellung gegenüber Inklusion betrachten – welche persönlichen und beruflichen Erfahrungen haben hierzu beigetragen?

Anerkennung als Zielperspektive für Schulentwicklung und Schulsozialarbeit

Die Schaffung eines Klimas der ANERKENNUNG ist ein wichtiges Thema, insbesondere auch für die Schulsozialarbeit. Generell ist es für diese schon immer ein wichtiges Thema, das allerdings im Kontext von Entwicklungen wie Ganztagsschule noch einmal andere und größere Anforderungen an die Gestaltung außerunterrichtlicher Räume stellt. Die Kinder und Jugendlichen verbringen nicht nur längere Zeit in der Schule, sondern auch mehr Zeit jenseits des Unterrichts.

Das Zusammenkommen von Kindern und Jugendlichen mit sehr unterschiedlichen Lernvoraussetzungen, Fähigkeiten, Hintergründen und Erfahrungen in der Schule macht ein Klima der Anerkennung unumgänglich, um Entwicklungs- und Lernprozesse für alle zu gestalten. So sollten aber nicht nur Lehrkräfte und andere pädagogische Fachkräfte sowie sonstige Mitglieder eines Schulteams dafür sensibilisiert werden,

> Auf philosophische Ansätze der ANERKENNUNG wird in Diskussionen um Inklusion bzw. Behinderung immer wieder Bezug genommen (z. B. Prengel 2006, Katzenbach 2010). Anerkennung als Akt der Zustimmung und Wertschätzung gilt als wichtige Ressource für eine gelingende Identitätsbildung und für die soziale, rechtliche und politische Inklusion von Individuen oder Gruppen in die Gesellschaft. Im Anschluss an Honneth (1994) werden dabei drei Formen unterschieden: Liebe/Fürsorge, Respekt und soziale Wertschätzung.

dass alle Menschen Defizite, zugleich aber auch besondere Fähigkeiten mitbringen können, sondern vor allem auch Kinder und Jugendliche lernen, jeden in seiner Andersartigkeit mit all seinen Stärken und Schwächen anzuerkennen und ihm bzw. ihr offen zu begegnen. Dabei ist nicht immer nur an Menschen mit Beeinträchtigungen zu denken, dies kann ebenso im Falle von Hochbegabung notwendig sein.

Zentral für die Umsetzung eines Klimas der Anerkennung ist es, statt der Defizite und Schwächen vielmehr die individuellen Stärken zu betonen. Zudem kann hier ein Zusammenschluss und gemeinsames Wirken von Lehrer*innen, Eltern, anderen pädagogischen Fachkräften, aber auch – und vielleicht vor allem – der Sozialarbeit große Chancen bieten.

> **Aufgabe 48: Die inklusive Kultur an der Schule analysieren**
>
> Der Index für Inklusion bietet ein sehr ausdifferenziertes Instrumentarium, um an Schulen die momentane Situation zu analysieren, Reflexionsprozesse anzustoßen und zur gemeinsamen Planung nächster Schritte zu ermutigen, um einem Selbstverständnis und der Praxis einer »Schule für alle« näher zu kommen.
>
> Bearbeiten Sie als Team Ausschnitte aus den Fragekatalogen (vgl. Boban/ Hinz 2003) zum Bereich »Inklusive Kulturen schaffen« gemeinsam und regen Sie damit einen Austausch- und Verständigungsprozess an, um einzuschätzen, wie weit ihre Schule bereits auf dem Weg hin zu einer inklusiven Einrichtung gekommen ist.

Die deutsche Übersetzung zum Index für Inklusion ist abrufbar unter:
- http://www.eenet.org.uk/resources/docs/Index%20German.pdf

Angebote von Schulsozialarbeiter*innen zu Integrationsprozessen, Klassenklima und auch Projekte, welche im Besonderen geeignet sind, auf individuelle Fähigkeiten und Fertigkeiten bzw. auf Anerkennung dieser bei unterschiedlichen Kindern und Jugendlichen einzugehen, gehören schon lange zum klassischen Standardprogramm sozialpädagogischen Handelns in der Schule – nicht erst seit der Einführung von Inklusion. Provokativ könnte man also die Frage stellen, was sich denn an den Tätigkeiten von Schulsozialarbeiter*innen im Zuge der Inklusion überhaupt ändert, wenn doch ein Klima des Wohlfindens, der Anerkennung und Wertschätzung aller schon immer deren Zielperspektive und Aufgabe war und umgesetzt wurde. Neu ist – neben der angesprochenen zeitlichen Ausdehnung der Verweildauer an Schule –, dass nun auch mehr Schüler*innen an die Schule kommen, deren Teilhabe an Schule und Unterricht noch einmal andere Anforderungen stellt. Zum einen natürlich an die Gestaltung von Lernangeboten, Materialien und Räumen (→ FP4 Werkzeuge), zum anderen aber eben auch an entsprechende Prozesse und Angebote zur Implementierung eines Klimas der Anerkennung und Akzeptanz und der Inklusion aller.

> **Aufgabe 49: Klima der Anerkennung –
> Das eigene Handlungsrepertoire prüfen**
>
> a) Listen Sie auf, welche Angebote der Schulsozialarbeit aus Ihrer Sicht besonders geeignet erscheinen, eine inklusive Kultur zu schaffen.
>
> _____
>
> _____
>
> _____
>
> _____
>
> _____
>
> b) Prüfen Sie in einem nächsten Schritt, inwieweit sich diese Praktiken vor allem auf den Bereich der Schulsozialarbeit beschränken und ob diese auf den gesamten Schulkontext ausgeweitet werden könnten.

Bezogen auf ein Klima der Anerkennung ist neben der Schüler*innenschaft auch an Lehrkräfte und anderes an Schule tätiges Personal zu denken. Wie an anderer Stelle bemerkt (→ FP2 Selbstverständnis), zeigt sich, dass die Schulsozialarbeit mit der Inklusion deutlich mehr – vor allem auch von Seiten des Kollegiums – um Beratung angefragt wird. Hinzu kommt, dass zwar vielfach eine positive Einstellung gegenüber Inklusion vorherrscht, aber es an Kompetenzen in der schulischen Praxis noch fehlt:

Lehrer, die hier arbeiten, die haben vielleicht vom Kopf her diese Einstellung, die meisten werden das unterschreiben, jeder ist anders und hat auch ein

Recht darauf, anders zu sein, aber in der Praxis ist es nicht so. Und da sind schon viele Vorbehalte. Und bei Kindern und Jugendlichen ist es auch so, und da passiert ganz viel Ausgrenzung. (Schulsozialarbeiterin im Einzelinterview, Sekundarbereich I+II)

An diesem Beispiel wird deutlich, dass es zusätzlicher Hilfen bedarf, damit eine grundlegende positive Einstellung nicht immer wieder auf Hürden in der Praxis trifft, wodurch auf Dauer eher Vorbehalte zementiert werden und die positive Einstellung gegenüber Vielfalt untergraben wird. Schulsozialarbeiter*innen haben eine besondere Verantwortung, für die mit Inklusion verbundenen Werte zu werben und Einstellungsveränderungen mit auf den Weg zu bringen. Fachliche Hilfen im Unterricht sollte die Profession Schulsozialarbeit hingegen nicht leisten müssen. Diese Verantwortung auf die Schultern der Schulsozialarbeiter*innen zu legen oder zu delegieren wäre eine Überfrachtung.

Schule und Unterricht zielen noch immer zu großen Teilen auf eine Homogenisierung der Lerngruppen und orientieren sich an einer Norm und einem Gleichschritt (vgl. Tillmann 2004), die weder die Realität abbilden noch im Sinne von Inklusion sind (→ Kap. 1). Ein inklusiver Unterricht muss hingegen auf mehr innere Differenzierung, eine Individualisierung des Lernens durch Erstellung individualisierten Arbeitsmaterials, freie Arbeitsphasen und gleichzeitig die Ermöglichung gemeinsamen Lernens in der Gruppe setzen. Solche pädagogischen und methodischen Ansätze unterstützen auch die Schaffung eines Klimas der Anerkennung.

Welche Rolle kann hierbei die Schulsozialarbeit spielen? Obwohl in den von uns besuchten Schulen Schulsozialarbeiter*innen teilweise in die Gestaltung von fachbezogenem Arbeitsmaterial zur individuellen Lernförderung einbezogen werden, liegen die Aufgabengebiete der Schulsozialarbeit nicht im Bereich Unterricht, Lehren und in der didaktischen Aufbereitung von Lernmaterialien. Allerdings sollte die Schulsozialarbeit bei der Gestaltung eines lernförderlichen Klassenklimas mit einbezogen werden. Für das Klima in der Klasse, das die Lehrkraft über die ihr zur Verfügung stehende Zeit nur bedingt aktiv bearbeiten kann, können Schulsozialarbeiter*innen mit ihren Kompetenzen und Ressourcen gewinnbringend wirksam werden. Sicher fragen Sie sich nun, wie das gerade bei Ihnen in der Schule möglich sein soll. Klar ist, dass es je nach Größe der Schule nur in einzelnen Klassen möglich sein kann, sich aktiv um die Etablierung eines Klimas der Anerkennung zu kümmern. Aber Studien zur Schulqualität zeigen (vgl. Thurn 2014), je klarer dies von einem für die gesamte Schule gültigen und präsenten Leitbild gerahmt und unterstützt ist, umso besser gelingt es auch mit unterschiedlichen – auch klassenübergreifenden – Aktionen und Projekten Einfluss auf das Klima der einzelnen Klasse zu nehmen. Gerade Schulsozialarbeiter*innen können im Besonderen dazu beitragen, die Einstellung und damit auch ein Klima der Anerkennung über Projekte, Aktionen und bestärkende Erlebnisse immer wieder ins Bewusstsein aller zu rufen.

> **Aufgabe 50: Die eigenen Angebote im Hinblick auf Inklusion prüfen**
>
> a) Listen Sie auf, welche Methoden und Ansätze der Schulsozialarbeit Sie für die Schaffung eines positiven Klassenklimas einsetzen würden.
> b) Prüfen Sie in einem nächsten Schritt, inwieweit diese Ansätze und damit verbundenen Materialien hinreichend den Anforderungen einer inklusiven Pädagogik genügen, die allen Kindern und Jugendlichen Teilhabemöglichkeiten bietet. Sind z. B. die Schülermaterialien im Rahmen des Streitschlichterprogramms auch in leichter Sprache oder in Brailleschrift verfügbar?
> c) Überlegen Sie, welche Ihrer Materialien einer Überarbeitung bzw. Ergänzung bedürfen, um auch in inklusiven Settings eingesetzt werden zu können.

Die inklusive Ganztagsschule bietet aufgrund der längeren Verweildauer der Kinder und Jugendlichen im außerunterrichtlichen Rahmen Möglichkeiten, ein Klima der Anerkennung umzusetzen und eine offene Einstellung aller zu fördern. Hier ist es möglich, andere Formen des Zusammenseins und Arbeitens zu erproben und Stärken nicht nur zuzulassen, sondern sich auszuprobieren und diese in unterschiedlichen Kontexten zur Geltung zu bringen. Dabei lernen Kinder und Jugendliche, aber auch Erwachsene, andere Fähigkeiten und Stärken der Beteiligten kennen und schätzen, sodass sich im gemeinsamen Handeln unter Einbezug der jeweiligen Ressourcen ein Klima der Anerkennung einstellen kann. Gerade für Kinder und Jugendliche, die den schulischen Leistungserwartungen nicht immer entsprechen können, ermöglicht sich ein Raum, der Anerkennungserfahrungen ermöglichen kann, die sie im unterrichtlichen Kontext in dieser Form oft nicht erfahren.

Anerkennung von Schüler*innen

In der inklusiven Schule stellt die Schaffung eines Klimas der Anerkennung und Wertschätzung sowie ein Wohlbefinden aller Kinder und Jugendlichen eine besondere Herausforderung dar. Kinder und Jugendliche mit besonderen Bedürfnissen und ggfs. Nöten haben möglicherweise größere Schwierigkeiten, sich in die Gemeinschaft einzufinden, andere Kinder und Jugendliche, aber auch Erwachsene begegnen ihnen zunächst mit Unverständnis. Wichtig mit Blick auf Kinder und Jugendliche mit Besonderheiten ist, ihre Bedürfnisse und ggf. Nöte wahrzunehmen und sich u. a. immer wieder vor Augen zu führen, dass Schüler*innen, die auffällige Verhaltensweisen zeigen, dies meist aus einem Grund tun. So erläutert eine Förderlehrkraft in der Gruppendiskussion:

> Da beginnt es ja schon, wie starten sie in der Schule, und für so ein Kind ist das ja auch schwer. Die fühlen sich nicht wohl. Die schlagen ja nicht um sich, weil sie es toll finden, sondern weil sie verunsichert sind und da ist es so wichtig, dass die von Anfang an diese Begleitung haben und sich sicher fühlen. Vom Prinzip her ist es viel zu spät, wenn dann erst am Ende des ersten Jahrgangs da jemand einsteigt. (Förderlehrkraft in Gruppendiskussion, Primarbereich)

Deutlich wird in diesem Zitat, wie wichtig eine Rahmung ist, in der sich Kinder von Beginn an begleitet und sicher fühlen und in ihrer Eigenheit anerkannt werden. Dass sich dieser Weg keineswegs einfach darstellt, sollte durchaus ernst genommen werden. Auch wenn sicher alle Beteiligten bemüht sind, Kinder als ganze Person mit all ihren Bedürfnissen wahrzunehmen, ist dies häufig nur bedingt möglich. So wird von einer Schulsozialarbeiterin hervorgehoben, dass es wichtig sei, das eigene

> Denken zu erweitern, was denn dann gut tun könnte. Manche Kinder, die Schwierigkeiten haben, still zu sitzen, die sind dann halt zuständig, das Licht anzumachen, die Blumen zu gießen, dass sie immer mal aufstehen können. (Schulsozialarbeiterin im Einzelinterview, Primarbereich)

Hier handelt es sich allerdings um recht einfache und naheliegende Beispiele. Häufig muss darüber aber weit hinausgedacht werden, und es ist neben der offenen Einstellung oft auch ein Umdenken oder eine Neuformung der eigenen bis dahin bestandenen Überzeugungen oder Erwartungshaltungen notwendig.

> Das hat ganz viel, glaube ich, mit einem selber zu tun, das zu ertragen, dass jemand hier in der sechsten Klasse […] hockt und immer noch nicht wirklich was schreiben kann. (Schulsozialarbeiterin im Einzelinterview, Sekundarbereich I)

So ist es weder für Lehrkräfte noch für pädagogische Fachkräfte einfach, den veränderten Bedingungen und allen Kindern in ihrer Ganzheit und ihren jeweiligen Eigenheiten gerecht zu werden.

> Die haben schon auch ihre Logik, aber die ist nicht unbedingt die Logik, die, ich sag mal, normal Denkende haben. [Es ist wichtig] sich darauf einlassen zu können, der anderen Logik zu folgen, um dann daraus eine Arbeitsperspektive zu entwickeln oder auch eine Umgangsperspektive mit dem Schüler. (Schulsozialarbeiterin im Einzelinterview, Sekundarbereich I+II)

Nichtsdestotrotz bedeutet eine solche Begegnung aber auch, dass den persönlichen Problemen der Kinder Raum gegeben wird. Beispielsweise, dass an kleineren Schulen Einzelgespräche mit Schüler*innen mit einer von ihnen als vertrauensvoll erachteten Person angeboten werden. Für Schüler*innen, die eher schüchtern sind, könnten Kummerkästen eingerichtet werden oder betreute Foren oder Chats, wo Rat oder Hilfe angeboten wird, um die Kinder und Jugendlichen auf ihren bevorzugten Kanälen anzusprechen und auch jenen ein offenes Ohr zu bieten, denen die Face-to-Face-Kommunikation schwer fällt. Gerade eine umfassende Wahrnehmung und Aufnahme auch außerschulischer Probleme der Kinder kann helfen, Ursachen für in der Schule auftretende Stressfaktoren zu finden.

Von allen pädagogischen Fachkräften an der Schule ist demnach ein hohes Maß an Einfühlungsvermögen, Wertschätzung und Fallverstehen gefragt. Zudem gilt es, immer wieder Spannungsfelder im pädagogischen Handeln auszubalancieren:

> In meiner alten Grundschule war das so, [...] es waren halt Gruppentische, und dann saß eben an dem einen Gruppentisch die Förderschullehrerin und hat sich dann da ihre Leute rausgezogen, manchmal auch normale Kinder, einfach damit es nicht immer diesen Sondercharakter hatte und so. Da war das also weitestgehend integriert. Ist vielleicht ja keine Inklusion, aber auf jeden Fall Teil des Unterrichts, und die sind dann nicht irgendwie in den Raum nebenan, nach nebenan gegangen oder irgendwie sowas, ne? (Schulsozialarbeiterin in Gruppendiskussion, Sekundarbereich II)

Hier zeigt sich die folgende Herausforderung: Sollte ich eine*n Schüler*in mit besonderem Förderbedarf zeitweise aus der Klasse nehmen und mit ihm/ihr allein arbeiten, da ich weiß, dass diese konzentrierte Zusammenarbeit das Kind am besten im Lernprozess unterstützt? Aber, was hat das für Folgen mit Blick auf die soziale Integration in der Klasse? Ist es richtig, Schüler*innen immer wieder rauszunehmen und damit als »besonders« für die anderen zu etikettieren? Hier müssen Lehrer*innen und andere pädagogische Fachkräfte Wege finden, die diese verschiedenen Aspekte berücksichtigen.

> **Aufgabe 51: Im Spannungsfeld positionieren**

Wie würden Sie argumentieren? Handelt es sich noch um Inklusion, wenn Schüler*innen aus dem gemeinsamen Unterricht herausgenommen werden?

> **Aufgabe 52: Mit Spannungsfeldern umgehen**

Diskutieren Sie im Team:
a) Welche Vor- und Nachteile einer solchen »Besonderung« sehen Sie?
b) Was wären mögliche Alternativen oder Lösungsansätze?

> **Aufgabe 53: Prozesse entwickeln**

Die Aufgabe 54: »Stärken stärken« ist in leicht abgewandelter Form auch sehr gut für Gruppenprozesse von Kindern und Jugendlichen geeignet.
- Diskutieren Sie, was hier geeignete Themen sein könnten.
- Entwickeln Sie in Kleingruppen mögliche Umsetzungsideen, stellen Sie diese vor und diskutieren Sie mögliche Vor- und Nachteile im Plenum.

Probieren Sie die von Ihnen entwickelten Ideen aus – auch Ihre Stärken wollen gestärkt werden!

Anerkennung auf Ebene der Mitarbeiter*innen

Ein Klima der Anerkennung schaffen – das gilt nicht nur für die Gestaltung der pädagogischen Beziehungen zwischen Lehrkräften und anderen Berufsgruppen auf der einen und Kindern und Jugendlichen auf der anderen Seite. Auch für eine fruchtbare Zusammenarbeit der verschiedenen Professionen und Berufsgruppen an der Schule ist es zentral, dass ein Klima der Anerkennung herrscht. Gerade in der multiprofessionellen Kooperation tauchen immer wieder Schwierigkeiten auf, die unter anderem in einer mangelnden Wertschätzung der jeweils anderen Berufsgruppe, berufskulturellen Vorbehalten, der Unkenntnis über die Kompetenzen sowie in Statusunterschieden begründet liegen (→ FP3 Kooperation). In den Gesprächen im Rahmen des Forschungsprojektes wurde wiederholt die ungleiche Bezahlung der Fachkräfte an Schulen und damit häufig auch empfundene mangelnde Wertschätzung und Anerkennung der eigenen

Arbeit thematisiert. Die Bedeutung einer Gleichrangigkeit und entsprechenden Bezahlung wird auch von Lehrkräften angesprochen:

> Und was ganz, ganz wichtig ist, und das wäre auch ganz wichtig, dass das in all diesen Arbeiten steht, dass die vernünftig bezahlt werden müssen, ne? Dass auch eben das Bundesland A die Schulsozialarbeiter verbeamten sollte mit A 12, Beihilfeanspruch und privatversichert, damit das auch ein Anreiz ist, genauso wie für Schulbegleiter, ne? (Lehrkraft in Gruppendiskussion, Sekundarbereich I)

Im folgenden Zitat wird sogar deutlich, dass die Interviewpartnerin in der Entlohnung ein Stück weit eine Bedingung für qualitativ gute Arbeit sieht:

> damit man nämlich qualitativ gute Arbeit leisten kann, muss die irgendwie auch wertschätzend [...] entlohnt werden. (Schulsozialarbeiterin im Einzelinterview, Sekundarbereich I)

Inwieweit das Engagement im Einzelnen tatsächlich von der Entlohnung abhängt, kann hier nicht beantwortet werden. Unstrittig ist jedoch, dass die Einstellung des Einzelnen gegenüber seiner Arbeit von mehr Faktoren als der Entlohnung abhängt und dass diese in einem Klima der gegenseitigen Wertschätzung möglicherweise eine untergeordnete Rolle spielt bzw. anders aufgefangen und kompensiert werden kann. Auf der Basis einer motivierten Grundeinstellung und in einem Klima der Anerkennung ist die Bereitschaft größer, Möglichkeiten zu erkennen, zu nutzen – auch ohne große finanzielle Mittel – im Kleinen erste Schritte zu gehen und gemeinsam den Rahmen zu schaffen, in welchem Anerkennung von Vielfalt wachsen und gedeihen kann und sich durch Überzeugung hin zu einem Klima der Vielfalt weiterentwickelt. Die unterstützenden Rahmenbedingungen der beruflichen Tätigkeit, die einen Part der Arbeitszufriedenheit ausmachen und zum Teil nur durch Bereitstellung finanzieller Mittel geschaffen werden können, sollten – mit Blick auf die Entwicklung einer positiven Einstellung – nicht vergessen werden. So äußerte eine interviewte Schulsozialarbeiterin, dass sie sich menschlich wie beruflich in ihrer Stelle sehr gefordert fühle und es anstrengend sei, nichtsdestotrotz empfindet sie die Rahmenbedingungen als positiv:

> Sind sehr, sehr gute Rahmenbedingungen, ne? Muss man schon sagen. Also liegt aber auch am Klima im Kollegium im Wesentlichen. (Schulsozialarbeiterin im Einzelinterview, Sekundarbereich I)

Voraussetzung für ein solches Klima der Anerkennung und Wertschätzung zwischen Kolleg*innen ist ein Ethos einer »differenzsensiblen Kollegialität« (Idel 2014). Damit ist eine achtsame und anerkennende Haltung gegenüber der Tätigkeit der Kolleg*innen gemeint, die die Differenzen anerkennt, d. h. die unverwechselbaren Eigenheiten, manchmal auch Eigensinnigkeiten der Kolleg*innen respektiert, gleichzeitig aber ihnen auch dafür Verantwortlichkeit und Begründungslast zuschreibt. Eine solche Kooperationskultur (→ auch **FP3** Kooperation) ist dadurch gekennzeichnet, dass ein konstruktiver Umgang mit Konflikten gepflegt wird, dass Differenzen nicht ausgeblendet, sondern thematisiert werden und gemeinsam Bearbeitungsstrategien und Lösungswege ausgehandelt werden. In so einem Klima stellen der Austausch und die Zusammenarbeit keinen zusätzlichen Stressfaktor dar, sondern bieten vielmehr Entlastung und Entfaltungsmöglichkeiten.

Aufgabe 54: Stärken stärken

Für diese Aufgabe sollten Sie eine*n Moderator*in bestimmen.

a) Notieren Sie bitte jeder für sich auf einer Blankokarte Ihre Profession und Ihre Aufgabe(n) an der Schule und schieben Sie diese zwei Plätze weiter.

b) Drehen Sie bitte den jeweils vor Ihnen liegenden Zettel um und sagen Sie, was aus Ihrer Sicht die Stärken dieser Profession und ihre Aufgabe(n) an der Schule sind. Die Moderation notiert die Ergebnisse am Flipchart.

c) Benennen Sie nun in einem weiteren Schritt mögliche Hindernisse/Problematiken/Erschwernisse, vor die sich diese Profession in der Erfüllung der benannten Aufgabe(n) gestellt sieht. Auch diese Ergebnisse werden am Flipchart notiert.

d) Die jeweiligen Personen können (müssen aber nicht!) im Anschluss Stellung zu den zu ihrer eigenen Profession gesammelten Aspekten nehmen.

e) Betrachten Sie gemeinsam, welche Stärken vorhanden sind und diskutieren Sie, wie diese (besser) genutzt werden könnten.

f) Wenn Sie möchten, können Sie in einem weiteren Schritt gemeinsam sehen, ob Hindernisse/Problematiken/Erschwernisse dabei sind, die man leicht verhindern/beheben könnte, oder ob sich größere Überschneidungen ergeben, die in anderen Kontexten noch einmal aufgegriffen werden sollten.

Fokuspunkt 8:
Organisationsentwicklung

> Organisationsentwicklung? – Was geht mich das an? Im Wirtschaftslexikon habe ich extra nachgeschlagen. Dort heißt es: »Strategie des geplanten und systematischen Wandels, der durch die Beeinflussung der Organisationsstruktur, Unternehmenskultur und individuellem Verhalten zustande kommt, und zwar unter größtmöglicher Beteiligung der betroffenen Arbeitnehmer.« (http://wirtschaftslexikon.gabler.de/Definition/organisationsentwicklung.html) Das klingt doch etwas sehr wirtschaftlich für meine Tätigkeit hier an der Schule. Da sehe ich für mich überhaupt kein Handlungsfeld. Klar ist Schule eine Organisation, aber ich bin doch nur Arbeiternehmer. Organisationsentwicklung ist ganz klar Aufgabe der Schulleitung.

Auch wenn die Schulsozialarbeiterin die Mitwirkung an der Organisationsentwicklung im oben genannten fiktiven Beispiel von sich weist, kann diese ohne Beteiligung der unterschiedlichen Akteur*innen einer Organisation nicht umgesetzt werden. Denn nicht die Organisation selbst erbringt die Leistungen, sondern die in ihr arbeitenden Mitarbeiter*innen und zum Teil auch außenstehende Beteiligte (beispielsweise Mitglieder von einem Ehemaligen- bzw. Schulverein). Gerade diejenigen, die sozusagen »an der Basis« arbeiten, sollten sich aktiv an der Organisationsentwicklung beteiligen und beteiligen können. Daher ist es notwendig, Partizipation von Kindern, Jugendlichen und Eltern bei der Organisationsentwicklung zu ermöglichen. Denn jedes Konzept oder Leitbild einer Schule bleibt so lange leer, solange es nicht von den Beteiligten gelebt und stetig weiterentwickelt wird.

Leitbild und Konzeptentwicklung

Nicht nur Inklusion, sondern auch unsere schnelllebige, komplexe und daher vieldeutige Lebens- und Arbeitswelt stellt uns vor viele Herausforderungen und fordert in vielerlei Hinsicht ein Umdenken und ständiges Dazulernen. Auch Schulen stehen als Organisation vor der Aufgabe, mit den ständigen Veränderungen und Anforderungen sowie mit unvorhergesehenen Ereignissen und Unklarheiten umzugehen und sich neu zu orientieren oder zu strukturieren.

An Schulen fehlt es häufig an greifbaren und von den Beteiligten gemeinsam getragenen Konzepten für Inklusion und es herrscht häufig Unklarheit darüber, wie mit als »Inklusionskinder« benannten Kindern und Jugendlichen umgegangen werden soll (→ FP1 Inklusives Arbeiten, FP2 Selbstverständnis, FP3 Kooperation, FP6 Teilhabe/Partizipation).

> Die ORGANISATIONSSTRUKTUR ist ein System von Regelungen, das als genereller Handlungsrahmen die arbeitsteilige Erfüllung (Arbeitsteilung) der permanenten Aufgaben regelt.
> (http://wirtschaftslexikon.gabler.de/Definition/unternehmenskultur.html)

Jene Unklarheiten bestehen nicht nur in der Arbeit mit den Kindern und Jugendlichen, sondern auch im Rahmen der Zusammenarbeit beziehungsweise der ORGANISATIONSSTRUKTUREN.

Hierzu zwei Auszüge (→ FP1 Inklusives Arbeiten) aus den Interviews:

> Ja, eine Geschichte, die recht einfach ist. Also wir haben einen, der ist jetzt im ersten Schuljahr. Ein Junge, der nicht sprechen kann, also der kann Laute von sich geben, einzelne Buchstaben auch irgendwie, aber sprechen kann er jetzt nicht. […] Jetzt ist dieser Junge [hier], wie das einmal so ist. Sprachlernklassen haben wir bisher hier nicht. Deutsch als Zweitsprache ebenso wenig. Dieser Junge [wurde] dann hier irgendwann in eine Grundschulklasse eingeschult, der wohnt hier um die Ecke, also zack – rein. Und dann geht es natürlich los, wie fördere ich den? (Schulsozialarbeiter im Einzelinterview, Primarbereich)

Nicht nur Inklusion, sondern auch die sogenannte Flüchtlingswelle, stellt(e) viele Schulen vor herausfordernde Veränderungen, wie z. B. Sprachförderung in anderen Dimensionen zu denken und umsetzen zu müssen.

Neben ungeklärten organisationalen Strukturen zur Sprachförderung führt eine andere Schulsozialarbeiterin an, dass u. a. Abläufe und Zeiträume für einen weiterentwickelnden Austausch fehlen.

> Ich wurde da dazu geholt. Das war unser zweites ES-Kind, also wir hatten schon einmal eins. Ist hier natürlich nichts geregelt von den Abläufen. Also in meiner alten Schule wäre ganz klar gewesen, was passiert und wer wann, wo, wie, was sagt oder macht oder so. Hier überhaupt nicht. Also es ist alles total unstrukturiert, was das total erschwert, weil ich glaube, solche Kinder brauchen ganz viel Kontinuität, also dass man ganz viel über sie spricht, ganz kontinuierlich auch und nicht nur mal ab und zu mal zur Zeugniskonferenz. Ich meine, da wurde schon mehr drüber gesprochen, aber da braucht es eigentlich ganz viel geordnete Strukturen und Abläufe. Jetzt erstmal für die Lehrer auch,

für das Kind sowieso pädagogisch. Aber [auch], dass wirklich konkrete Situationen, wo irgendwas schiefgegangen ist, durchgesprochen werden. Und das ist überhaupt nicht geregelt hier. Ich habe das zwar auch immer wieder gesagt. Ich hatte genau solche Kinder mit diesen Verhaltensweisen in klein auf meiner früheren Schule als Förderkinder. Das wurde so gar nicht gehört, also gar nicht, weil die kein Interesse daran hatten, einfach weil die so hilflos waren. Vielleicht auch weil es zu viel Arbeit ist oder auch unmöglich, weil in so einer Klasse ja, ich weiß nicht, elf/zwölf Fachlehrer sind. Jedes Fach hat ja einen Lehrer, also manchmal ist es auch doppelt natürlich, aber selbst wenn es zehn Lehrer sind, das immer zu organisieren, dass die dann alle Zeit haben, da hat keiner Lust zu. Das sage ich ganz offen hier, das ist einfach mal so, weil das alles Mehrarbeit bedeutet. Ich behaupte, dadurch werden Dinge leichter, und es ist dann leichter zu unterrichten, aber es ist erstmal natürlich wieder eine Pause, die weg ist, wenn man zusammensitzt und sich bespricht oder irgendwie so. Ganz schwierig so. (Schulsozialarbeiterin im Einzelinterview, Sekundarbereich II)

Wie deutlich wird, kommen Kinder häufig an Schulen, ohne dass ein explizites Leitbild oder Konzept vorhanden oder ausgearbeitet ist. Die Reaktionen hierauf sind vielfältig und oft sind die Schulsozialpädagog*innen dann gefragte Personen. Häufig engagieren sich auch einzelne Pädagog*innen allein oder auch in kleineren Teams. Es können ohne eine gemeinsame Grundlage aber in der Regel nicht alle an Schule Beteiligten gewonnen werden, um beispielsweise neue Organisationsstrukturen zu etablieren. So schildert eine Schulsozialarbeiterin ihre Erfahrungen:

Das ist jetzt, was ich noch mal Richtung Schulleitung […] deutlicher anbringen würde, wenn das nächste ES-Kind kommt, dass das wirklich noch mal einfach klarer gemacht wird. Das ist ja Schulleitungsaufgabe. Also ich kann ja nicht den Lehrern sagen: Ihr müsst das und das machen. Ich kann Empfehlungen ausgeben. Das ist natürlich nichts Verbindliches. Also ich würde versuchen, Strukturen zu etablieren, die das erleichtern. Also das will ich sagen. Es muss sich öfter getroffen werden. Nicht jede Woche, das sehe ich ein, dann drehen die durch die Lehrer, aber irgendwie, ich weiß nicht wie oft, mindestens einmal im Monat und bei akuten Fällen oder so. Also dass das wirklich einfach noch mal klarer ist, was da gemacht werden muss. (Schulsozialarbeiterin im Einzelinterview, Sekundarbereich II)

Neben dem in den besuchten Schulen vorhandenen Engagement, die (mit der Einführung der inklusiven Schule in Niedersachsen) kommenden Veränderungen anzugehen, ist dennoch denkbar, dass die unsicheren und ungeordneten Zeiten auch überfordern und hemmen.

So ergibt sich mangels einer breiten Beteiligung und Aufklärung gegebenenfalls ein Abwarten oder Aussitzen oder eine Abwehrhaltung, um bereits Erarbeitetes, Vertrautes und vermeintlich als erfolgreich Etabliertes nicht aufgeben zu müssen. Unter Umständen sehen die Fachkräfte auch den eigenen Kompetenzbereich als bedroht an. Aufgrund der Gefahr der Überforderung und Entmutigung ist ein gemeinsames Leitbild und Konzept (→ **FP1** Inklusives Arbeiten, **FP2** Selbstverständnis) nicht nur für das Verständnis aller elementar, sondern auch für die Beteiligung jeder und jedes Einzelnen. Nur für etwas, dessen Ziele und Rahmung verständlich und greifbar sind, kann und möchte man sich einsetzen und entwickelt keine Abwehrhaltung durch Unklarheit verursachte Ängste.

Schlussendlich geht es nur gemeinsam. Eine inklusive Organisation der Schule erfordert immer auch eine multiprofessionelle Zusammenarbeit (→ **FP3** Kooperation) und steht somit in Abhängigkeit zum mehrheitlichen Willen. Eine reine Regelumsetzung seitens der Schulleitung (im Sinne eines Top-Down-Prozesses) kann hier nicht zielführend sein und führt häufig auch nicht zum Ziel, zumal nicht mehr alle an einer Schule tätigen Professionen einen Vorgesetzten haben. Damit ist eine gemeinsame Abstimmung unabdingbar. Unstrittig ist aber, dass mit einem für alle geltenden, transparenten Konzept, das im Idealfall auch gemeinsam erarbeitet wurde, Prozesse der Einführung und Umsetzung von Inklusion unterstützt und erleichtert werden können. Das heißt nicht, dass in einem Konzept nicht auch unterschiedliche Positionen dokumentiert werden können. Es ist besser, unterschiedliche Positionen auch schriftlich festzuhalten, als sich in allgemeingültige, aber nicht von allen geteilte Formeln in einem Konzept zu flüchten.

Die Praxis zeigt zudem, dass die Erarbeitung eines Leitbildes und Konzeptes (durch ggf. vorgebende Gliederungsaspekte) nicht immer die Vielfalt vor Ort einfangen und differenziert genug entwickelt werden kann.

> Es gibt kleine Dorfschulen, wo ich denke, zwanzig Stunden ist viel, und es gibt große Schulen, wo man denkt, zwanzig Stunden ist ganz schön wenig. Dementsprechend, also je nach Kundschaft, müssen die Konzepte auch echt anders gestrickt werden. Und von daher kann ein einheitliches Konzept nur supergrob sein, und dann macht es wieder keinen Sinn. (Schulsozialarbeiterin im Einzelinterview, Primarbereich)

Jede Konzeptentwicklung steht vor der Herausforderung, dass sie auf die jeweilige Schule und deren Bedingungen zugeschnitten werden muss. Zugleich eröffnet eine Konzeptentwicklung die Chance, nicht nur innerschulische Unsicherheiten zu klären, sondern Bedarfe für Außenwirkende etc. deutlich zu machen.

> Dass ich eben jetzt tatsächlich unbefristet beim Schulträger angestellt bin, beim Landkreis B-Stadt. Die haben dann gleich gesagt, wir haben noch fünf andere Schulen, und die werden mit Sicherheit ja auch Bedarf haben und haben mich dann ein Konzept schreiben lassen zum Thema Schulsozialarbeit im Landkreis B-Stadt. Also erstmal die inhaltliche Arbeit, aber [wir haben] auch […] aufgrund der Zahlen hier und meiner Stunden dann ausgerechnet, was die andern Schulen wohl brauchen, dass eine […] IGS natürlich mehr Bedarf hat als ein Gymnasium vielleicht und so weiter. Und so ist es dann auch gekommen. Die haben dann wirklich Kollegen eingestellt, und mittlerweile sind die auch alle entfristet tatsächlich. Das heißt, es ist eine ganz tolle Geschichte und mittlerweile sind wir eben zu siebt. Es gibt noch mehr Schulen im Landkreis B-Stadt, aber alle Schulen des Landkreises, wo er Schulträger ist, haben wir jetzt Schulsozialarbeit tatsächlich. Und da haben wir denn mit diesem Konzept gleich so ein paar Standards gesetzt und das hat auch gut geklappt. Also der Landkreis war dann ja auch willens, also es war dann eigentlich nur eine Finanzierungsgeschichte, dass das sinnvoll war, war irgendwie gar keine Frage eigentlich, ne? (Schulsozialarbeiterin im Einzelinterview, Sekundarbereich II)

Insgesamt zeigt sich in diesen Aussagen, dass die (Weiter-)Entwicklung eines Leitbildes und Konzeptes auch für die Kooperation der Schulen und die Außenwirkung von großer Bedeutung ist. So kann die Schule transparent machen, wo die eigenen Stärken und Ressourcen sind, aber auch, wo weitere Mittel notwendig sind und wo sie Unterstützung braucht. Ein Konzept bietet neben der Möglichkeit eines Soll-Ist-Vergleiches, in dem die gegenwertigen Bedarfe verdeutlicht werden können, weiterhin die Gelegenheit, die bisherigen Entwicklungsprozesse zu betrachten sowie Visionen zu entwickeln.

Umgang mit Unsicherheiten

Neben der Erarbeitung von zukünftigen Entwicklungszielen ist es empfehlenswert, sich Zeit für die Thematisierung der Vergangenheit beziehungsweise dem missglückten und erfolgreichen Umgang mit Veränderungsprozessen zu nehmen. Weil Veränderungen unvermeidbar sind, aber zumeist für Organisationen und deren Mitarbeiter*innen unsichere und belastende Zeiten mit sich bringen, ist es ratsam, sich seiner Überwindungsfertigkeiten bewusst zu werden.

So sind Organisationen widerstandsfähiger, wenn deren Mitarbeiter*innen beispielsweise in der Lage sind, sensibel für Abläufe und flexibel bei der Umsetzung von Zielsetzungen zu bleiben. Die Notwendigkeit von Flexibilität und Offenheit wird in einer Gruppendiskussion auch von einer Förderlehrkraft angesprochen:

> Man muss, glaube ich, total flexibel sein, also alle Beteiligten. Die Kinder, für die ist es am schwierigsten, da flexibel mit umzugehen, aber Schulbegleiter, Förderschullehrer, Grundschullehrer, die müssen alle total flexibel auf die Situation reagieren und auch Abstriche machen und offen sein für viele Sachen, und das fällt eben sowohl den Förderschullehrkräften, als auch den Grundschullehrern, glaube ich, zum Teil einfach total schwer, so offen zu sein und weil auch einfach jetzt am Anfang der Inklusion so viele Sachen noch nicht geklärt sind. Keiner weiß, wie es laufen soll. Es sind ganz viele Punkte, die einfach nicht klar sind, wo man jetzt gucken muss, wie muss ich da und dann muss man sich da irgendwie was Eigenes entwickeln, das macht natürlich zusätzlich noch Unsicherheiten. (Förderlehrkraft in Gruppendiskussion, Primarbereich)

Zusammenfassend bleibt festzuhalten, dass Inklusion nicht nur Unsicherheit in den Arbeitsalltag bringt, sondern zugleich die Beteiligten vor die Aufgabe stellt, in unsicheren Zeiten neue Arbeitsstrukturen, -abläufe und -weisen zu entwickeln. Dabei muss – wie oben benannt – etwas Eigenes entwickelt werden, nicht nur, weil jede Schule unterschiedlich ist, sondern weil für die dauerhafte Umsetzung einer inklusiven Schule kein Schema F vorliegt. Denn Inklusion – dem weiten Begriffsverständnis folgend – beinhaltet die Anforderung, dass Organisationen sich an das jeweilige Gesellschaftssystem oder an die jeweiligen Beteiligten anpassen müssen (→ Kap. 1.2 und **FP1** Inklusives Arbeiten).

Daher ist es empfehlenswert, (innerhalb der Organisationsentwicklung) eine offene und anpassungsfähige UNTERNEHMENSKULTUR anzustreben, durch die die Einrichtung in der Lage ist, auf Veränderungen reagieren zu können. Möchte man eine offene (Schul-)Kultur etablieren oder intensivieren, gilt es, diese nicht nur in einem Leitbild oder Konzept festzuhalten, sondern in die Lern- und Anpassungsfähigkeit der Beteiligten zu investieren. Denn nicht die Organisation selbst hat Ideen (zur Umsetzung von Inklusion), sondern es sind die Beteiligten, die die Ideen entwickeln bzw. die Gegenwart und Zukunft gestalten.

> UNTERNEHMENSKULTUR
> »Grundgesamtheit gemeinsamer Werte, Normen und Einstellungen, welche die Entscheidungen, die Handlungen und das Verhalten der Organisationsmitglieder prägen.«
> (http://wirtschaftslexikon.gabler.de/Definition/unternehmenskultur.html)

Für den Fall, dass Sie vor dem Dilemma stehen, dass Sie eine gemeinsame Konzeptions- oder Organisationsentwicklung befürworten, jedoch für diese Aufgabe kein breites Interesse an ihrer Schule wecken können, hoffen wir, dass Ihnen die folgenden Abschnitte Impulse für die Umsetzung Ihrer eigenen Visionen geben oder Ihren Umgang mit Veränderung erleichtern.

Aufgabe 55: Unsicherheiten in Umbruchszeiten abbauen

- *Selbstvertrauen:* Notieren Sie sich Ihre Fertigkeiten, Talente, Kompetenzen, Erfolgserlebnisse und positiven Erfahrungen. Oder fragen Sie mutig nach Rückmeldung, um sich Ihrer Stärken (erneut) bewusst zu werden.
- *Rituale:* Etablieren Sie – besonders in Umbruchzeiten – regelmäßige Treffen, feste Pausenzeiten und Routinen für den Beginn oder für das Ende eines (Arbeits-)Tages.
- *Austausch:* Gehen Sie mit Menschen in Kontakt, mit denen Sie offen kommunizieren können und bei denen Sie Wertschätzung, Freundlichkeit, Toleranz etc. erfahren können.
- *Vertretung:* Klären Sie Vertretungen sowie Material- und Informationsübergaben für Krankheits- und Urlaubsfälle, damit das Team gut ohne Sie klar kommt und Sie sich ohne Bedenken regenerieren können.
- *Zuständigkeiten:* Versuchen Sie in unsicheren Zeiten schnell die folgenden Fragen zu klären: Zu wem kann ich gehen, wenn ich ein Problem oder eine Frage habe? Wer entscheidet worüber? Wer ist wofür zuständig?
- *Verbundenheit:* Pflegen Sie die Beziehungen mit Ihren Kolleg*innen und machen Sie sich die geteilten Werte und Visionen mit Ihrer Schule/Ihrer Organisation (wieder) bewusst. Das Wissen um die Frage, warum ich an diesem Ort bin und diesen Job mache, gibt Rückhalt.
- *Lern- und Fehlerkultur:* Erlauben Sie sich und anderen Fehler! Solch eine Haltung kann einen offen Austausch über Fehler anregen, wodurch Sie aus Ihren Fehlern lernen können.

Aufgabe 56: Beteiligte stärken

Nach der Resilienzforschung (→ Kap. 1) machen uns acht Faktoren für Veränderungsprozesse stark: Optimismus, Akzeptanz, Lösungsorientierung, Selbstregulation, Selbstverantwortung, Beziehungen/Netzwerke, Zukunftsgestaltung und Improvisationsvermögen. Fragen Sie sich und Ihre Mitarbeiter*innen, Kolleg*innen oder Schüler*innen immer wieder:

- *Optimismus:* Was hat heute gut funktioniert? Was habe ich heute gut umsetzen können?
- *Akzeptanz:* Konnte ich heute die Rahmenbedingungen (wie Zeit und Kraft) realistisch einschätzen? Konnte ich akzeptieren, dass Unklarheiten, Irritationen oder Konflikte völlig normal sind?
- *Lösungsorientierung:* Konnte ich offen mit Problemen umgehen? Konnte ich mir und anderen Zeit geben, um Ideen oder Angelegenheiten zu bedenken oder Gewohnheiten zu verändern?
- *Selbstregulation:* Habe ich heute auch ausreichend für mich und meine Bedürfnisse gesorgt? Habe ich meine Arbeit regelmäßig für kräftigende Pausen unterbrochen?
- *Selbstverantwortung:* Habe ich heute nur abgewartet, dass sich andere ändern oder konnte ich einen (ersten) Schritt in Richtung Veränderung machen? Konnte ich heute meinen Standpunkt (freundlich und verständlich) vertreten?
- *Beziehungen/Netzwerke:* Wen konnte ich heute um Hilfe oder Feedback anfragen? Mit welchen Menschen möchte ich mich mehr umgeben und zu welchen bräuchte ich eher mehr Abstand?
- *Zukunftsgestaltung:* Welche Ziele und Werte, die ich mit meiner Arbeit verfolge, konnte ich heute umsetzen? Konnte ich Herausforderungen in der Arbeit auch als Lern- oder Wachstumschancen (hinsichtlich meiner Ziele) sehen?
- *Improvisationsvermögen:* Konnte ich heute in unvorhergesehenen Situationen mit dem arbeiten, was da war? Kann ich – gerade in den unsicheren Zeiten – Fehler zulassen sowie Raum und Zeit geben, damit sich neue Denkmuster und Routinen entwickeln?

Für weitere Anregungen zur Stärkung der Widerstandfähigkeit Einzelner oder von ganzen Organisationen empfiehlt sich eine Recherche zur Thematik Resilienz.

Aufgabe 57: Lern- und Anpassungsfähigkeit fördern

Beantworten Sie die folgenden Fragen im (Entwicklungs-, Jahrgangs-, etc.)Team:
- Was gilt es im Hinblick auf die aktuellen Anforderungen neu zu lernen? Welchen Sinn könnte die gegenwärtige Krise haben?
- Wie kann unsere Einrichtung den stetigen Wandel für Lernprozesse nutzen?
- Wie können wir ein kreatives Lern- und Erfahrungsumfeld schaffen, in dem wir unsere Stärken und Talente fördern können?

- Wie können wir eine offene und wertschätzende Kommunikations-, Fehler-, Feedback- und Partizipationskultur etablieren?
- Wie können wir eine situative und angepasste Veränderungskultur auf allen (Führungs-)Ebenen fördern?
- Wie können wir vielfältige Zusammenarbeit in (fach-, alters- oder professionsübergreifenden) Teams fördern und nutzbar machen?

Gestaltung von Schulentwicklung

Organisationsentwicklung über inklusive Schule zu gestalten, kann nur durch ein Mitnehmen derer geschehen, die dies aktiv umsetzen (müssen). Zudem sind »Prozesskümmerer« wichtig, die in Krisen den Prozess stärken und am Leben halten.

Insgesamt ist eine Bestandsaufnahme erforderlich. Welche Ressourcen haben wir und welche können wir einsetzen? Welche müssen noch aktiviert werden? Wo sind unsere Stärken? Wissen muss gezielt aktiviert, Herausforderungen nicht verschwiegen, sondern klar benannt und Lösungsstrategien aus dem Team heraus entwickelt werden.

Eine zielführende Organisationsentwicklung kann nur *mit* den Kolleg*innen und Schüler*innen gelingen, da nur tätige Akteur*innen die Ressourcen und Herausforderungen der Schule kennen und formulieren können. Sie sind daher auch die geeigneten Personen, um darauf zugleich gemeinsam zielführende Antworten zu erarbeiten. Damit können die wesentlichen Wissensträger gemeinsam nachhaltige Lösungen auf »brennende« Fragestellungen erarbeiten und sind nicht auf Ideen oder Anweisungen angewiesen, die weder ihre Fragen beantworten noch ihre Problemstellungen bearbeiten.

Zudem sind mit unterschiedlichen Professionen, Positionen und Zuständigkeiten zugleich Wahrnehmungen und Interessen verbunden, die nicht zwangsläufig auf ein gemeinsames Ziel hin ausgerichtet sein müssen. Vor allem an Schnittstellen von Abläufen innerhalb der Organisation sind die Beteiligten aufeinander angewiesen, gerade auch wenn es um Veränderungen und (Weiter-)Entwicklung der Organisation geht. Sie wissen es selbst – je unterschiedlicher die Auffassungen sind, umso schwerer wird sich die Verständigung gestalten. Was für die einen logisch und rational erscheint, ist für andere »Kokolores«. Diesbezüglich braucht es gute Symbole und Verfahren der Zusammenarbeit, die die gegenseitige Wertschätzung ausdrücken. Häufig hilft eine kollegiale Beratung (→ **FP3** Kooperation), um Prozesse in Gang zu setzen.

Sicherlich: Organisationsentwicklung ist anstrengend. Einige haben vielleicht Angst vor Veränderungen. Vielleicht stöhnen Sie auch erst einmal innerlich auf, da Sie Mehrarbeit erwarten. Zunächst ist es sicher auch notwendig, sich in unterschiedlichsten Konstellationen zusammenzufinden und auszutauschen, was einen zeitlichen Mehraufwand bedeutet. Nichtsdestotrotz sprechen mehrere Aspekte für eine von »innen heraus« initiierte Organisationsentwicklung, die aber auch immer wieder einen Außenblick erfordert. Zu den Aspekten zählen:

- Die Halbwertszeit selbst erarbeiteter Perspektiven – Ansätze »aus dem eigenen Haus« – ist im Vergleich zu externen Maßgaben in der Regel erheblich länger. Zum einen ist von deutlich mehr »Passung« der Maßnahmen auszugehen, zum anderen erzeugt von »Externen« eingegebener Rat zur Umsetzung häufig Widerstand.
- Kein/e noch so versierte/r externe/r Berater*in kann alle direkten und indirekten Einfluss- und Kontextfaktoren so im Detail kennen, wie die Mitarbeitenden selbst. Nur Sie kennen alle Details, die es zu berücksichtigen gilt, besondere Tücken und Stolpersteine, Randbedingungen, die es zu beachten gilt, Strukturen, bedeutsame Handlungsträger, die es einzubeziehen gilt, und nicht zuletzt persönliche Befindlichkeiten und vorhandene Konflikte, die beachtet und ggf. bearbeitet werden müssen.
- Externe haben einen Außenblick, der gerade wichtig ist, da er nicht die Details im Inneren kennt und Sie darum irritieren kann. Externe können so auch Dinge wertschätzen, die Sie gar nicht mehr sehen und die für Sie längst selbstverständlich sind.
- Die Erfahrungen, die Sie hier machen, kommen auch Ihnen selbst zugute. Nicht nur, dass alle Mitarbeitenden auf diese Weise an einem Strang ziehen können und mehr Transparenz und Gemeinsamkeit für alle hergestellt wird, auch Sie persönlich erfahren damit Wachstum und Lernzuwachs. Die Organisation Schule gewinnt an Selbststeuerungskraft, Flexibilität und Stärke, um künftigen Veränderungen selbstbestimmt beggnen zu können.

Neue Kolleg*innen und Professionen ergänzen den internen Blick »Alteingesessener«. Durch die Betrachtung von Herausforderungen aus unterschiedlichen Blickwinkeln ergeben sich meist neue Erkenntnisse und eine Reihe von Handlungsoptionen. Geben Sie den Neuen und sich eine Chance!

Die Schule als Organisation ist – wie andere Organisationen auch – zu einem Umfeld stetigen Wandels geworden. Mitarbeiter*innen sollten daher nicht lediglich auf Anweisungen von oben warten, die sie unter Umständen überfordern, sondern am besten auch aus eigenem Antrieb Visionen entwickeln und immer wieder einen Zukunfts-Check machen. Dabei sollte immer wieder betrachtet werden, worin die Wurzeln und Grundpfeiler der Organisation liegen, was auf sie zukommt, welche Stärken und Schwächen sie hat, welche Visionen sie antreibt, was ihre Mitarbeiter*innen verbindet und welche gemeinsamen Projekte realisiert werden sollen. Hilfreiche Werkzeuge in diesem Zusammenhang sind »Zukunftskonferenzen« sowie der Index für Inklusion.

Gestalten einer Zukunftskonferenz

Eine bewährte Methode, basierend auf Erkenntnissen aus sozialwissenschaftlichen und psychologischen Forschungsprojekten (Weisbord/Janoff/Trunk 2008) über das Zusammenspiel von Individuen und großen Gruppen und Systemen, ist die Zukunftskonferenz (ZK). Sie dient als Werkzeug, um in einem strukturierten Verfahren in größeren Gruppen Ziele zu entwickeln, gemeinsame Werte zu entdecken und einen konsistenten Handlungsplan zu erstellen. Im Idealfall stehen für eine Zukunftskonferenz zwei halbe Tage und ein ganzer Arbeitstag über drei Tage verteilt zur Verfügung.

Alle Interessengruppen sind beteiligt! Brachliegende Ressourcen von Einzelnen und Gruppen werden erschlossen.

Diese Methode vereint in besonderer Weise einige Punkte, die wir in anderen Fokuspunkten als bedeutsam deklariert haben. Jede*r wird mit seiner Sichtweise einbezogen – das ist wesentlich. Das bedeutet, dass nicht nur jene, die einen direkten Bezug zur Fragestellung haben, an der ZK teilnehmen, sondern auch all jene, die mit den Folgen der getroffenen Entscheidungen leben müssen. Das heißt in unserem Kontext, dass nicht nur Lehrer*innen, Sozialarbeiter*innen, Schulbegleiter*innen und weiteres (pädagogisches) Personal, sondern auch Eltern, Partnereinrichtungen u.a. und vor allem auch Schüler*innen zu Wort kommen, da jede dieser Gruppen in der Diskussion ihre eigene Sichtweise auf die Problemstellung haben wird und auch Erfahrungswissen beisteuern kann.

Eine solche Öffnung erfüllt nicht nur den inklusiven Anspruch der Partizipation aller. Durch die Öffnung des Teilnehmer*innenkreises ergeben sich auch eine größere Beteiligung, eine differenziertere Problemdurchdringung und ein stärkeres Engagement aller

Abbildung 8: Teilnehmer*innen einer Zukunftskonferenz

Beteiligten. Alle werden gleichermaßen zu Expert*innen für den Wandel. Besonders wichtig und ein entscheidender Unterschied zu manch anderer Methode ist, dass sich nicht auf alte Muster, Probleme oder Konflikte konzentriert wird, sondern auf das Finden eines »gemeinsamen Grundes«. »Durch die klare Konzentration auf die positiven Perspektiven einer gemeinsam gestalteten Zukunft, anstelle der Beschäftigung mit alten Mustern, Problemen und Konflikten werden ungenutzte Fähigkeiten freigesetzt. In der gemeinsamen Imagination einer gemeinsam entwickelten und gewünschten Zukunft, erscheint der häufig unbefriedigende Alltag plötzlich als veränderbar durch gemeinsame konstruktive Zusammenarbeit« (Burow 2000, S. 170).

Kooperation ist mit Hierarchien verbunden (→ **FP3** Kooperation). Umso wichtiger sind Regeln, um die Kommunikation unter allen Teilnehmer*innen sicherzustellen:
- Alle Ideen haben zunächst einmal Gültigkeit.
- Alles wird auf Plakaten festgehalten.
- Es wird aufeinander gehört.
- Der Zeitrahmen wird festgehalten.
- Auf Gemeinsamkeiten wird geachtet.
- Unterschiede und Probleme werden festgestellt und für kreative Prozesse genutzt. Es wird nicht darin verharrt und versucht, diese auszudiskutieren oder zu lösen.

Prozessrollen
Außerordentlich hilfreich für die Gruppenarbeit ist die Zuweisung von Rollen, die innerhalb der Arbeitsgruppen dann rotieren können.
- Die *Gesprächsleitung* achtet darauf, dass jede*r der/die etwas beitragen möchte, gehört wird und die Gruppe ihre Aufgabe zielgerecht bearbeitet.
- Die/Der *Zeitnehmer*in* erinnert an das Zeitbudget.
- Der/Die *Protokollant*in* hält Ergebnisse auf Plakaten fest.
- Die *Berichterstattung* stellt die Gruppenergebnisse im Plenum vor.

Wie genau läuft nun eine solche Zukunftskonferenz ab?
In der Regel können an einer solchen Konferenz bis zu 64 Personen teilnehmen, die an runden 8-Personen-Tischen in drei Tagen (insgesamt 15–20 Stunden Arbeitszeit) gemeinsam arbeiten. Die Teilnehmer*innen sollten möglichst das ganze System repräsentieren. Bezogen auf Schule umfasst das vor allem die in → Abb. 8 genannten, je nach Einrichtung vielleicht weitere Personen.

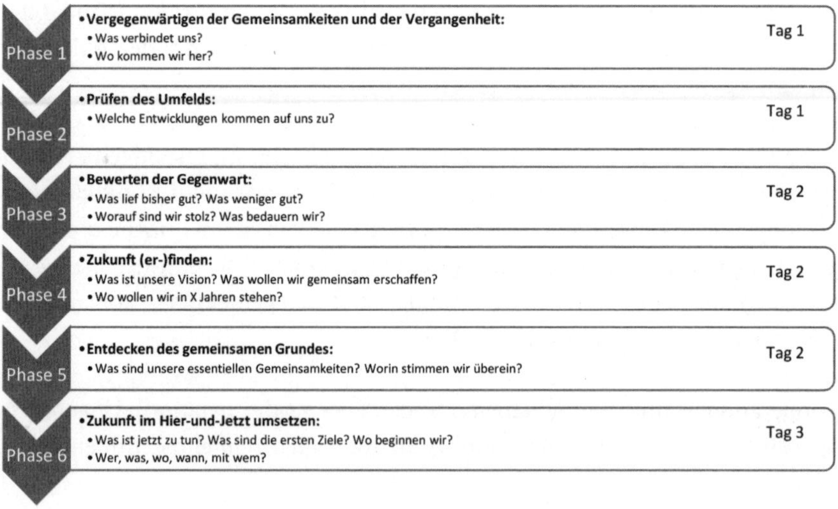

Phase 1
- Vergegenwärtigen der Gemeinsamkeiten und der Vergangenheit:
  - Was verbindet uns?
  - Wo kommen wir her?

Tag 1

Phase 2
- Prüfen des Umfelds:
  - Welche Entwicklungen kommen auf uns zu?

Tag 1

Phase 3
- Bewerten der Gegenwart:
  - Was lief bisher gut? Was weniger gut?
  - Worauf sind wir stolz? Was bedauern wir?

Tag 2

Phase 4
- Zukunft (er-)finden:
  - Was ist unsere Vision? Was wollen wir gemeinsam erschaffen?
  - Wo wollen wir in X Jahren stehen?

Tag 2

Phase 5
- Entdecken des gemeinsamen Grundes:
  - Was sind unsere essentiellen Gemeinsamkeiten? Worin stimmen wir überein?

Tag 2

Phase 6
- Zukunft im Hier-und-Jetzt umsetzen:
  - Was ist jetzt zu tun? Was sind die ersten Ziele? Wo beginnen wir?
  - Wer, was, wo, wann, mit wem?

Tag 3

Abbildung 9: Ablauf einer Zukunftskonferenz

Der Ablauf (→ Abb. 9, in Anlehnung an Zur Bonsen 1994 und Weisbord & Janoff 1995) gliedert sich in sechs Phasen. Die erste Phase des Prozesses legt den Fokus auf die Vergangenheit.

• *Phase 1: Vergegenwärtigen der Vergangenheit*

Aufgabe 58: Wo kommen wir her?

Jede*r Teilnehmer*in soll sich Notizen zu der Frage machen: Welche Meilensteine/Höhepunkte charakterisieren in den letzten Jahren
- die gesellschaftliche Entwicklung,
- die Entwicklung der Institution,
- die persönliche Entwicklung.

Anschließend übertragen alle Teilnehmer*innen ihre Notizen auf einen vorbereiteten acht Meter langen Zeitstrahl. Auf diese Weise entsteht ein Gesamtüberblick der Erfahrungen im Raum bezogen auf die gemeinsame Vergangenheit. Besonders spannend wird es dabei für Sie sein, einerseits die unterschiedlichen Sichtweisen des gemeinsam erlebten Zeitabschnitts zu sehen, andererseits aber auch die Erfahrung ähnlicher Erlebnisse, Wahrnehmungen und gemeinsamer Werte zu machen. Auf diese Weise wird ein Klima gegenseitigen Interesses und Verständnisses geschaffen, denn es entsteht »nicht nur eine Horizonterweiterung, sondern ein Aufbrechen von klischeehaften Projektionen und Verhaltensschablonen gegenüber Einzelnen und Gruppen« (Burow 2000, S. 174 f.).

• *Phase 2: Prüfen des Umfelds*

Aufgabe 59: Welche Entwicklungen kommen auf uns zu?

Alle Teilnehmer*innen bringen Artikel, Gegenstände mit, die verdeutlichen, welche Entwicklungen aus ihrer Sicht auf die Schule zukommen. In den Gruppen werden die mitgebrachten Gegenstände präsentiert, diskutiert und Trends herausgearbeitet, welche auf einer Mindmap im Plenum strukturiert nach Haupt- und Untertrends festgehalten werden. Auf diese Weise ergibt sich eine komplexe Landkarte, welche aufzeigt, wie vielfältig die auf Sie alle zukommenden Einflüsse sind.

Am Ende des ersten Tages erhalten alle Teilnehmer*innen Klebepunkte, welche sie nach Bedeutsamkeit auf die Trends setzen dürfen, wobei die verschiedenen Untergruppen, wie Lehrer*innen, Eltern, Schüler*innen, Schulsozialarbeiter*innen etc. unterschiedliche Farben erhalten, um spezifische Sichtweisen und Akzentsetzungen transparent zu machen.

Es dürfte am Ende dieses Tages bei Ihnen eine gewisse Konfusion und Überforderung bestehen, sieht man doch, wie viel auf die Schule einwirkt und wie viel notwendig ist, um all dem zu begegnen. Nichtsdestotrotz stellt dies auch einen mächtigen Antrieb dar, um gemeinsam nach Lösungsstrategien zu suchen.

• *Phase 3: Bewerten der Gegenwart*

Aufgabe 60: Worauf sind wir stolz, was bedauern wir?

Die Gruppen suchen sich nun je einen Trend aus, den sie weiter bearbeiten wollen. Nach der Präsentation eines Analyseplakates zur exakteren Beschreibung des Trends bilden sich Gruppen, die ihre aktuelle Praxis unter zwei Fragestellungen betrachten:
- Worauf sind wir stolz?
- Was bedauern wir?

Die Gruppen präsentieren ihre Ergebnisse dem Plenum, womit ein sehr differenziertes Bild der Organisation entsteht. Durch die Sichtweise auf Stärken und Schwächen wird nicht nur einseitig auf Kritik abgezielt. Vielmehr werden auch positive Aspekte durch die eigene Formulierung aktiv wahrgenommen und können ggf. als Ressourcen später aufgegriffen werden.

- *Phase 4: Zukunft (er-)finden*

Aufgabe 61: Was ist unsere Vision? Was wollen wir gemeinsam erschaffen?

Phase 4 als Phantasie- oder Visionenphase stellt das Kernstück der Zukunftskonferenz dar, in welcher es darum gehen soll, gemeinsam eine günstige Zukunft für Ihre Organisation und Ihre persönlichen Bedürfnisse zu (er-)finden. »Das gemeinsame Entwerfen wünschenswerter Zukünfte ist in diesem Sinne gleichzeitig ein Such-, ein Forschungs- und ein Entwurfs- bzw. Gestaltungsprozess« (Burow 2000, S. 178). Dies findet in gemischten Gruppen statt, von denen jede drei Stunden Zeit hat, ihre Vorstellungen einer idealen Zukunft zu entwickeln, um diese am Ende kreativ dem Plenum zu präsentieren. Alle Teilnehmer*innen haben dabei die Aufgabe, sich jene Punkte zu notieren, die sie als gemeinsame Vorstellungen ansehen.

Sie werden sehen, dass sich in der Rückschau aus dieser visionären Zukunft in die Gegenwart zeigt, dass die Zukunft nicht zwangsläufig eine Fortsetzung gegenwärtiger Trends sein muss und es einen gemeinsamen freien Gestaltungsraum gibt. Damit schließen Sie den zweiten Tag mit größerem Wissen, besserer Vernetzung sowie einem erweiterten Zielbewusstsein.

- *Phase 5: Entdecken des gemeinsamen Grundes*

Aufgabe 62: Was sind unsere essentiellen Gemeinsamkeiten?

Diese Phase beginnt zunächst mit einer Vergegenwärtigung der Zukunftsvisionen, wobei die Funktionsgruppen die gemeinsamen Endresultate auf Listen notieren, auf einem anderen Flipchart »ungelöste Differenzen«. In der Zukunftskonferenz geht es jedoch in erster Linie nicht um die Bearbeitung möglicher Differenzen, sondern um die Entdeckung des gemeinsam geteilten Grundes. Denn trotz aller Differenzen gibt es über alle Teilnehmer*innen hinweg eine breite Basis gemeinsam geteilter Zielvorstellungen und Gemeinsamkeiten, die sich als Anstoß für Wandlungsprozesse nutzen lassen.

• *Phase 6: Fokus auf die Realisierung: Zukunft im Hier-und-Jetzt umsetzen*

> **Aufgabe 63: Nächste Schritte –
> Wer macht, was, wo, wann, mit wem?**
>
> Schlussendlich geht es in der Umsetzungsphase darum, darüber nachzusinnen, welche konkreten Schritte sich nun anbieten, um in Richtung der gemeinsam gewünschten Zukunft zu gehen. Dafür können sich Funktionsgruppen oder auch gruppenübergreifende Projektteams bilden, die Schritte oder Projekte der Umsetzung erarbeiten und diese im Plenum vorstellen.
>
> Abschließend trifft die Konferenz eine Vereinbarung über die Art und Weise der Dokumentation und Zugänglichmachung der Ergebnisse für alle und verständigt sich über ein Folgetreffen. In diesem soll über die erreichten Ergebnisse und weitere Folgeaktivitäten berichtet werden. Darüber hinaus empfehlen sich aber weitere Termine, um einen kontinuierlichen Selbsterneuerungsprozess zu unterstützen.

Umsetzung der Zukunftskonferenz

Sollten Sie Lust bekommen haben oder können sich vorstellen, eine solche Konferenz an Ihrer Einrichtung durchzuführen, verweisen wir auf folgende Literatur:
- Burow, Olaf-Axel (2000): Ich bin gut – wir sind besser. Erfolgsmodelle kreativer Gruppen, Stuttgart: Klett-Cotta.
- Marvin Weisbord, Sandra Janoff, Christoph Trunk (2008): Future Search – Die Zukunftskonferenz – Ein Leitfaden für die Praxis, Stuttgart: Klett-Cotta.

Ein solches Vorhaben muss wirklich von allen Beteiligten getragen werden und benötigt die Bereitschaft zu vollem zeitlichen Engagement. Zudem sollten Sie mindestens eine/n mit der Methode vertraute/n Moderator*in hinzuziehen, die/der den Gruppenprozess moderiert und lenkt und mit der/dem Sie die Rahmenbedingungen und Voraussetzungen im Vorfeld abklären können.

Arbeiten mit dem Index für Inklusion

Zum Einstieg und zur Umsetzung von Konzepten der Organisationsentwicklung eignet sich weiterhin der Index für Inklusion. Dieser enthält den sogenannten »Index-Prozess«, der zu einer inklusiven Entwicklung der Schule beitragen soll. Auch in diesem sollen die Erfahrungen aller beteiligten Personen der Schule einbezogen werden. Dabei entspricht der Prozess den üblichen Phasen der Schulentwicklungsplanung, allerdings mit einer zusätzlichen Phase im ersten Jahr, in der sich eine Gruppe von Personen mit dem Index und dessen Anwendung vertraut und sich Gedanken zu dessen Prozessgestaltung macht. Der gesamte Prozess besteht aus insgesamt fünf Phasen, die die folgenden Punkte beinhalten (nach Boban/Hinz 2003, S. 22):

Phase 1: Den Index-Prozess beginnen (6 Wochen)

- Das Index-Team bilden
- Den Zugang zur Schulentwicklung reflektieren
- Ein Bewusstsein für den Index wecken
- Sich über das Konzept und den Rahmen der Analyse austauschen
- Beschäftigung mit Indikatoren und Fragen intensivieren
- Die Arbeit mit den anderen Gruppen vorbereiten

Phase 2: Die Schulsituation beleuchten (drei Monate)

- Einschätzungen von Mitarbeiter*innen und schulischen Gremien erkunden
- Einschätzungen der Schüler*innen erkunden
- Einschätzungen von Eltern und weiteren Mitgliedern der Gemeinde erkunden
- Prioritäten für die Entwicklung festlegen

Phase 3: Ein inklusives Schulprogramm entwerfen

- Den Rahmen des Index in das Schulprogramm einbauen
- Prioritäten in das Schulprogramm einarbeiten

Phase 4: Die Prioritäten umsetzen (laufend)

- Prioritäten in die Praxis umsetzen
- Entwicklungen nachhaltig gestalten
- Fortschritte dokumentieren

Phase 5: Den Index-Prozess reflektieren (laufend)

- Entwicklungen evaluieren
- Die Arbeit mit dem Index reflektieren
- Den Index-Prozess weiterführen

Es handelt sich um einen längerfristigen Prozess, der an gängige Schulentwicklungsplanung erinnert, und tatsächlich besteht die in Phase 1 zu bildende Koordinationsgruppe, auch »Index-Team« genannt, dabei im Kern meist aus einer bereits vorhandenen Steuerungsgruppe für die Schulentwicklung. Wichtig ist aber, dass das schlussendliche Team die geschlechtliche und ethnische Zusammensetzung der Schule berücksichtigt und auch Vertreter*innen der Eltern- und Schüler*innenschaft sowie des nicht unterrichtenden Personals enthält. Das Team kann im Laufe des Prozesses durchaus variieren und es ist an großen Schulen auch denkbar, dass einzelne Abteilungen Planungsteams bilden, die jeweils mit der zentralen Gruppe verbunden sind.

Die einzelnen Phasen sind im Index für Inklusion im Detail für die Umsetzung mit praktischen Beispielen ausgeführt. Wenn Sie an einer Umsetzung interessiert sind und sich gemeinsam auf dieses herausfordernde, aber sehr gewinnbringende Abenteuer einlassen möchten, empfehlen wir die Lektüre.

🌐 Der Index für Inklusion

Der Index für Inklusion ist online verfügbar unter:
- http://www.csie.org.uk/resources/translations/IndexGerman.pdf

Auch wenn es sich beim Index scheinbar um einen klar vorgegebenen schrittweisen Prozess zu handeln scheint, möchten wir an dieser Stelle die Autor*innen zitieren, die betonen: »Beim Index geht es nicht nur um sorgfältig geplante, schrittweise Prozesse des Herausarbeitens und Umsetzens von Veränderungsprioritäten. Schulentwicklung ist immer komplexer und chaotischer« (Boban/Hinz 2003, S. 23). Das Projekt des Index kann große Wandlungen in der Art der Zusammenarbeit bedeuten oder auch kleine Veränderungen in der Interaktion einzelner mit den Kindern und Jugendlichen. Auch werden sich Ihnen Möglichkeiten für inklusive Entwicklungen oder Veränderungen eröffnen, die Ihnen vorher nicht oder kaum bewusst waren. Möglicherweise zeigt sich, dass Ihre Schule – sofern Sie sich als inklusive Schule bezeichnet – gar nicht so inklusiv ist. Dies sollte aber nicht entmutigen, sondern vielmehr dazu führen, dass alle Beteiligten sich dafür einsetzen, Ressourcen zu mobilisieren, um mehr Partizipation aller zu ermöglichen (vgl. Boban/Hinz 2003).

🔑 Ziehen Sie ggf. eine externe Person hinzu, die bereits über Erfahrung mit der Umsetzung des Prozesses verfügt.

Schlussendlich gilt für jedes mögliche Verfahren, das Ihnen für Ihre Schule und Bedürfnisse im Kontext von Inklusion sinnvoll erscheint und für das Sie sich entscheiden, das Gleiche: Wichtig ist, dass alle Personen(-gruppen) in den inklusiven Schulentwicklungsprozess einbezogen werden. Zudem sollte allen Beteiligten klar sein, dass es sich um einen längerfristigen Prozess handelt, im Zuge dessen Sie sicher mit Stolpersteinen, Rückschlägen und unerwarteten Hindernissen rechnen müssen, die sich aber gemeinsam, mit regelmäßiger Reflexion und entsprechenden Hilfsmitteln bewältigen lassen.

4 Projektvorstellung

Diesem Werkbuch liegt ein Forschungsprojekt zugrunde, das maßgeblich für die Erarbeitung der Inhalte dieses Buches war, und insbesondere vielfältige Zitate aus durchgeführten Interviews und Gruppendiskussionen lieferte. Das Projekt »Inklusive Schulsozialarbeit: Organisationale und professionelle Herausforderungen der Sozialen Arbeit in der inklusiven Schule« mit einer zweijährigen Laufzeit (Oktober 2014 bis September 2016) wurde im Rahmen des Programms PRO*Niedersachsen vom Niedersächsischen Ministerium für Wissenschaft und Kultur gefördert und sollte Einblicke in die konkrete Praxis der Schulsozialarbeit sowie Hinweise auf Konzepte und Methoden Sozialer Arbeit bei der Gestaltung einer multiprofessionellen Schule geben. Die Autor*innen des Buches und Prof. Dr. Wolfgang Schröer – alle tätig an der Universität Hildesheim – sowie studentische Mitarbeiter*innen und ein Forschungspraktikant gehörten zum Projektteam. Sie kommen aus unterschiedlichen Teildisziplinen der Erziehungswissenschaft, was für die Untersuchung und die Fragestellungen rund um Inklusion, Schulsozialarbeit und Multiprofessionalität wichtig erschien, liegen doch diese im Schnittfeld von Schulpädagogik und Sozialpädagogik.

Ausgangspunkt des Forschungsprojektes

Das Feld der Schulsozialarbeit steht – wie in → Kap. 2 beschrieben – mit einer nicht nur in Niedersachsen inzwischen 40-jährigen Tradition gegenwärtig vor neuen Herausforderungen und erfährt nicht zuletzt durch diese Entwicklungen einen neuen Professionalisierungsschub. In der bisherigen Literatur zur Sozialen Arbeit in der Schule sind die Herausforderungen der Inklusion bisher kaum aufgenommen worden (→ Kap. 2). Hier stehen derzeit eher Bemühungen im Mittelpunkt, die uneinheitliche Lage des Handlungsfeldes in Deutschland statistisch zu erfassen (vgl. Iser/Karstirke/Lippsmeier 2013) und neue Formen der Praxisreflexion zu entwickeln (vgl. Hollenstein/Nieslony 2012; Baier/Deinet 2011; Spies/Pötter 2011). Ein Forschungsdesiderat besteht darin, die organisationalen und professionellen Herausforderungen, die mit einer inklusiven

Schule verbunden sind, im Kontext der Diskussion um Handlungskompetenz in der Schulsozialarbeit zu analysieren. Gleichzeitig existiert eine Vielzahl von praktischen Ansätzen, die inklusive Zugänge untersetzen könnten, aber in diese Richtung noch nicht weiterentwickelt wurden.

Forschungsinteresse/Forschungsfragen

Das übergreifende Ziel des Forschungsvorhabens kann also mit der Untersuchung und der Darstellung organisationaler und professioneller Herausforderungen und Umsetzungsmöglichkeiten in der Gestaltung inklusiver Schulen in Niedersachsen beschrieben werden. Die im Vorhaben gewonnenen Erkenntnisse zum Handlungszusammenhang inklusionssensibler Schule und Schulsozialarbeit bildeten in der Folge dann die Grundlage für die Erarbeitung dieses Werk- und Arbeitsbuches für die (Ausbildungs-)Praxis.

Einer der diesem Buch zugrundeliegenden Gedanken lag auch schon dem Projekt zugrunde: In der regen Diskussion um die kooperative Gestaltung einer inklusiven Schule findet die Berufsgruppe der Schulsozialarbeiter*innen bisher kaum Berücksichtigung, obwohl ihr – unserer Ansicht nach – eine besonders bedeutsame Rolle darin zukommt. Mit dem Projekt »Inklusive Schulsozialarbeit« gehen wir davon aus, dass die dargestellten Herausforderungen einer inklusiven Schule alltäglich auch an die Schulsozialarbeiter*innen herangetragen werden und sie Expert*innen einer inklusiven Schulsozialarbeit sind. Besonders bedeutsam erschien es daher, nicht nur die Arbeit der Schulsozialarbeiter*innen theoretisch zu betrachten, sondern mit ihnen als handelnden Akteur*innen direkt ins Gespräch über ihre gelebte Praxis zu kommen. Somit standen, wie dies auch in dem vorliegenden Buch der Fall ist, Praktiker*innen mit ihren Erfahrungen und Sichtweisen im Mittelpunkt. Zentrale Fragen im Rahmen des Forschungsprojektes waren:
- Welche organisationalen und professionellen Herausforderungen ergeben sich für eine inklusive Schulsozialarbeit?
- Auf welche (theoretischen) Grundlagen und Konzepte stützen sich die Schulsozialarbeiter*innen?
- Welche Handlungsmuster und Dilemmata können aus den Interviews herausgearbeitet werden?
- Wie werden die jeweiligen professionellen Zuständigkeiten und Aufgaben ausgehandelt und organisational hergestellt?
- Welche Orientierungsmuster und Vorstellungen von Inklusion sind bei den Akteur*innen leitend?
- Wie gestalten die Akteur*innen ihre Zusammenarbeit und welche Herausforderungen und Dilemmata zeichnen sich ab?

Vorgehen im Forschungsprojekt

Um mit den Praktiker*innen ins Gespräch zu kommen, wurden unterschiedliche Datenerhebungsmethoden umgesetzt. Zunächst wurden Einzelinterviews mit Schulsozialarbeiter*innen an sechs niedersächsischen allgemeinbildenden Schulen geführt, in welchen sie von ihrer Arbeit erzählten und davon, welche Relevanz Inklusion im Zuge dieser für sie hat, bzw. was die gesetzliche Verankerung des Rechts auf inklusive Beschulung für ihre Arbeit bedeutet und wie diese dadurch beeinflusst oder verändert wird. Dabei wurde untersucht, welche Herausforderungen und Praktiken sich bei der organisationalen Gestaltung einer inklusiven Schule und bei der Zusammenarbeit mit anderen Professionellen bzw. Berufsgruppen zeigen.

Das Besondere an diesen Interviews war, dass diese nicht nur gestützt durch einen Leitfaden durchgeführt wurden, sondern auch sogenannte egozentrierte Netzwerkkarten mit den Schulsozialarbeiter*innen erstellt wurden (→ Abb. 10), um die strukturelle Vernetzung der Akteur*innen im schulischen und außerschulischen Kontext in den Blick nehmen zu können.

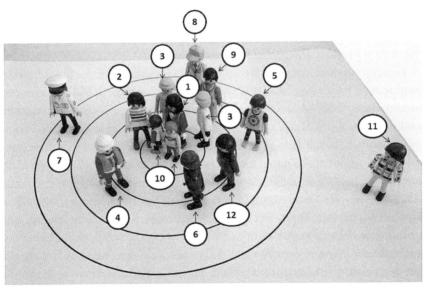

1 = Schulsozialarbeit	4 = Schulsozialarbeiter anderer Schulen	7 = Polizei	10 = Kinder
2 = Schulleiterin	5 = Jugendhilfestation	8 = Firmen	11 = Politiker
3 = Team	6 = Ortsvorsteher	9 = Eltern	12 = Arbeitsagentur

Abbildung 10: Netzwerkkarte mit der Aufstellung von Kooperationspartner*innen einer Schulsozialarbeiterin

Die Netzwerkkarte verdeutlicht, dass Schulsozialarbeiter*innen natürlich nicht allein arbeiten, sondern die Kooperation mit Lehrkräften und anderen inner-, aber auch außerschulischen Praktiker*innen sowie mit verschiedenen Einrichtungen eine zentrale Rolle in der Arbeit der Schulsozialarbeiter*innen spielt.

Bisher fokussier(t)en die meisten Studien das zweifelsohne zentrale Thema der Rahmenbedingungen von Schulsozialarbeit. Mit der Erforschung der impliziten und expliziten organisationalen und professionellen Herausforderungen im Alltag der Schulsozialarbeiter*innen ging das Forschungsprojekt darüber hinaus und nahm vor allem die multiprofessionelle Kooperation mit den Lehrkräften in Inklusionsprozessen in den Blick. Da die Kooperation mit Lehrkräften ein zentrales Handlungsmuster der Schulsozialarbeit ist und sein muss, war es ebenso unerlässlich, auch mit ihnen gemeinsam Beobachtungen der Schulsozialarbeit zu analysieren und zu deuten.

Über diese organisationale und professionelle Analyse von Schulsozialarbeit in inklusiven Schulen wurden daher in der Folge beispielhafte fiktive Fälle von Inklusion an Schule entwickelt, die im Anschluss in kleinen Runden aus Schulsozialarbeiter*innen und Lehrer*innen der einzelnen Schulen gemeinsam diskutiert wurden, um unterschiedliche Perspektiven, Interaktionen, Orientierungsmuster und Handlungsstrategien hinsichtlich Inklusion deutlich zu machen und auf dieser Basis organisationale und professionelle Handlungsmuster und Dilemmata herauszuarbeiten und zu reflektieren.

Dieses Vorgehen entspricht dem *Ansatz der Fallarbeit* (vgl. für die Lehrerbildung Schelle/Rabenstein/Reh 2010; Kiel/Kahlert/Haag/Eberle 2011 und für die Sozialpädagogik Müller 2009; Braun/Graßhoff/Schweppe 2011). Dabei dienen konkrete Fälle als Material, um z. B. Herausforderungen pädagogischer Praxis zu verdeutlichen und zu diskutieren. Die Arbeit an Fällen in handlungsentlasteten (Ausbildungs-)Phasen zielt auf den mehrperspektivischen Austausch und die Erarbeitung eines Reflexionswissens und Repertoires an Ansätzen und Möglichkeiten der Bearbeitung von pädagogischen Herausforderungen. Für das Projekt war der Ansatz der Fallarbeit in zweifacher Hinsicht leitend: Erstens ging es darum, in den Gruppendiskussionen mit Schulsozialarbeiter*innen und Lehrer*innen diese fiktiven »Fälle« aus Sicht der Praxis zu diskutieren und den Erfahrungshintergrund und die Expertise der Teilnehmer*innen sowie die Mehrperspektivität durch die Gruppenzusammensetzung für die Entwicklung von Handlungsstrategien und best-practice-Modellen zu nutzen. Zweitens flossen eben die Ergebnisse dieser Diskussionen wiederum in die didaktische Aufbereitung der Fälle für das Werk- und Arbeitsbuch sowie die Analyse von organisationalen und professionellen Herausforderungen ein.

Die Ergebnisse des Projektes

Es zeigte sich in den von den Schulsozialarbeiter*innen entwickelten Netzwerkkarten, dass diese trotz eines sehr breiten Arbeitsfeldes doch häufig mit ähnlichen Kooperationspartner*innen eng zusammenarbeiten und sich immer eine Unterteilung zwischen innen und außen in den Netzwerkkarten finden ließ. Dabei zeigte sich meist ein enger Kern im Zentrum der Karte, der in der Regel vor allem schulische Personen(-gruppen), bestehend aus Lehrer*innen und der Schulleitung, seltener auch der Kinder, enthielt. Damit zeigte sich durchgängig eine hohe Bedeutung der Beziehungen im schulischen Kontext bzw. der Beziehungen zu den Kolleg*innen und zur Schulleitung. In den äußeren Kreisen der Karten dagegen wurden unterschiedliche Akteur*innen angeführt. Dabei waren häufig Eltern bzw. Erziehungsberechtigte, Jugendhilfestationen bzw. Jugendamt und andere regionale Schulsozialarbeiter*innen vertreten. Politische oder medizinische Akteur*innen (Ortsvorsteher*innen, Ärzt*innen und Therapeut*innen) oder Einrichtungen wie Hort, Kindergarten, Arbeitsagentur, Moschee bzw. Firmen wurden nur vereinzelt aufgeführt. Einheitlich war, dass die Akteur*innen in den äußeren Kreisen weitestgehend unverbunden platziert wurden. Es ist davon auszugehen, dass die in den Aufstellungen dargestellten vielfältigen Kooperationsbeziehungen im sozialen und kommunalen Nahraum der Schule jeweils hergestellt, aufgebaut und gepflegt werden (müssen). Hier kommt der Schulsozialarbeit auch mit Blick auf die inklusive Schule eine zentrale Bedeutung zu.

Herausforderungen an die Schulsozialarbeit in der inklusiven Schule

Im Kontext von Unterricht wurden von den befragten Schulsozialarbeiter*innen als (inklusive) Herausforderungen Themen wie Autismus, Fluchterfahrung (Verständigung, Armut, Trauma), Unbeschulbarkeit (z. B. durch zu hohen Leistungsdruck bzw. seelische oder geistige Überlastung von Kindern und Jugendlichen), mangelnde Förderung sowie Ängste (von Menschen ohne Behinderung) vor der gemeinsamen Beschulung erkennbar. Als auffallende Herausforderung (auch) im Rahmen von sozialpädagogischen Aufgabenfeldern werden die spezielle Förderung nach bestimmten Zielgruppen und die defizitorientierten Unterteilungen (wie z. B. I-Kinder, ES-Kinder etc.) deutlich. Neben der (Teilhabe-)Förderung von sogenannten »Inklusionskindern« wird betont, dass die Gruppe von Kindern mit sogenanntem Förderbedarf »Emotionale und soziale Entwicklung« ebenso als Teil der Aufgaben von Inklusion gesehen werden muss.

Weiterhin werden für eine (alle einbeziehende) inklusive Aufgabenumsetzung fehlende zeitliche, personale und teilweise räumliche Ressourcen im eigenen professionellen Bereich (eingesparte Stellen von sozialpädagogischen Kolleg*innen, fehlende Beratungsräume) sowie im gesamtschulischen Bereich (Vertretung von fehlender oder verzögerter Schulbegleitung, geringe Stunden von Förderschullehrkräften etc.) angeführt.

Die befragten Schulsozialarbeiter*innen stehen vor der (spannungsreichen) Herausforderung, dass sie einerseits Teilhabe von Kindern und Jugendlichen gewährleisten wollen, andererseits ihre Ressourcen, Kompetenzen und Wirkungskraft für diesen allumfassenden (inklusiven) Arbeitsauftrag nicht ausreichen. Schulsozialarbeit agiert nicht nur an der Grenze zwischen Teilhabe und Exklusion, sondern stößt zugleich an (professionelle und organisationale) Grenzen bei der Grenzverschiebung hin zu mehr Teilhabe.

(Neue) Handlungsfelder der Schulsozialarbeit in der inklusiven Schule

Mit der Einführung eines inklusiven Bildungssystems scheint sich das Tätigkeitsfeld der Schulsozialarbeit besonders in Bereichen der Beratung sowie anderweitiger Unterstützungsleistungen des Lehrerkollegiums zu verändern. Zum Beispiel schaffen Schulsozialarbeiter*innen für »alte« und »neue« Berufsgruppen Situationen für einen gemeinsam Austausch – auch zur gemeinsamen Beratung. Im Rahmen von integrativem bzw. inklusivem Unterricht werden neben den emotional-sozialen oder pflegerischen Begleitungsaufgaben ebenso Aufgaben im Rahmen einer inklusiven Didaktik – aufgrund der eigenen professionellen Ausrichtung der Teilhabeförderung – wahrgenommen. Somit werden im Kontext von Unterricht notwendige inklusionssensible Handlungsweisen (differenzierte Lernmaterialien, Hausaufgaben oder Testfragen, fächerübergreifendes Lernen im Projekt, altersübergreifender Unterricht) auch als eigene bzw. gemeinsame (organisationale) Handlungsfelder angeführt.

Weitere Bereiche, die hierbei angeführt wurden und im Rahmen derer Schulsozialarbeit eine besondere Rolle zukommen kann, sind:
- Minimierung des Aussonderungsdruckes (Boban/Hinz 2003):
Schulsozialarbeiter*innen können beim Ausbau und bei der Gestaltung von vergleichs- und selektionsfrei(er)en Unterrichtsgestaltungen, in denen sich Kinder und Jugendliche ausprobieren können und ihre individuellen Kompetenzen anerkannt werden, in multiprofessionellen Klassenteams einen nicht zu unterschätzenden Beitrag leisten. Als Potenzial der Schulsozialarbeit kann (hierbei) die Unabhängigkeit von der Notengebung und somit vom schulischen Leistungs- und Aussonderungsdruck angesehen werden.
- Inklusionssensible Elternperspektive:
Eltern werden als Expert*innen ihres Kindes angesehen und verstärkt in Übergangs- oder Bildungsprozesse (z.B. durch Vorträge vor dem Schul-

eintritt, offene Begegnungsräume mit schulischen Mitarbeiter*innen oder anderen Eltern) einbezogen. Eine Öffnung von Schule für Eltern kann ein Weg sein, um mehr Transparenz auch hinsichtlich der inklusiven Entwicklungsprozesse zu schaffen und über bereits bestehende Teilhabemöglichkeiten und Barrierefreiheiten hinauszuweisen.

- (Individuelle) sozialpädagogische Angebote:
Derartige von der Schulsozialarbeit gestaltete Angebote werden als Ressource erkennbar. So werden individuelle Verstärkerpläne angeboten, in denen nach dem Prinzip »Lernen, was einem schwer fällt« unterschiedliche selbstgewählte Ziele von den Heranwachsenden eigenverantwortlich und ggf. unter der reflektierenden Assistenz des/der Schulsozialarbeiter*in erarbeitet werden können.

- Überwindung bestehender Parallelsysteme (zwischen Integrations- bzw. Inklusionsklassen und Regelklassen) vor Ort:
Schulsozialarbeit kann hier mittels einer – für alle Kinder und Jugendlichen gleichermaßen geltenden – inklusiven Schulkonzeptentwicklung tätig werden. Die Kritik, dass sogenannte »Inklusionskinder« nicht auf inklusive Schul(system)konzeptionen treffen, sondern ihre Teilhabemöglichkeiten stark von dem Willen und Wirkungs- bzw. Durchhaltevermögen vereinzelter pädagogischer Fachkräfte (zumeist der Klassenlehrkraft) abhängig sind, weist auf ein bestehendes bildungspolitisches bzw. gesellschaftliches Dilemma hin.

Trotz der hohen Anschlussfähigkeit an die Herausforderungen der Umsetzung von schulischer Inklusion sowie ihrem Beitrag zu einer inklusiven Schulentwicklung, stößt die Schulsozialarbeit auf gesellschaftliche, organisationale und professionell ausdifferenzierte sowie ausdifferenzierende Rahmenbedingungen. Demzufolge können Schulsozialarbeiter*innen (wie alle Beteiligten in Schule) nur unter der Mitwirkung anderer Beteiligter (in und außerhalb von Schule) eine inklusive Schule ausbauen. Erkennbar ist aber, dass Schulsozialarbeiter*innen (als vor Ort bestehende und bekannte Beratungsinstanz) von Lehrkräften, Kindern, Jugendlichen und Eltern (nun auch) hinsichtlich der Herausforderung Inklusion angefragt werden und als wegweisende Impulsgeber*innen dienen bzw. dienen können.

Abbildungen und Tabellen

Abbildung 1: Schilderwald 70

Abbildung 2: Spektren der Sozialarbeit .... 71 f.

Abbildung 3: Typen von Schulsozialarbeit (© DGLimages – panthermedia/2 x WavebreakmediaMicro – panthermedia/alexsokolov – Fotolia) 72

Abbildung 4: Netzwerkkarte mit der Aufstellung von Kooperationspartner*innen einer Schulsozialarbeiterin 80

Abbildung 5: Vorlage für eine Netzwerkkarte 82

Abbildung 6: Werkzeuge in der Schule (CC Seibert GmbH Multi-Media Verlag – Wikipedia/2 x CC0 Stockata/© Hannamariah – panthermedia/© pejo – panthermedia) 99

Abbildung 7: Stufen der Beteiligung nach Wolff/Hartig 2013, S. 21 f. 136

Abbildung 8: Teilnehmer*innen einer Zukunftskonferenz 166

Abbildung 9: Ablauf einer Zukunftskonferenz 168

Abbildung 10: Netzwerkkarte mit der Aufstellung von Kooperationspartner*innen einer Schulsozialarbeiterin 177

Tabelle 1: Beispiele für inklusive Herausforderungen in der Schule 58

Tabelle 2: Ablaufschema für eine kollegiale Fallberatung nach Bennewitz/Grabosch (2017, S. 50) .... 88 f.

Literatur

Akrich, M. (1997): The De-Scription of Technical Objects. In W.E. Bijker/J. Law (Hg.): Shaping Technology/Building Society. Studies in Sociotechnical Change (2. Aufl., S. 205–224). Cambridge u. London: University Press Group Ltd.

Albers, T. (2011): Mittendrin statt nur dabei. Inklusion in Krippe und Kindergarten. München: Ernst Reinhardt.

Amann, E. G. (2015): Resilienz (2. Aufl.). Freiburg im Breisgau: Haufe.

Autorengruppe Bildungsberichterstattung (Hg.) (2014): Bildung in Deutschland 2014. Ein indikatorengestützter Bericht mit einer Analyse zu Bildung und Migration. Bielefeld: W. Bertelsmann. Online verfügbar unter http://www.bildungsbericht.de/de/bildungsberichte-seit-2006/bildungsbericht-2014/pdf-bildungsbericht-2014/h-web2014.pdf, zuletzt geprüft am 01.06.17.

Autorengruppe Bildungsberichterstattung (Hg.) (2016): Bildung in Deutschland 2016. Ein indikatorengestützter Bericht mit einer Analyse zu Bildung und Migration. Bielefeld: W. Bertelsmann. Online verfügbar unter http://www.bildungsbericht.de/de/bildungsberichte-seit-2006/bildungsbericht-2016/pdf-bildungsbericht-2016/d_web2016.pdf, zuletzt geprüft am 18.07.17.

Baier, F. (2007): Zu Gast in einem fremden Haus. Theorie und Empirie zur Sozialen Arbeit in Schulen. Bern: Peter Lang.

Baier, F. (2016): Menschenrecht – Leitlinien zur Gestaltung von Vielfalt an Schule. In V. Fischer/M. Genenger-Stricker/A. Schmidt-Koddenberg (Hg.): Soziale Arbeit und Schule. Diversität und Disparität als Herausforderung (S. 135–149). Schwalbach: Wochenschau.

Baier, F./Deinet, U. (Hg.) (2011): Praxisbuch Schulsozialarbeit. Methoden, Haltungen und Handlungsorientierungen für eine professionelle Praxis. Opladen: Barbara Budrich.

Barthold, L./Schütz, A. (2010): Stress im Arbeitskontext. Ursachen, Bewältigung und Prävention. Weinheim: Beltz.

Bauer, P. (2013): Multiprofessionelle Kooperation und institutionelle Vernetzung an der (Ganztages-)Schule. In T. Bohl/S. Meissner (Hg.): Expertise Gemeinschaftsschule. Forschungsergebnisse und Handlungsempfehlungen für Baden-Württemberg (S. 161–176). Weinheim: Beltz.

Bauer, P. (2014): Kooperation als Herausforderung in multiprofessionellen Handlungsfeldern. In S. Faas/M. Zipperle (Hg.): Sozialer Wandel. Herausforderungen für Kulturelle Bildung und Soziale Arbeit (S. 273–286). Wiesbaden: Springer VS.

Bennewitz, H./Daneshmand, N. (2010): Kollegiale Fallberatung – wie geht das? Praxisbegleitende Kleingruppenarbeit fördert pädagogische Kompetenz. In Friedrich-Jahresheft, 28, S. 65–67.

Bennewitz, H./Grabosch, A. (2017): Kollegiale Fallberatung und multiprofessionelle Kooperation. In journal für lehrerinnenbildung, 2017 (1), S. 49–52.

Betz, T. (2015): Ideal der Bildungs- und Erziehungspartnerschaft. Kritische Fragen an eine verstärkte Zusammenarbeit zwischen Kindertageseinrichtungen, Grundschulen und Familien. Gütersloh: Bertelsmann Stiftung. Online verfügbar unter https://www.bertelsmann-stiftung.de/fileadmin/files/BSt/Publikationen/GrauePublikationen/Studie_WB__Bildungs-_und_Erziehungspartnerschaft_2015.pdf, zuletzt geprüft am 01.06.17.

Biewer, G./Schütz, S. (2016): Inklusion. In I. Hedderich/G. Biewer/J. Hollenweger/R. Markowetz (Hg.): Handbuch Inklusion und Sonderpädagogik (S. 123–127). Bad Heilbrunn: Klinkhardt.

Bijker, W. E./Law, J. (1997): General Introduction. In W.E. Bijker/J. Law (Hg.): Shaping Technology/Building Society. Studies in Sociotechnical Change (2. Aufl., S. 1–14). Cambridge: University Press Group Ltd.

BJK (Bundesjugendkuratorium/Sachverständigenkommission des Elften Kinder- und Jugendberichtes und Arbeitsgemeinschaft für Jugendhilfe (AGJ)) (2002): Bildung ist mehr als Schule. Leipziger Thesen zur aktuellen bildungspolitischen Debatte. Gemeinsame Erklärung des Bundesjugendkuratoriums, der Sachverständigenkommission des Elften Kinder- und Jugendberichtes und der Arbeitsgemeinschaft für Jugendhilfe. Bonn u. a.

Boban, I./Hinz, A. (Hg.) (2003): Index für Inklusion. Lernen und Teilhabe in der Schule der Vielfalt entwickeln. Halle: Martin-Luther-Universität. Online verfügbar unter http://www.eenet.org.uk/resources/docs/Index%20German.pdf, zuletzt geprüft am 01.06.17.

Böhnisch, L./Schröer, W. (2011): Blindflüge. Versuch über die Zukunft der Sozialen Arbeit. Weinheim u. München: Beltz Juventa.

Booth, T./Ainscow, M. (2002): Index for inclusion, developing learning and participation in schools, editing and production for CSIE Mark Vaughan. Online verfügbar unter http://www.eenet.org.uk/resources/docs/Index%20English.pdf, zuletzt geprüft am 01.06.17.

Booth, T./Ainscow, M. (2011): Index for inclusion: developing learning and participation in schools. Published by Centre for Studies on Inclusive Education (CSIE). Bristol. Online verfügbar unter http://www.brundallprimary.com/pages/wp-content/uploads/2010/03/index.pdf, zuletzt geprüft am 01.06.17.

Booth, T./Ainscow, M. (2017): Index für Inklusion. Ein Leitfaden für Schulentwicklung. Mit Online-Materialien. Auch für Kindergärten, Hochschulen und andere Bildungseinrichtungen. Herausgegeben von B. Achermann/D. Amirpur/M.-L. Braunsteiner/H. Demo/E. Plate/A. Platte. Weinheim: Beltz.

Braun, A./Graßhoff, G./Schweppe, C. (2011): Sozialpädagogische Fallarbeit. München: Ernst Reinhardt.

Bretländer, B. (2012): Integrative/Inklusive Schulen brauchen Schulsozialarbeit. In S. Seitz/N.-K. Finnern/N. Korff/K. Scheidt (Hg.): Inklusiv gleich gerecht? Inklusion und Bildungsgerechtigkeit (S. 241–246). Bad Heilbrunn: Klinkhardt.

Brüggemann, C./Tegge, D.(2016): Kennziffern in der Kritik: Anmerkungen zur indikatorengestützten Darstellung von Inklusion in der internationalen Bildungsberichterstattung. Zeitschrift für Inklusion,1, S. 1. Online verfügbar unter http://www.inklusion-online.net/index.php/inklusion-online/article/view/344/288 07.01.2017, zuletzt geprüft am 18.07.17.

Burow, O.-A. (2000): Ich bin gut – wir sind besser. Erfolgsmodelle kreativer Gruppen. Stuttgart: Klett-Cotta.

Busche-Baumann, M./Becker, M./Rainer, H./Olker, S. (2014): Einblick – Schulsozialarbeit in Niedersachsen. HAWK – Hochschule für angewandte Wissenschaft und Kunst. Hildesheim. Online verfügbar unter http://www.hawk-hhg.de/sozialearbeitundgesundheit/media/Einblick_Schulsozialarbeit_in_Niedersachsen.pdf, zuletzt geprüft am 01.06.17.

Cameron, H. (2014): Multiprofessionelle Teams in Kanada – das Community SchoolTeam-Programm. In E. Erdsiek-Rave/M. John-Ohnesorg (Hg.): Individuell fördern mit multiprofessionellen Teams (S. 49–53). Berlin: Friedrich-Ebert-Stiftung.

De L'Espine, F./Tölle, U. (2012): Institutionelle Voraussetzungen und berufliches Selbstverständnis – Schulsozialarbeit an Grundschulen. In E. Hollenstein/F. Nieslony (Hg.): Handlungsfeld Schulsozialarbeit. Profession und Qualität (S. 77–101). Hohengehren: Schneider.

Deutsche UNESCO-Kommission e. V.: Inklusive Bildung. Online verfügbar unter http://www.unesco.de/bildung/inklusive-bildung.html, zuletzt geprüft am 01.06.17.

Deutsche UNESCO-Kommission e. V.: Über die UNESCO. Online verfügbar unter http://www.unesco.de/ueber-die-unesco/ueber-die-unesco.html, zuletzt geprüft am 19.05.2017

Deutsches Institut für Erwachsenenbildung – (Hg.): Think-Pair-Share. Online verfügbar unter https://wb-web.de/material/methoden/Think-Pair-Share.html, zuletzt geprüft am 01.06.17.

Drilling, M. (2009): Schulsozialarbeit – Antworten auf veränderte Lebenslagen (4. Aufl.). Bern: Haupt.

Eibeck, B, (2011): Schulsozialarbeit und Inklusion. Thesen zur Diskussion. GEW-intern veröffentlichter Entwurf. URL: https://www.gew-sh.de/themen/kinder-und-jugendhilfe/schulsozialarbeit-und-inklusion, zuletzt geprüft am 01.06.17.

Eikötter, M./Beck, A./Sanabria, A./Maykus, S. (2015): Kommunale Perspektiven und Implementierungsoptionen: Inklusion am Beispiel der Schulsozialarbeit. In Blätter der Wohlfahrtspflege:deutsche Zeitschrift für soziale Arbeit, 162 (6), S. 212–215.

Fabel-Lamla, M./Reinecke-Terner, A, (2014): Schulsozialarbeit im inklusiven Schulsystem. Chancen und Herausforderungen der Kooperation in multiprofessionellen Teams. In R. Krüger/C. Mähler (Hg.): Gemeinsames Lernen in inklusiven Klassenzimmern (S. 147–156). Neuwied: Carl Link.

Fabel-Lamla, M./Thielen, M. (2011): Interprofessionelle Kooperation. In M. Thielen (Hg.): Pädagogik am Übergang. Arbeitsweltvorbereitung in der allgemeinbildenden Schule (S. 61–69). Bad Heilbrunn: Klinkhardt.

Fegert, J. M./Schröer, W./Wolff, M. (2017): Persönliche Rechte von Kindern und Jugendlichen. Schutzkonzepte als organisationale Herausforderungen. In M. Wolff/W. Schröer/J. M. Fegert (Hg.): Schutzkonzepte in Theorie und Praxis (S. 14–24). Weinheim: Beltz Juventa.

Felder, M./Schneiders, K. (2016): Inklusion kontrovers. Herausforderungen für die Soziale Arbeit. Schwalbach/Ts.: Wochenschau.

Gellert, M./Nowak, C. (2010): Teamarbeit, Teamentwicklung, Teamberatung. Ein Praxisbuch für die Arbeit in und mit Teams (4. erw. Aufl.). Meezen: Limmer.

Graßhoff, G./Mangold, K./Oehme, A. (2014): Editorial. Inklusion in Handlungsfeldern und -konzepten der Sozialen Arbeit. In sozialmagazin. Die Zeitschrift für Soziale Arbeit, 39 (11–12).

Greve, W./Hellmers, S./Hauenschild, K./Götz, J./Schüle, C. (2014): »Mit etwas gutem Willen ...« – Inklusionsbezogene Einstellungen von Lehrenden als Bedingung und Folge von Erfahrungen. In R. Krüger/C. Mähler (Hg.): Gemeinsames Lernen in inklusiven Klassenzimmern. Prozesse der Schulentwicklung gestalten (S. 121–132). Köln: Carl Link.

Heinrich, M./Urban, M./Werning, R. (2013): Grundlagen, Handlungsstrategien und Forschungsperspektiven für die Ausbildung und Professionalisierung von Fachkräften für inklusive Schulen. In H. Döbert/H. Weishaupt (Hg.): Inklusive Bildung professionell gestalten – Situationsanalysen und Handlungsempfehlungen (S. 69–133). Münster: Waxmann.

Heyl, V./Seifried, S. (2014): »Inklusion? Da ist ja sowieso jeder dafür!?« Einstellungsforschung zu Inklusion (EFI). In S. Trumpa/S. Seifried/E. Franz/T. Klauß (Hg.): Inklusive Bildung. Erkenntnisse und Konzepte aus Fachdidaktik und Sonderpädagogik (S. 47–60). Weinheim: Beltz Juventa.

Hinz, A. (2002): Von der Integration zur Inklusion – terminologisches Spiel oder konzeptionelle Weiterentwicklung? In Zeitschrift für Heilpädagogik, 53, S. 354–361.

Hirschberg, M./Köbsell, S. (2016): Grundbegriffe und Grundlagen: Disability Studies, Diversity und Inklusion. In I. Hedderich/G. Biewer/J. Hollenweger/R. Markowetz (Hg.): Handbuch Inklusion und Sonderpädagogik (S. 555–568). Bad Heilbrunn: Klinkhardt.

Hirschberg, M./Lindmeier, C. (2013): Der Begriff »Inklusion« – Ein Grundsatz der Menschenrechte und seine Bedeutung für die Erwachsenenbildung. In R. Burtscher/E.J. Ditschek/K.-E. Ackermann/M. Kil/M. Kronauer (Hg): Zugänge zu Inklusion. Erwachsenenbildung, Behindertenpädagogik und Soziologie im Dialog (S. 39–52). Bielefeld: Bertelsmann.

Hollenstein, E./Nieslony, F./Speck, K./Olk, T. (Hg.) (2017): Handbuch der Schulsozialarbeit. Bd. 1. Weinheim: Beltz Juventa.

Hollenstein, E./Iser, A./Nieslony, F. (2012): Neue Entwicklung im Schulsystem als Herausforderung für die Praxis der Schulsozialarbeit. In E. Hollenstein/F. Nieslony, (Hg.) : Handlungsfeld Schulsozialarbeit. Profession und Qualität. Grundlagen Soziale Arbeit. Bd. 29 (S. 272–294). Baltmannsweiler: Schneider.

Hollenstein, E./Nieslony, F. (Hg.) (2012): Handlungsfeld Schulsozialarbeit. Profession und Qualität. Grundlagen Soziale Arbeit. Bd. 29. Baltmannsweiler: Schneider.

Holtbrink, L. (2015): Neue Herausforderungen für die Schulsozialarbeit im Rahmen des Inklusionsprozesses. In Sozialmagazin, 40 (11–12), S. 30–38.

Holtbrink, L. (2017): Inklusion und Schulsozialarbeit. In E. Hollenstein/F. Nieslony/K. Speck/T. Olk (Hg.): Handbuch der Schulsozialarbeit. Bd. 1 (S. 195–203). Weinheim: Beltz.

Holzer, B. (2006): Netzwerke (2. Aufl.). Bielefeld: transcript.

Honneth, A.(1994): Kampf um Anerkennung: Zur moralischen Grammatik sozialer Konflikt. Frankfurt a. M.: Fischer.

Hörmann, B. (2016): Internationales Bildungsmonitoring und Marginalisierung. In I. Hedderich/G. Biewer/J. Hollenweger/R. Markowetz (Hg.): Handbuch Inklusion und Sonderpädagogik (S. 607–612). Bad Heilbrunn: Klinkhardt.

Horstkemper, M./Tillmann, K.-J. (2016): In Sozialisation und Erziehung in der Schule. Bad Heilbrunn: Klinkhardt.

Idel, T.-S. (2014): So viel wie nötig, so wenig wie möglich? Erfordernisse, Zumutungen und Grenzen der Kooperation unter Lehrkräften. In Schulmagazin 5–10, 82 (9), S. 7–14.

Idel, T.-S. (2016): Zusammenarbeit als Aufgabe von Lehrkräften. Professionstheoretische Überlegungen zu Erfordernissen, Zumutungen und Grenzen von Kooperation. In C. Lähnemann/A. Leuthold-Wergin/H. Hagelgans/L. Ritschel, L. (Hg.): Professionelle Kooperation in und mit der Schule – Erkenntnisse aus der Praxisforschung. Tagungsband der 20. Jahrestagung Nordverbund Schulbegleitforschung, Schriftenreihe Forschungspraxis Praxisforschung (S. 23–46). Münster: MV-Wissenschaft.

Irle, K. (2015): Vorwort: Inklusion braucht Bewegung im Kopf. In K. Irle (Hg.): Wie Inklusion in der Schule gelingen kann und warum manche Versuche scheitern. Interviews mit führenden Experten (S. 7–11). Weinheim: Beltz.

Iser, A./Karstirke, N./Lippsmeier, G. (2013): Schulsozialarbeit steuern. Vorschläge für eine Statistik zur Sozialen Arbeit an Schulen. Wiesbaden: Springer VS.

Kastirke, N./Seibold, C./Eibeck, B. (2016): Schulsozialarbeit systematisch ausbauen und professionell etablieren. Beiträge zum Bundeskongress Schulsozialarbeit 2015 Dortmund. Düsseldorf: Servicelabel.

Katzenbach, D. (2010): Bildung und Anerkennung. In O. Musenberg/J. Riegert (Hg.): Bildung und geistige Behinderung (S. 93–114). Oberhausen: Athena.

Kiel, E./Kahlert, J./Haag, L./Eberle, T. (2011): Herausfordernde Situationen in der Schule. Ein fallbasiertes Arbeitsbuch. Bad Heilbrunn: Klinkhardt.

Killus, D./Paseka, A./Schütz, P./Walther, U./Wischer, B. (Hg.) (2017): Eltern. Friedrich Jahresheft, XXXV 2017.

Kiuppis, F. (2016): Inklusion und Bildung international: UNESCO. In I. Hedderich/G. Biewer/J. Hollenweger/R. Markowetz (Hg.): Handbuch Inklusion und Sonderpädagogik (S. 621–625). Bad Heilbrunn: Klinkhardt.

Klemm, K. (2015): Inklusion in Deutschland – Daten und Fakten. Gutachten im Auftrag der Bertelsmann Stiftung. Gütersloh. Online verfügbar unter https://www.bertelsmannstiftung.de/fileadmin/files/BSt/Publikationen/GrauePublikationen/Studie_IB_Klemm-Studie_Inklusion_2015.pdf, zuletzt geprüft am 01.06.17.

Köbsell, S. (2012): Integration/Inklusion aus Sicht der Disability Studies: Aspekte aus der internationalen und der deutschen Diskussion. In K. Rahtgeb (Hg): Disability Studies. Kritische Perspektiven für die Arbeit am Sozialen (S. 39–54). Wiesbaden: Springer VS.

Köbsell, S. (2015): Disability Studies in Education. Zeitschrift für Inklusion, Juni 2015. S. 1. Online verfügbar unter http://www.inklusion-online.net/index.php/inklusion-online/article/view/275, zuletzt geprüft am 07.01.17.

Köbsell, S. (o. J.): Disability studies. Online verfügbar unter http://www.disabilitystudies.de/studies.html, zuletzt geprüft am 01.06.17.

Kooperationsverbund Schulsozialarbeit (2015): Leitlinien für Schulsozialarbeit. Berlin. Online verfügbar unter https://www.gcw.de/fileadmin/media/publikationen/hv/Schulsozialarbeit/Leitlinien_Schulsozialarbeit_A5_gesamt.pdf, zuletzt geprüft am 01.06.17.

Krüger, R. (2008): Entwicklung und Rahmenbedingungen der Schulsozialarbeit. In Henschel, A./Krüger, R./Schmitt, C./Stange, W. (Hrsg.): Jugendhilfe und Schule. Handbuch für eine gelingende Kooperation (2. Aufl., S. 152–164). Wiesbaden: Springer VS.

Kunze, K. (2016): Multiprofessionelle Kooperation – Verzahnung oder Differenzierung? Einige Einwände gegen die Polarisierungstendenz einer Diskussion. In T.-S. Idel/F. Dietrich/K. Kunze/K. Rabenstein/A. Schütz (Hg.): Professionsentwicklung und Schulreform. Zwischen Gymnasium und neuen Schulformen in der Sekundarstufe (Studien zur Professionsforschung und Lehrerbildung) (S. 261–277). Bad Heilbrunn: Klinkhardt.

Lau, R./Boller, S. (2015): Auf dem Weg zu einer inklusiven Sekundarstufe II – erste Ergebnisse eines Praxisforschungsprojekts. In C. Siedenbiedel/C. Theurer (Hg.): Grundlagen inklusiver Bildung Teil 2. Entwicklung zur inklusiven Schule und Konsequenzen für die Lehrerbildung (S. 18–36). Immenhausen: Prolog-Verlag.

Lohmann, A./Hentschke, A.-K./Dellbrügge, V./Bastian, P./Böttcher, W./Ziegler, H. (2012): Kooperationen in Frühen Hilfen und Sozialen Frühwarnsystemen. In W. Thole/A. Retkowski/B. Schäuble (Hg.): Sorgende Arrangements. Kinderschutz zwischen Organisation und Familie (S. 187–199). Wiesbaden: Springer VS.

Lüders, C. (2014): »Irgendeinen Begriff braucht es ja …« Das Ringen um Inklusion in der Kinder- und Jugendhilfe. In Soziale Passagen, 6 (1), S. 21–53.

Luhmann, N. (1994): Inklusion und Exklusion. In H. Berding (Hg.): Nationales Bewußtsein und kollektive Identität (S. 15–45). Frankfurt a. M.

Maykus, S. (2004): Kooperation von Lehrern und Sozialpädagogen – regulierte Machtverhältnisse als Voraussetzung einer funktionalen Kooperationsstruktur und -kultur? In B. Hartnuß/S. Maykus (Hg.): Handbuch Kooperation von Jugendhilfe und Schule (S. 349–370). Berlin: Eigenverlag des Deutschen Vereins für öffentliche und private Fürsorge.

Maykus, S. (2009): Kooperation: Mythos oder Mehrwert? Der Nutzen multiprofessioneller Kooperation der Akteure schulbezogener Jugendhilfe. In F. Prüß/S. Kortas/M. Schöpa (Hg.): Die Ganztagsschule: von der Theorie zur Praxis (S. 307–321). Weinheim: Juventa.

Mays, D. (2016): Wir sind ein Team!: Multiprofessionelle Kooperation in der inklusiven Schule. München: Ernst Reinhardt.

Moldenhauer, A. (2014): Schulsozialarbeit in inklusiven Schulentwicklungsprozessen. In Sozialmagazin. Thema: Inklusion in Handlungsfeldern und Konzepten der sozialen Arbeit, 39 (11–12). S. 40–47.

Müller, B. (2009): Sozialpädagogisches Können. Ein Lehrbuch zur multiperspektivischen Fallarbeit (6., vollständig neu überarbeitete Aufl.). Freiburg: Lambertus.

National Coalition Deutschland – (Hg.): Netzwerk zur Umsetzung der UN-Kinderrechtskonvention. Online verfügbar unter http://www.national-coalition.de/, zuletzt geprüft am 01.06.17.

Neuhoff, K. (2015): Bildung als Menschenrecht. Systematische Anfragen an die Umsetzung in Deutschland. Bielefeld: W. Bertelsmann.

Olk, T./Speck, K. (2015): Schulsozialarbeit in Deutschland. In Deutsches Rotes Kreuz e. V. (Hrsg.): Reader Schulsozialarbeit – Bd. 3. Von den Nachbarn lernen – Internationaler Vergleich von Jugendsozialarbeit an Schule (S. 12–38). Berlin: DRK-Service GmbH.

Opertti, R./Walker, Z./Zhang, Y. (2014): Inclusive education. From targeting groups and schools to achieving Quality Education as the Core of EFA. In L. Florian (Hg.): The SAGE handbook of special education (S. 149–169). London u. a.: SAGE Publications Ltd.

Philipp, E. (2014): Multiprofessionelle Teamentwicklung: Erfolgsfaktoren für die Zusammenarbeit in der Schule. Weinheim: Beltz.

Prengel, A. (2006): Pädagogik der Vielfalt. Verschiedenheit und Gleichberechtigung in Interkultureller, Feministischer und Integrativer Pädagogik (3. Aufl.). Wiesbaden: Springer VS.

Reh, S./Breuer, A. (2012): Positionierungen in interprofessionellen Teams – Kooperationspraktiken an Ganztagsschulen. In S. Huber/F. Ahlgrimm (Hg.): Kooperation. Aktuelle Forschung zur Kooperation in und zwischen Schulen sowie mit anderen Partnern (S. 185–201). Münster u. a.: Waxmann.

Rix, J./Hall, K./Nind, M./Sheehy, K./Wearmouth, J. (2006): A Systematic Review of Interactions in Pedagogical Approaches with Reported Outcomes for the Academic and Social Inclusion of Pupils with Special Educational Needs. Technical report. In Research Evidence in Education Library. London: EPPI-Centre, Social Science Research Unit, Institute of Education, University of London.

Schelle, C./Rabenstein, K./Reh, S. (2010): Unterricht als Interaktion. Ein Fallbuch für die Lehrerbildung. Bad Heilbrunn: Klinkhardt.

Schmidt, R. (2015): Gerecht ist das nicht. In K. Irle (Hg.): Wie Inklusion in der Schule gelingen kann und warum manche Versuche scheitern. Interviews mit führenden Experten (S. 13–23). Weinheim: Beltz.

Spatscheck, C./Thiessen, B. (2017): Inklusion und Soziale Arbeit. Teilhabe und Vielfalt als gesellschaftliche Gestaltungsfelder. Opladen: Barbara Budrich

Speck, K. (2007): Schulsozialarbeit. Eine Einführung. Weinheim: Beltz.

Speck, K. (2009): Schulsozialarbeit – Eine Einführung (2., überarbeitete Aufl.). München: Ernst Reinhardt.

Speck, K. (2014): Schulsozialarbeit. Eine Einführung (3. überarbeitete und erweiterte Aufl.). München: Ernst Reinhardt.

Speck, Karsten (2015): Schulsozialarbeit. In Sandfuchs, U./Melzer, W./Dühlmeier, B./Rausch, A. (Hg.): Handbuch Erziehung (S. 358–363). Bad Heilbrunn: Klinkhardt.

Spies, A. (Hg.) (2013): Schulsozialarbeit in der Bildungslandschaft. Möglichkeiten und Grenzen des Reformpotentials. Wiesbaden: Springer VS.

Spies, A. (2016): Schulsozialarbeit unter der Prämisse des schulischen Inklusionsauftrags. In Kooperationsverbund Schulsozialarbeit (Hg.): Schulsozialarbeit systematisch ausbauen – Neue Herausforderungen und Entwicklungsaufgaben (2. Aufl. S. 157–169). München. Online verfügbar unter http://www.jugendsozialarbeit-paritaet.de/data/dokuband_final_13.01.2016.pdf, zuletzt geprüft am 18.07.17.

Spies, A./Pötter, N. (2011): Soziale Arbeit an Schulen. Einführung in das Handlungsfeld Schulsozialarbeit. Wiesbaden: Springer VS.

Springer Gabler (Hg.): Unternehmenskultur. Online verfügbar unter http://wirtschaftslexikon.gabler.de/Definition/unternehmenskultur.html, zuletzt geprüft am 01.06.2017.

Stüwe, G./Ermel, N./Haupt, S. (2015): Lehrbuch Schulsozialarbeit. Weinheim: Beltz Juventa.

Thiersch, H. (2006): Leben lernen, Bildungskonzepte und sozialpädagogische Aufgaben. In H.-U. Otto/J. Oelkers (Hg.): Zeitgemäße Bildung. Herausforderung für Erziehungswissenschaft und Bildungspolitik (S. 21–36). München: Ernst Reinhardt.

Thiersch, H. (2009): Lebensweltorientierte Soziale Arbeit – Aufgaben der Praxis im sozialen Wandel (7. Aufl.). Weinheim: Beltz Juventa.

Thurn, S. (2014): Klassenklima – Schulklima. Ich gehöre dazu – ich kann's – ich werde ernst genommen. In Pädagogik, 66, 7/8, S. 40–43.
Tietze, K. O. (2003): Kollegiale Beratung – Problemlösungen gemeinsam entwickeln. Reinbek.
Tietze, K.-O. (2010): Wirkprozesse und personenbezogene Wirkungen von kollegialer Beratung. Wiesbaden: Springer VS.
Tillmann, K.-J. (2004): Die homogene Lerngruppe – oder: System jagt Fiktion. In H.-U. Otto/ T. Rauschenbach (Hg.): Die andere Seite der Bildung. Zum Verhältnis von formellen und informellen Bildungsprozessen (S. 33–40). Wiesbaden: Springer VS.
UNESCO (1994): The Salamanca Statement and Framework for Action on Special Needs Education. Paris. Online verfügbar unter http://www.unesco.org/education/pdf/SALAMA_E.PDF, zuletzt geprüft am 18.07.17.
UNESCO (2005): Guidelines for Inclusion. Ensuring Access to Education for All. Paris. Online verfügbar unter http://unesdoc.unesco.org/images/0014/001402/140224e.pdf, zuletzt geprüft am 18.07.17.
Volk, S./Fabel-Lamla, M./Haude, C. (2017): Kooperation mit Lehrpersonen und multiprofessionelle Zusammenarbeit. In S. Ahmed/F. Baier/M. Fischer (Hg.): Schulsozialarbeit an Grundschulen. Konzepte und Methoden für eine Praxis mit Kindern und Familien. Opladen: Barbara Budrich (im Erscheinen).
Weber, H. (2016): Indikatoren für Inklusion. In I. Hedderich/G. Biewer/J. Hollenweger/R. Markowetz (Hg.): Handbuch Inklusion und Sonderpädagogik (S. 612–617). Bad Heilbrunn: Klinkhardt.
Weisbord, M. R./Janoff, S. (1995): Future Search. An Action Guide to Finding Common Ground in Organizations and Communities. San Francisco: Berrett-Koehler.
Weisbord, M./Janoff, S./Trunk, C. (2008): Future Search – Die Zukunftskonferenz – Ein Leitfaden für die Praxis. Stuttgart: Klett-Cotta.
Wellensiek, S. K./Galuska, J. (2014): Resilienz – Kompetenz der Zukunft. Balance halten zwischen Leistung und Gesundheit. Weinheim: Beltz.
Welti, F. (2015): Verantwortlichkeit von Schule und Sozialleistungsträgern für angemessene Vorkehrungen und für Zugänglichkeit für behinderte Schülerinnen und Schüler. In C. Siedenbiedel/C. Theurer (Hg.): Grundlagen inklusiver Bildung Teil 2. Entwicklung zur inklusiven Schule und Konsequenzen für die Lehrerbildung (S. 37–47). Immenhausen: Prolog.
Werning, R. (2011): Inklusive Pädagogik. Eine Herausforderung für die Schulentwicklung. In Lernende Schule, 55, S. 4–8.
Werning, R. (2014): Stichwort: Schulische Inklusion. In Zeitschrift für Erziehungswissenschaft. 17(4), S. 601–623.
Werthern, K. von (2017): Zusammenarbeit von Eltern, Schule und Schulsozialarbeit. In S. Ahmed/ F. Baier/M. Fischer (Hg.): Schulsozialarbeit an Grundschulen. Konzepte und Methoden für eine Praxis mit Kindern und Familien. Opladen: Barbara Budrich (im Erscheinen).
Wieland, N. (2010): Die soziale Seite des Lernens. Positionsbestimmung von Schulsozialarbeit. Wiesbaden: Springer VS.
Wittke, A. (2013): Professionelles Verhalten im Netz. In Der Paritätische Gesamtverband (Hg.): Jugendsozialarbeit goes Social Media, paritätische Arbeitsheft 11, S. 49–54.
Wocken, H. (2014): Im Haus der inklusiven Schule. Grundrisse – Räume – Fenster. Hamburg: Feldhausen.
Wocken, H.(1996): Sonderpädagogischer Förderbedarf als systemischer Begriff. In Sonderpädagogik, 26 (1), S. 34–38.
Wolff, M./Hartig, S. (2013): Gelingende Beteiligung in der Heimerziehung. Ein Werkbuch für Jugendliche und ihre BetreuerInnen. Weinheim: Beltz Juventa.
Wolff, M./Schröer, W./Fegert, J. M. (2017) (Hg.): Schutzkonzepte in Theorie und Praxis. Weinheim: Beltz Juventa.

Zimmermann von, N./Wachtel, P. (2013): Nachteilausgleich aus pädagogischer Perspektive. In Schulverwaltungsblatt 11/2013, Amtsblatt des Niedersächsischen Kultusministeriums für Schule und Verwaltung, Nicht amtlicher Teil, S. 449–452. Online verfügbar unter http://www.nibis.de/~infosos/ftp/pdf/kultismin/Nachteilsausgleich_v._Zimmermann___Wachtel-131101.pdf, zuletzt geprüft am 01.06.17.

Zur Bonsen, M. (1994): Energiequelle Zukunftskonferenz. In Harvard Business Manager, 16, S. 25–30.

Begriffssammlung

Anerkennung S. 117 ff., 144 ff., 146 ff.,
Aussonderungsdruck S. 121 ff., 180
Barrierefreiheit S. 108 ff., 112, 117 ff.
Behinderung S. 22 ff., 108, 114 ff.
Beteiligung (Rechte, Formen, Stufen) S. 127, 128 f., 135 ff.
Bildungsbergriff (Weiter) S. 42
Disability Studies S. 23 f.
Drei-P-Model der Kinderrechtskonvention S. 127
Etikettierungs-Ressourcen-Dilemma S. 30, 31, 44
Exklusionsquote S. 28
Förderquote S. 28
Förderrechte S. 127 f.
Index für Inklusion S. 50, 51, 121, 144 f., 147, 171 ff.
Inklusion S. 9 ff., 17 ff., 21 ff., 39 ff., 54 f., 66 ff., 114, 128 ff., 145 ff.
Inklusionsanteil S. 28
Inklusionsquote S. 28
Integration S. 17, 19 f.
Kollegiale Fallberatung S. 87 ff.
Kooperation S. 44 ff., 49 f., 77 ff., 96 ff., 104 ff.
Multiprofessionalität S. 44 ff., 49, 77 ff., 80 ff., 93 ff., 97 ff., 104 ff.
Netzwerkkarten S. 80 ff., 177 f.
Organisationsentwicklung S. 156, 161 f., 164 f., 171 ff.
Organisationsstrukturen S. 124, 156, 157 f.
Regelschule S. 26, 41 ff.
Resilienz S. 32 ff., 162 f.
Schulsozialarbeit S. 9 ff., 37 ff., 41 ff., 46 ff., 48 ff., 62 ff., 66 ff., 68 ff., 78 f., 97 ff., 101 ff., 140 f., 146 ff., 179 ff.
Schutzrechte S. 127 f.
UN-Behindertenrechtskonvention S. 9, 17 f., 22
UNESCO S. 20, 55
UN-Kinderrechtskonvention S. 127 f.
Unternehmenskultur S. 35, 156, 161